城市轨道交通导论

主　编　米秀杰　谭丽娜
副主编　隋秀梅　白　冰　崔秀佳
参　编　李泽健　南　洋　张桂源
　　　　李　巍　王彦新　高　帅

北京理工大学出版社
BEIJING INSTITUTE OF TECHNOLOGY PRESS

内 容 提 要

本书依据城市轨道交通的基本构成要素，从多年的教学实践出发，结合长春市轨道交通集团有限公司员工理论基础培训的基本内容，较全面地对城市轨道交通的基本内容进行了阐述。全书共分为三大部分，设有九个教学情境。内容包括：城市轨道交通的产生与发展、城市轨道交通基本概念、城市轨道交通线路工程、城市轨道交通车站、城市轨道交通车辆、城市轨道交通供电系统、城市轨道交通通信与信号、城市轨道交通机电设备和城市轨道交通运行管理。

本书为一体化项目教材，可作为高等职业教育城市轨道交通专业的专业基础性课程教材，以及相关城市轨道交通专业的教学参考书使用，还可以作为城市轨道交通企业的职业培训教材，同时也可供从事城市轨道交通运营的专业技术人员参考。

图书在版编目（CIP）数据

城市轨道交通导论/米秀杰，谭丽娜主编. —北京：北京理工大学出版社，2017.8（2020.8重印）

ISBN 978－7－5682－4789－4

Ⅰ. ①城… Ⅱ. ①米…②谭… Ⅲ. ①城市铁路—教材 Ⅳ. ①U239.5

中国版本图书馆 CIP 数据核字（2017）第 214144 号

出版发行／北京理工大学出版社有限责任公司

社　　址／北京市海淀区中关村南大街 5 号

邮　　编／100081

电　　话／（010）68914775（总编室）

　　　　　（010）82562903（教材售后服务热线）

　　　　　（010）68948351（其他图书服务热线）

网　　址／http://www.bitpress.com.cn

经　　销／全国各地新华书店

印　　刷／三河市天利华印刷装订有限公司

开　　本／787 毫米 × 1092 毫米　1/16

印　　张／15　　　　　　　　　　　　　　　责任编辑／封　雪

字　　数／354 千字　　　　　　　　　　　　文案编辑／党选丽

版　　次／2017 年 8 月第 1 版　2020 年 8 月第 3 次印刷　　责任校对／周瑞红

定　　价／45.00 元　　　　　　　　　　　　责任印制／李志强

前　言

随着我国经济的高速发展，城市化进程日益加快，城市规模不断扩大，城市人口不断增加，造成了城市交通拥堵和环境污染的不断加剧，严重影响着人们的工作和生活，制约着城市的绿色生态建设和可持续发展。解决城市交通问题的根本途径在于优先发展以轨道交通为骨干的公共交通系统。

目前，我国已有40余座城市上报了城市轨道交通规划，截至2020年，我国城市轨道交通的运营里程将达到7 395 km，中国将成为世界最大的轨道交通市场。轨道交通的迅速发展，带动了对轨道交通人才的需求。目前轨道交通领域人才缺口非常大，尤其是在生产一线从事施工、维修养护、运营管理、监理等中、高级应用型人才。培养生产一线的高级应用型技能人才是高等职业教育的目标，为了满足城市轨道交通专业高等职业教育的需要，北京理工大学出版社组织有关学校和企业开发编写了这本教材。

本书以教学情境形式编写，对城市轨道交通各系统进行了较全面、系统的描述。内容包括城市轨道交通学习入门篇、城市轨道交通硬件设备构成篇、城市轨道交通软件系统管理篇三部分，设有九个教学情境，分别是城市轨道交通的产生与发展、城市轨道交通概述、城市轨道交通线路工程、城市轨道交通车站、城市轨道交通车辆、城市轨道交通供电系统、城市轨道交通通信与信号、城市轨道交通机电设备和城市轨道交通运行管理。本教材旨在体现职业知识与职业意识教育相结合，使教材具有职业教育的本位和特色，具有针对性和操作性，突出学生技术技能的培养，注重学生职业能力的提高，努力让学生通过学习做到"学以致用"。

本书编写分工为：吉林省经济管理干部学院米秀杰编写学习情境1；长春职业技术学院谭丽娜编写学习情境3、学习情境7（任务7.1），隋秀梅编写学习情境5，白冰编写学习情境6，张桂源编写学习情境4，南洋编写学习情境8（任务8.3～任务8.6），李巍编写学习情境7（任务7.2），李泽健编写学习情境9；长春科技学院崔秀佳编写学习情境2；吉林交通职业技术学院王彦新编写学习情境8（任务8.1），高帅编写学习情境8（任务8.2）。

本书的编写得到了长春市轨道交通集团有限公司、长春职业技术学院、吉林省经济管理干部学院、长春科技学院、吉林交通职业技术学院等单位的大力支持，在此表示衷心的感谢。本书还引用了许多国内外专家、学者发表的有关城市轨道交通的相关资料和文献，在此谨向有关专家和部门致以衷心的感谢。

  鉴于编写人员的技术水平和实践经验的局限性，书中缺点和错误在所难免，敬请专家和读者提出宝贵意见，以便以后修正和完善。

编　者

2017年6月

目　录

城市轨道交通学习入门篇

城市轨道交通硬件设备构成篇

城市轨道交通软件系统管理篇

城市轨道交通学习
入门篇

学习情境 1
城市轨道交通的产生与发展

随着国民经济的持续快速发展，城市化进程不断加快，城市基础设施特别是城市交通设施与城市化发展的矛盾逐渐显现，而城市轨道交通不仅能改善和缓解城市人口出行的压力，还能减少资源浪费，保护环境，引领城市发展。

实践证明，修建城市轨道交通系统已经成为世界各国大城市公共交通的主要发展方向。

教学导航

（1）了解世界城市轨道交通的发展历史。
（2）掌握世界主要城市的轨道交通发展情况。
（3）了解我国城市轨道交通的发展历史。
（4）掌握我国主要城市的轨道交通发展情况。
（5）了解我国城市轨道交通的发展特色。
（6）了解我国城市轨道交通的运营情况。
（7）了解我国城市轨道交通的发展问题与对策。

❋ 任务 1.1　世界城市轨道交通的发展过程

"城市轨道交通"是一个包含范围较大的概念，在国际上没有统一的定义。一般而言，城市中车辆在固定的轨道上运行并主要用于城市客运的交通系统称为城市轨道交通。

广义的城市轨道交通是指以轨道运输方式为主要技术特征，是城市公共客运交通系统中具有中等以上运量的轨道交通系统（有别于道路交通），主要提供城市内（有别于城际铁路，但可涵盖郊区及城市圈范围）公共客运服务，是一种在城市公共客运交通中起骨干作用的现代化立体交通系统。

狭义的城市轨道交通是指地铁、轻轨和单轨。

城市轨道交通凭借其大载客量、快捷、准时、安全、环保的特点成为解决交通拥挤的最有效手段。城市公共交通的轨道化程度已成为一个城市现代化的重要标志之一。城市轨道交通经历了近一个半世纪的发展，技术成熟、安全可靠、形式多样、用途广泛，正在成为城市交通的骨干。

1.1.1　世界城市轨道交通的发展历史

1. 城市轨道交通的起源

在 16 世纪前，城市交通的发展只是表现为城市道路网的不断修建与完善，其交通形式则一直为个人行为的步行、骑马和马车出行。直到进入 16 世纪中期的罗马时代，建立了地区性的车辆出租系统，公共交通才开始出现。最早的城市公共交通是 1625 年左右在伦敦、巴黎出现的马车出租业务（这是出租车的前身），到 1700 年，伦敦的出租马车大概只有 600 辆。这一历史时期的公共交通主要服务于贵族阶层，绝大多数民众仍然依靠步行出行，故而城市结构仍然是密集而紧凑的，城市半径在步行距离之内。

现代意义上的城市大容量公共交通是 1819 年在巴黎运行的公共马车。这是一种可载多人的大型马车，在固定线路上往返运行。这是任何人只要交付一定的资费就可乘坐的公共交通，十分方便市民的出行。由于公共马车的实用性，很快就在欧美一些主要城市得到推广，1827 年，美国纽约运行了第一条改良后的公共马车线路，载客人数提高到 12 人。

随着城市规模的逐渐扩大，对公共交通运输能力的要求也不断提高，人们为了有效地利用牵引动力，在改良马车的同时，也对道路进行不断的改造，借鉴矿山的轨道运输线路发明了有轨马车，如图 1-1 所示。

图 1-1　有轨马车

1832 年，在美国纽约市的曼哈顿街道上铺设了轨道并开始运行有轨公共马车（城市轨道交通的雏形）。这种有轨马车仅用 2 匹马就可以拉动载有 40 多名乘客的车厢，比普通马车的乘客多出 2 倍。1847 年，英国伦敦出现了最早的双层公共马车，敞开的顶层可以让乘客悠闲地游览市容。1851 年，顶层有了遮阳防雨的顶篷。到 1861 年，伦敦的街道上也有了有轨马车。

1765 年，英国人瓦特改良了蒸汽机，带领人类进入了"蒸汽机时代"。

英国人理查德·特里维西克根据蒸汽汽车的工作原理，经过多年的探索、研究与改进，终于在 1804 年制造了一台单气缸和大飞轮的蒸汽机车，能够牵引 5 辆车厢以 8 km/h 的速度在轨道上行驶，这就是在轨道上行驶的最早的机车。因为当时使用煤炭或木柴做燃料，人们就把它叫作"火车"。在此之后，史蒂芬森又积极改进了火车的性能，并且取得了很大的进展，于 1814 年制造出一辆有两个气缸能够牵引 30 t 货物爬坡的火车。此时人们开始意识到，火车是一种很有前途的交通运输工具，并于 1825 年在英国的斯托克顿与达林顿之间开设了世界上第一条营业铁路。从这以后，火车就以速度快、运载能力强的优点逐渐在世界范围得到了广泛的应用与快速的发展。

1830 年，在美国巴尔的摩—俄亥俄铁路线上进行了一场比赛，如图 1-2 所示。由于蒸汽机车中途失灵，有轨马车取得了最后胜利。

图 1-2　有轨马车与蒸汽机车比赛

随着牵引动力的改革，铁路发展速度逐步加快，到第一次世界大战爆发前夕，全世界就已经修建铁路达 110 万 km 左右。

电能的利用无疑是 19 世纪人类最伟大的创举，它为人们带来了全新的生活方式和巨大的社会财富。1879 年，德国的西门子——哈尔斯克电报机制作所研制出了第一辆有轨电车。这是一辆通过第三轨供电的车，车上装有一台 2.2 kW 的电动机，可拉动 3 节载有 18 人的平板车厢。

2. 世界城市轨道交通的发展

从 1863 年伦敦建成世界上第一条地铁至今，城市轨道交通的发展已经有 150 多年的历史。城市化进程的加快、大城市人口数量的激增以及城市公路交通的拥堵使城市轨道交通日益得到各国政府的重视，全球每天客运量约为 1.2 亿人次，城市轨道交通运输在城市客运体系中发挥的作用越来越重要。

目前拥有城市轨道交通线路最多的地区分别为欧洲、亚洲和美洲。运营线路最长的国家分别为中国、美国、日本和德国，上述国家运营里程数合计占全球运营里程近 45%。发达国家的主要大城市如纽约、华盛顿、芝加哥、伦敦、巴黎、柏林、东京等已基本完成城市轨道交通网络建设，后起的新兴国家和地区城市轨道交通正方兴未艾，亚洲地区包括中国、印度、伊朗、越南、印度尼西亚等多个国家均有多个城市在建或规划建设城市轨道交通线路。

城市轨道交通的诞生和发展经历了一个曲折的过程，大致分为以下几个阶段：

1）初始发展阶段（1863—1924）

1843年，英国人查尔斯·皮尔逊为伦敦市设计了世界上最早的城市地铁系统。伦敦地铁于1863年1月10日建成通车，线长6.5 km，采用蒸汽机牵引，这是世界上第一条地铁铁路。

1874年，英国伦敦首次使用盾构法施工，于1890年12月18日修建成另一条约5.2 km的地铁铁路，并首次采用电力机车牵引。

至1923年，世界许多国家的大城市修建了地铁，例如芝加哥、费城、波士顿、巴黎、汉堡、纽约、马德里等。这一阶段欧美的城市轨道交通发展较快。

2）停滞萎缩阶段（1924—1949）

原因之一：第二次世界大战的爆发造成了城市轨道交通发展的停滞和萎缩。原因之二：汽车工业的发展制约了轨道交通的发展。汽车的灵活、便捷、可达性等特点在这一时期得到了飞速发展。相比之下，城市轨道交通投资大、建设周期长、运营成本高，一度失宠。

这一时期只有东京、大阪和莫斯科修建了地铁。

3）重新发展阶段（1949—1969）

汽车的过度增加，使城市交通堵塞、行车速度下降，严重时还会导致交通瘫痪，加之汽车有污染空气、噪声严重、耗费石油能源等缺点，人们又重新认识到解决城市交通问题必须依靠电力驱动的城市轨道交通。这一阶段，名古屋、北京、蒙特利尔等城市相继修建了地铁，城市轨道交通从欧美扩展到了亚洲。

4）高速发展阶段（1970年至今）

世界城市化的趋势，导致人口高度集中，要求城市轨道交通高速发展以适应日益增加的客流运输需求，科学技术的进步为城市轨道交通奠定了良好的发展基础。另外，城市轨道交通本身具有的大运量、高效率、节约城市土地资源等特点也为其高速发展创造了条件。在这一阶段，城市轨道交通的发展扩展到发展中国家。

据日本地下铁道协会统计，到1999年全世界已经有173个城市建成了地下铁道，线路总长超过了7 000 km。战后中等发达国家和发展中国家地下铁道建设进程如表1-1所示。

表1-1 战后中等发达国家和发展中国家地下铁道建设进程

年代	城市数目	建设里程/km	年代	城市数目	建设里程/km
1950—1960	10	455.65	1981—1990	29	978.20
1961—1970	10	799.00	1991—1999	95	415.30
1971—1980	29	1 634.80	总计	173	4 282.95

1.1.2 世界主要城市的轨道交通

1. 纽约地铁

纽约地铁（New York City Subway）是美国纽约市的城市轨道交通系统，是全球历史最悠久的公共地铁系统之一。截至2014年，纽约地铁拥有504座车站，商业营运路线长度为443 km。

2014 年，纽约地铁总客流量超过 17.5 亿人次，工作日平均每天客流量约 560 万人次，周六平均每天客流量为 320 万人次，周日平均每天客流量为 270 万人次。客流量持续上涨，2014 年 9 月 23 日，超过 610 万人次使用纽约地铁系统，打破自 1985 年来的最高单日客流量记录。

纽约地铁的特点如下：

缺点：设施陈旧、线路复杂、指示混乱、犯罪多发。

优点：实用、高效、费用低廉，这些优点使纽约地铁成为纽约市民生活的一部分，是纽约最方便、快捷、高效、价廉的交通方式。

纽约地铁车站如图 1-3 所示。

图 1-3　纽约地铁车站

2. 莫斯科地铁

莫斯科地铁布局与地面的布局一致，呈辐射及环行线路。地铁总共有 12 条线，包括 11 条辐射线和 1 条环线，全长 327.5 km，196 个站台，4 000 列地铁列车在地铁线上运行。地铁每天平均开 8 500 多次列车，担负全市客运量的 45%，每天运送的乘客达 900 多万人次，其主要结构为中心向四周辐射状。所有的线路按照其开通顺序的先后获得 1～12 的编号，其中最重要的线路便是长度为 20 km 的 5 号线——环线，它负责连接起其余绝大部分分支线路。莫斯科地铁线路如图 1-4 所示。

莫斯科地铁被公认为世界上最漂亮的地铁，是世界上规模最大的地铁系统之一，也是世界上使用效率第二高的地下轨道系统（第一是纽约）。地铁站的建筑造型各异、华丽典雅。每个车站都由国内著名建筑师设计，各有其独特风格，建筑格局也各不相同，多用五颜六色的大理石，花岗岩，陶瓷和五彩玻璃镶嵌。除各种浮雕、雕刻和壁画装饰，照明灯具也十分别致，好像富丽堂皇的宫殿，享有"地下的艺术殿堂"之美称。莫斯科地铁车站实景如图 1-5 所示。

3. 巴黎地铁

巴黎地铁于 1900 年起运行至今。目前巴黎地铁总长度 221.6 km，年客流量达 15.06 亿（2010 年），居世界第 9 位；有 14 条主线和 2 条支线，合计 380 个车站、87 个交会站。

图 1-4　莫斯科地铁线路

　　巴黎地铁的客流量在过去的 10 年内增长了 30%：1995 年的客流量为 10.3 亿，2005 年的客流量为 13.7 亿。另外，在这 10 年间，周末的客流量亦增加了 50%。早班高峰客流集中在 8 时 30 分至 9 时这一时段，而晚班高峰则一直延续到 20 时 30 分。为此，巴黎地铁于 2006 年开始增加发车频率，不过目前仍然常有列车在周末或深夜塞满乘客。巴黎地铁车站如图 1-6 所示。

图 1-5　莫斯科地铁车站实景

图 1-6　巴黎地铁车站

4. 伦敦地铁

伦敦地铁是全世界最老的地铁系统，是世界地铁的发源地。1863 年，第一条地铁线路通车，1890 年，电力机车取代了蒸汽机车。目前，伦敦地铁线网总长 439 km，其中 160 km 为地下线、12 条线路、275 个车站、日客运量 267 万人次。图 1-7 所示为伦敦地铁车站。

图 1-7　伦敦地铁车站

5. 新加坡地铁

新加坡地铁又叫大众捷运系统，始建于 1988 年，是目前世界上最为发达、高效的公共交通系统之一。新加坡地铁是继马尼拉轻轨运输系统之后，东南亚地区兴建的第二个地铁系统。自 1987 年开通以来，新加坡地铁已经发展成有 4 条路线（包括机场地铁支线）的地铁系统，为全国接近一半的人口（即差不多 222.4 万人）服务。

新加坡地铁目前有 90 个车站、8 个转车站、148.9 km 的标准轨距线路。

新加坡地铁系统不仅是世界上最清洁的运输系统之一，还能让旅客欣赏到腹地及城市地区的美景，而且几乎可以到达新加坡的任何角落。

新加坡地铁实景如图 1-8 所示。

图 1-8　新加坡地铁实景

6. 首尔地铁

首尔地铁又称韩国首都圈电铁，始建于 1971 年，是世界上单日载客量最大的铁路系统之一，车站数量 376 座。截至 2015 年年底，路线长度居世界第七，日均载客量超过 800 万人次（2015 年统计）。以首尔的 9 条地铁为主，并辅以爱宝线、水仁线等线路，共 17 条路线。截至 2015 年年底，整个铁路系统总长度已达 596.9 km，未来更有一条新路线及多条路线的延长工程正在开展中。

首尔地铁车站如图 1-9 所示。

图 1-9　首尔地铁车站

7. 柏林地铁

柏林地铁于 1902 年通车，是继伦敦、布达佩斯、格拉斯哥和巴黎之后，历史上第 5 个建成地铁的城市。现今的路网共有 10 线 173 站，以柏林市区为中心点向外辐射，总长度达 146 km（90% 轨道位于地下），每年客运量达 4 亿人次。柏林地铁如图 1-10 所示。

图 1-10　柏林地铁

🌼 任务 1.2　我国城市轨道交通的发展过程

我国城市轨道交通的发展，可以划分为早期有轨电车交通和现代城市轨道交通两个历史时代。

1.2.1　我国城市轨道交通的发展历史

1. 有轨电车交通时代

我国有轨电车起源于 20 世纪初，1908 年，我国第一条有轨电车在上海建成通车，揭开了中国城市轨道交通建设的序幕。随后北京、天津、哈尔滨、长春、大连、鞍山等诸多城市都建成了多条有轨电车，在当时的城市公共交通中发挥了骨干作用。大连于 1909 年开通有轨电车，图 1-11 所示为大连最早的有轨电车。香港于 1904 年开通有轨电车，如图 1-12 所示。

图 1-11　大连有轨电车

图 1-12　香港有轨电车

旧式有轨电车行驶在道路中间，与其他车辆混行，运行速度不高，正点率低。随着汽车工业的发展，城市道路面积明显不够用。到了 20 世纪 50 年代，中国各大城市开始相继拆除旧式有轨电车，到 20 世纪 50 年代末，只有大连、长春、鞍山等个别城市保存了有轨电车并进行了改造，使之与现代城市交通的发展相适应，成为轻轨交通的一部分。

2. 现代城市轨道交通时代

我国现代城市轨道交通以 1965 年 7 月 1 日开工建设的北京地铁为开端，发展至今，大致经历了以下五个阶段。

1）起始阶段（20 世纪 60 年代～ 20 世纪 80 年代初）

该阶段是以 1965 年开始兴建、1969 年 10 月 1 日建成通车的北京地铁（北京站—苹果园站）全长 23.6 km 和 1970 年开始兴建、1976 年建成通车的天津地铁（新华路站—西南角站）全长 5.2 km 为代表。

这一阶段地铁的规划与建设，除了实现城市的客运功能之外，更重要的是考虑满足人防战备的需要。1966—1976 年，地铁建设基本停顿。1979 年，香港第一条地铁线路开始运营。

2）开始建设阶段（20 世纪 80 年代～ 2000 年）

在这一阶段，随着改革开放和经济体制改革的逐步深入，城市交通需求剧增，导致道路交通供给能力严重不足、交通供需矛盾突出，其成为制约城市社会经济发展的一个重要因素。为适应城市发展的需要、缓解城市交通的紧张状况，从 20 世纪 90 年代开始，我国政府加大了对城市交通基础设施的投入，强调轨道交通对解决城市交通问题和引导城市发展的作用。地铁的建设也由服务于战备转为服务于经济发展和城市客运。

伴随着经济的发展，继北京、天津修建地铁外，上海、广州也修建了地铁。以北京地铁 1 号线完全建成（复八线建设和 1 号线改造）、上海地铁 1 号线（上海火车站—莘庄）、广州地铁 1 号线（西朗站—广州东站）的建成为标志。我国大陆地区新增地铁运营里程 120 km，香港也完成了 7 条地铁线路的建设。1996 年，台北修建了第一条城市轨道交通线路，揭开了台湾修建城市轨道交通系统的序幕。

从此，发展大容量轨道交通方式的理念开始显现，我国开始了城市轨道交通的建设阶段。在这一阶段除地铁建设外，以上海明珠线一期工程为代表的轻轨交通也开始建设。

3）建设高潮阶段

随着我国经济的发展和城市化进程的加快，我国城市的规模和人口在不断扩大，城市交通问题更加突出。城市交通问题的解决必须依赖公共交通的发展，大城市及特大城市还必须建设一个以轨道交通系统为骨干、以公共交通为主体、多种交通方式相互协调的综合交通系统，这已成为共识。同时，经济的快速发展也为发展城市轨道交通奠定了雄厚的物质基础。自 20 世纪末至 21 世纪初，我国城市轨道交通进入快速发展的建设高潮阶段。

在这一阶段，城市轨道交通的建设具有以下特点。

（1）兴建城市轨道交通的城市迅速增多。截至 2005 年年底，全国已开通城市轨道交通的城市有北京、上海、天津、广州、长春、大连、重庆、武汉、深圳、南京 10 个城市 20 条线路，运营线路总长 444 km。全国 48 个百万人口以上的大城市中已有 20 多个城市开展了城市轨道交通建设的前期工作，初步统计规划建设 55 条线路，长约 1 700 km，总投资近 6 000 亿元。除上述 10 个开通了轨道交通的城市外，已开工建设的还有沈阳、成都、西安、杭州、哈尔滨、苏州、青岛等城市。我国总计有 33 个城市正在建设和筹建轨道交通，我国的城市轨道交通处于良好的快速发展阶段。

（2）城市轨道交通的网络化。目前，我国部分城市的轨道交通建设出现网络化的发展。无论是北京还是上海、天津、广州等城市均在建和筹建多条城市轨道交通线路，形成纵横交错、相互沟通连接的网络交通体系。

（3）城市轨道交通类型的多元化。目前，我国的城市轨道交通已不再是单一的地铁交通。北京建成了市郊城市铁路交通；天津建成了滨海快速轨道交通；大连、长春、武汉建成了轻轨交通；重庆建设了跨座式单轨交通；上海开通了常导高速磁悬浮交通；广州出现了直线电机驱动的列车。城市供电系统不仅有第三轨供电，而且还有架空线接触网供电形式。轨道交通类型呈多元化发展。

（4）城市轨道交通的现代化。随着城市轨道交通的发展，以车辆为代表的技术体系也实现了现代化。通过国际技术交流合作、引进先进技术，实现设计制造技术的现代化。在提升技术水平的同时，也促进了国产化的进程。

4）建设调整阶段

在我国城市轨道交通的发展过程中，值得指出的是，从 1995 年到 1998 年，由于地铁建设发展迅猛，有部分城市不顾地方经济实力，盲目上马建设轨道交通项目，速度过快、过猛。还有的城市盲目追求高标准，忽视了是否适合本城市的实际情况等问题，使城市轨道交通建设带有很大的盲目性。针对工程造价高、车辆全部引进、大部分设备大量引进等问题，1995 年国务院办公厅 60 号文通知，除上海地铁 2 号线外，所有地铁建设项目一律暂停审批，并要求做好发展规划和国产化工作。2002 年 10 月中旬，国务院冻结了近 20 个城市的地铁立项，委托中国国际工程咨询公司对国内的地铁项目做全面的调查分析，准备出台一系列有关地铁项目审批的新政策，加大地铁项目的宏观调控力度。从 1995 年到 1998 年，近 3 年时间国家没有审批城市轨道项目，轨道交通的建设与发展经历了一段曲折的历程。

5）蓬勃发展阶段

我国的城市轨道交通建设，在经历了早期建设、高速发展、建设调整等曲折过程后，正步入稳步、持续、有序的蓬勃发展阶段。

《国家中长期科学和技术发展纲要》明确提出构建以城市轨道交通为骨架的城市公共综合交通体系，我国城市轨道交通建设在"十一五"期间迎来真正的建设高潮。

随着我国经济社会的不断发展和进步，我国城市轨道交通快速发展。在肯定我国轨道交通长足发展的同时，也应清醒地看到，轨道交通的发展目前仍存在一些问题，主要表现在四个方面。一是城市轨道交通规模小，财务效益差，对经济社会发展的"瓶颈"制约仍较严重；高峰期运输紧张问题突出，路网规模总量、结构仍然有待提高和改善。二是在城市交通问题日益尖锐、大城市交通拥堵、路网结构不够合理的状况下，大城市快速大容量的轨道交通方式发展仍较缓慢。三是城市群快速发展，城际旅游流量不断增加，城际间交通运输能力越来越跟不上城市群发展的脚步，城际间大容量、高效、低污染和节省资源的轨道交通建设滞后。四是国产化率偏低，有待进一步提高。

为了实现我国轨道交通的可持续发展，2003年国务院办公厅出台了《关于加强城市快速轨道交通管理的通知》（国办发（2003）81号），对城市轨道交通的建设进行严格的控制管理。根据通知的要求，人口规模、交通需求和经济水平将是衡量一个城市能否建设轨道交通的三大基本要素，缺一不可。城市轨道交通的建设应坚持"量力而行、规范管理、稳步发展"的方针。

展望未来，轨道交通作为一种与我国国情和资源禀赋相适应的交通运输方式，发展前景十分广阔。

1.2.2 我国主要城市的轨道交通

1. 北京地铁

北京地铁（Beijing Subway）是服务于中国北京市的城市轨道交通系统。其规划始于1953年，工程始建于1965年7月1日，最早的线路竣工于1969年，于1969年10月1日建成通车试运行，1971年1月15日，正式开始运营。运营线路的西端终点站在1971年8月5日延长至玉泉路站，1971年11月7日延长至古城站，1973年4月23日延长至苹果园站。北京地铁1号线如图1-13所示，共23个车站、两个车辆段，总长31 km。

北京地铁1号线是中国第一个地铁系统。

北京地铁2号线始建于1971年，1984年9月20日，北京地铁二期工程开通运营。这条马蹄形的线路于1971年3月开工。自复兴门至建国门，长16.1 km，有12座车站。二期工程和一期工程的一部分可以组合成一个环，但直到1987年12月28日，两条已有线路才被重新组合成两条新线：自苹果园至复兴门的1号线（全长16.9 km，共12座车站）和一条沿北京内城城墙行驶的环线，即2号线（全长23.03 km，共18座车站）。如图1-14所示。

截至2015年12月26日，北京地铁共有18条运营线路（包括17条地铁线路和1条机场轨道），组成覆盖北京市11个市辖区，拥有334座运营车站（换乘车站重复计算、不重复计算换乘车站则为278座车站）、总长554 km运营线路的轨道交通系统。

2014年，北京地铁工作日日均客运量达到1 008.76万人次。2015年，北京地铁年乘客量达到32.5亿人次。2016年4月29日，北京地铁创下单日客运量最高值，达到1 269.43万人次。

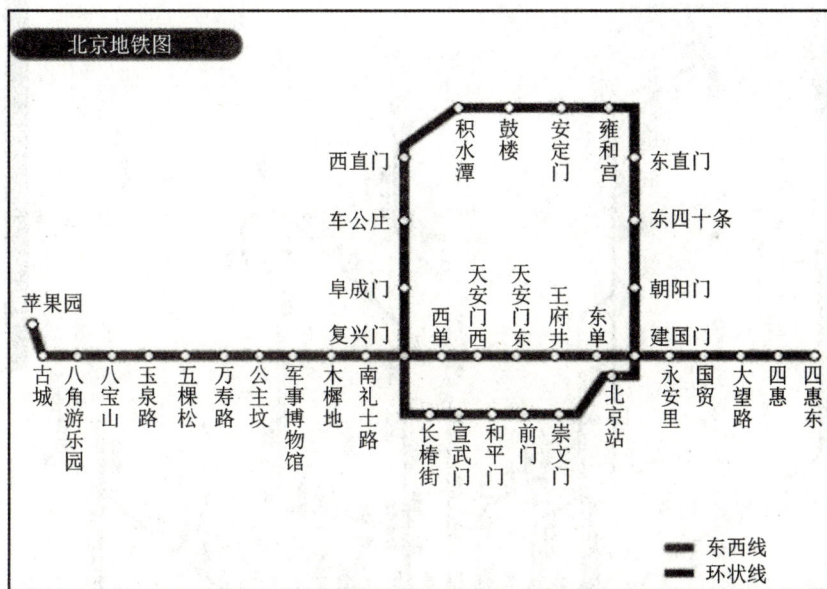

图 1-13　北京地铁 1 号线、2 号线

　　根据 2015 年 9 月国家发改委批复的《北京市城市轨道交通第二期建设规划（2015—2021 年）》，北京将再建设 12 条地铁线路，如图 1-14 所示。到 2021 年，北京将建成 24 条线路、998 km 的轨道交通网络，届时北京市公共交通占机动化出行量比例将达到 60%，轨道交通占公共交通出行量比例将达到 62%。

　　2. 天津地铁

　　天津是中国第二个拥有地铁的城市。天津地铁（Tianjin Metro）第一条线路于 1970 年 4 月 7 日决定建设，1970 年 6 月 5 日动工，1976 年 1 月 10 日不载客试通车，1984 年 12 月 28 日正式通车运营。

　　截至 2016 年 8 月，天津地铁共有 5 条线路（包括地铁 1、2、3、6 号线和津滨轻轨）、覆盖天津市 11 个市辖区、拥有 95 座运营车站（换乘站重复计算，不重复计算换乘站则为 89 座车站），线路总长约 150 km。日均客流量约 80 万人次，2015 年 5 月 1 日的 111.61 万人次为最高单日客运量。

　　目前地铁 6 号线一期首开段已经开通运营，一期剩余段 2016 年 12 月底前也已开通，二期工程 2017 年有望通车。地铁 9 号线因"8·12"天津滨海新区爆炸事故，部分区间暂停运营，2017 年 2 月后全线恢复运营。

　　"十三五"时期，天津将建成地铁 5、6 号线，1 号线东延线，4、7、10、11 号线一期；到 2020 年城市轨道交通运营里程达到 320 km 以上。天津地铁线网规划如图 1-15 所示。

　　3. 上海地铁

　　上海地铁（Shanghai Metro）是继北京地铁、天津地铁建成通车后中国大陆投入运营的第三个城市轨道交通系统。上海轨道交通 1 号线于 1993 年 5 月 28 日正式运营，从 1995 年到 2005 年间，先后开通了 5 条轨道交通线路，分别是 1、2、3、4、5 号线，构成"申"字形路网。

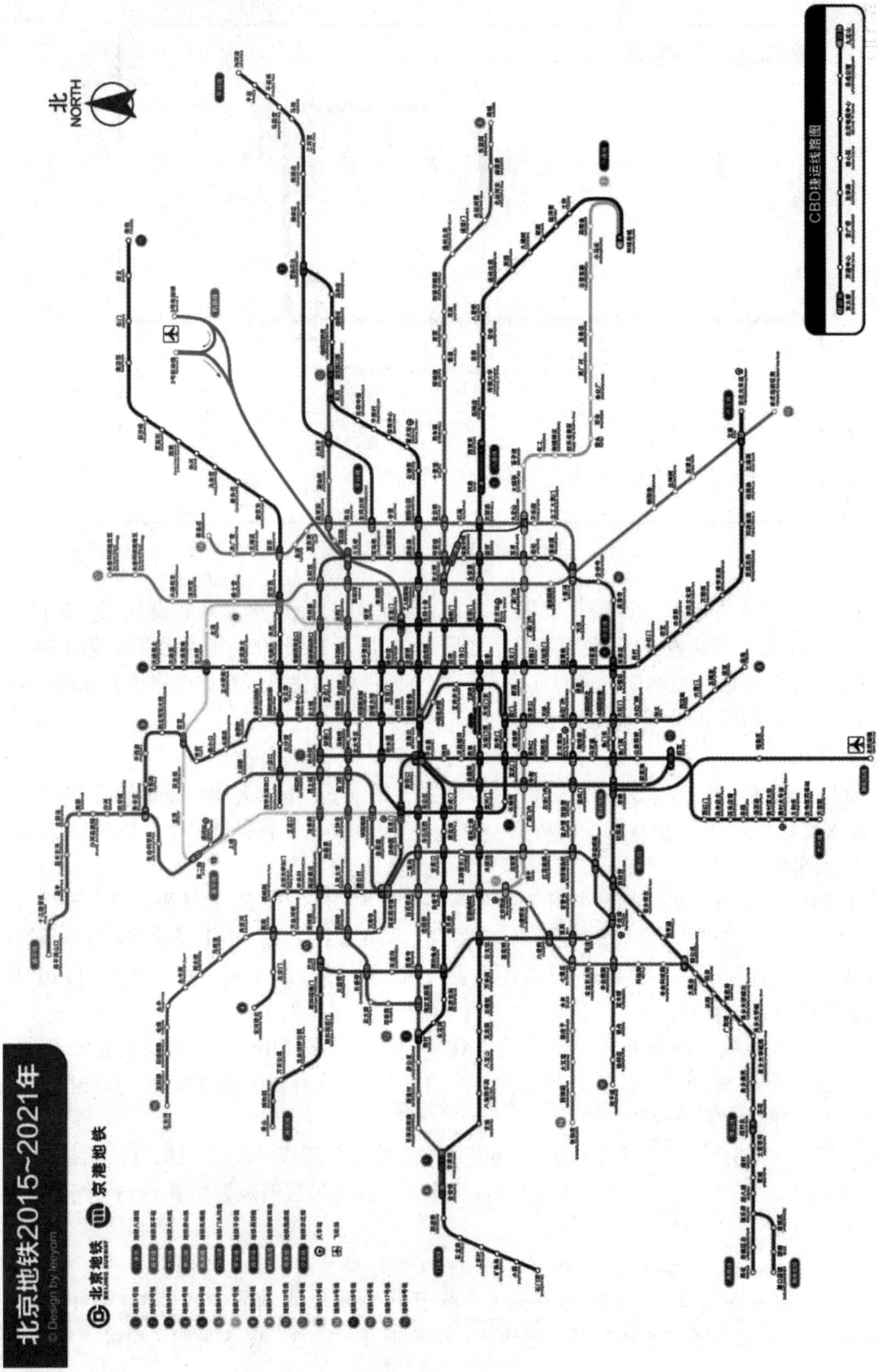

图 1-14　北京地铁 2015—2021 年规划示意图

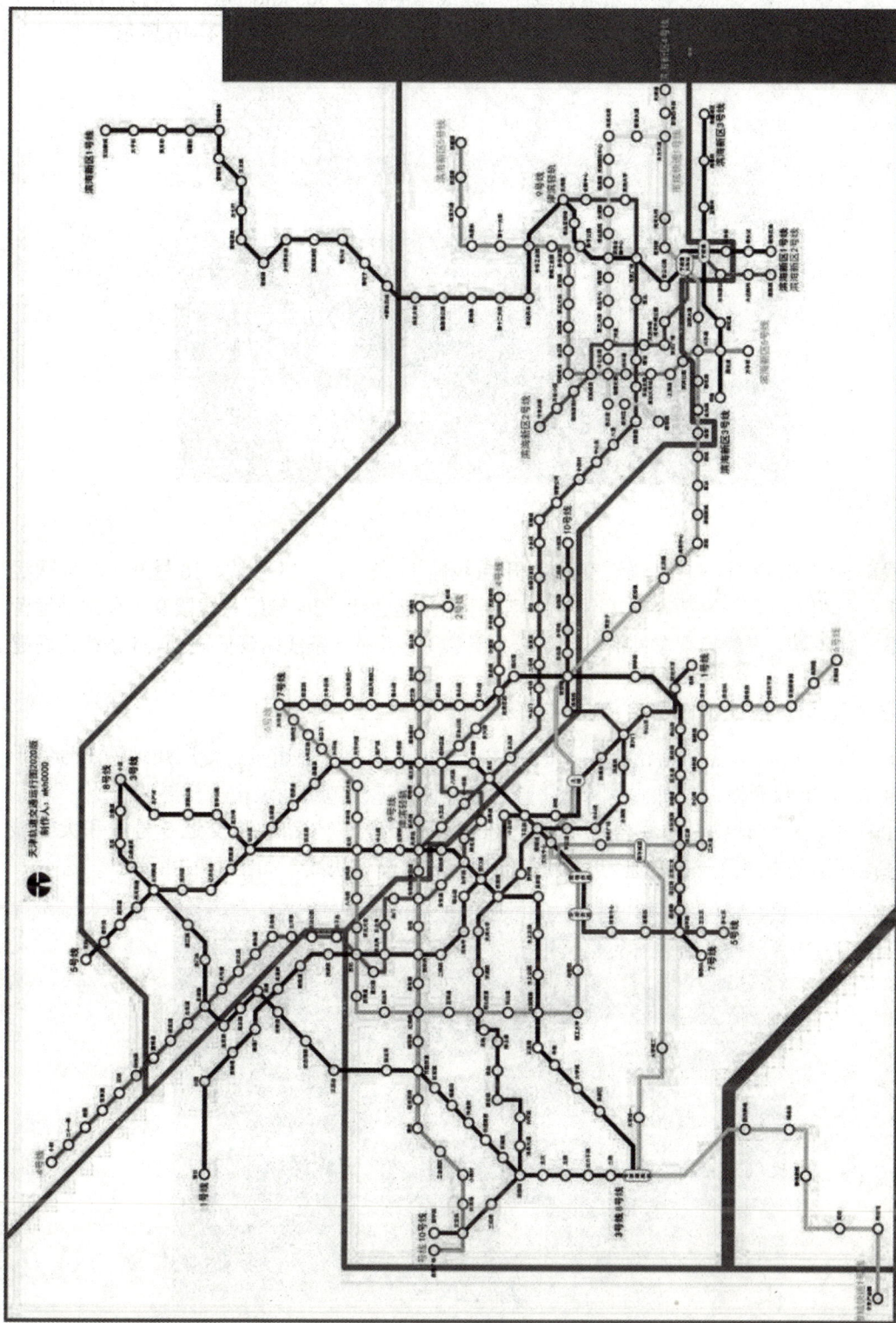

图 1-15 天津地铁 2015—2020 年规划示意图

2002 年 12 月，上海磁悬浮列车线路开始试运行，连接上海浦东机场和地铁 2 号线龙阳路站，是世界上第一条磁悬浮商业运营线路。该线路全长 29.863 km，运行时间为 8 min，最高速度 436 km/h，采用的是"常导磁吸型"技术。上海磁悬浮列车如图 1-16 所示。

图 1-16　上海磁悬浮列车

截至 2015 年 12 月，上海轨道交通共开通线路 14 条（1 ～ 13 号线、16 号线），全网运营线路总长 617 km，车站 366 座（不含上海磁浮示范运营线，3/4 号线共线段 9 个车站的运营路程不重复计算，多线换乘车站的车站数分别计数），并有 5 条线路延伸规划、4 条线路新建计划。

4. 广州地铁

广州地铁（Guangzhou Metro）是中国第三大城市城市轨道交通系统，广州地铁 1 号线于 1997 年 6 月 28 日开通。广州是中国大陆第四个开通并运营地铁的城市。

2003 年，广州地铁 2 号线全线开通。2005 年 12 月，广州市轨道交通 3 号线和大学城专线开通，这是中国第一条时速为 120 km 的城市轨道交通快线，如图 1-17 所示。

图 1-17　广州地铁 3 号线

截至 2016 年 5 月，广州地铁共有 9 条营运路线，总长为 260.5 km，共有 164 座运营车站（换乘站重复计算，不重复计算换乘站则为 144 座车站）。2016 年 5 月 1 日，广州地铁单日客流纪录达到 900 万人次，总客流人次超过 2015 年 12 月 31 日的 879 万人次，再次刷新纪录。

5. 深圳地铁

深圳是中国大陆地区继北京、天津、上海、广州后第 5 个拥有地铁系统的城市。截至 2016 年 6 月 28 日，深圳地铁（Shenzhen Metro）共有 6 条线路、149 座车站、运营线路总长 230 km，轨道交通线路长度居中国第 4（仅次于上海、北京、广州）、世界第 11 位，构成覆盖深圳市罗湖、福田、南山、宝安、龙岗五个市辖行政区和龙华一个功能区的地铁网络。

6. 香港地铁

香港地铁（MTR），原称地下铁路（Mass Transit Railway），是香港的通勤铁路线，由香港铁路有限公司（MTR Corporation Limited，前地铁有限公司）营运。地铁自 1979 年起为乘客提供市区列车服务，2007 年 12 月 2 日，地铁与九铁的车务运作正式合并。当天，九铁营运告终，与此同时，地铁公司也易名为港铁公司。合并后的综合铁路系统全长 168.1 km，由 9 条市区线共 80 个车站组成。香港地铁路线四通八达，可以用最短的时间通往香港及九龙各观光和购物区。香港地铁车站如图 1-18 所示，香港地铁线路如图 1-19 所示。

图 1-18 香港地铁车站

7. 南京地铁

南京地铁（Nanjing Metro）前身可以追溯到 1907 年（清光绪三十三年）建造的京市铁路，首条线路于 2005 年 5 月 15 日正式通车，是我国第 6 个建成并运营地铁的城市，也是唯一盈利的城市轨道交通。

截至 2016 年 8 月，南京地铁共有 6 条线路、121 座车站，线路总长 225.4 km，地铁线路长度居大中华地区第 5（仅次于上海、北京、广州、深圳）、世界第 12 位，日均客流量约 240 万人次，2015 年 12 月 31 日的 298.1 万人次为最高单日客运量。

至 2030 年，南京地铁将建成 24 条地铁线路，总长超过 890 km。

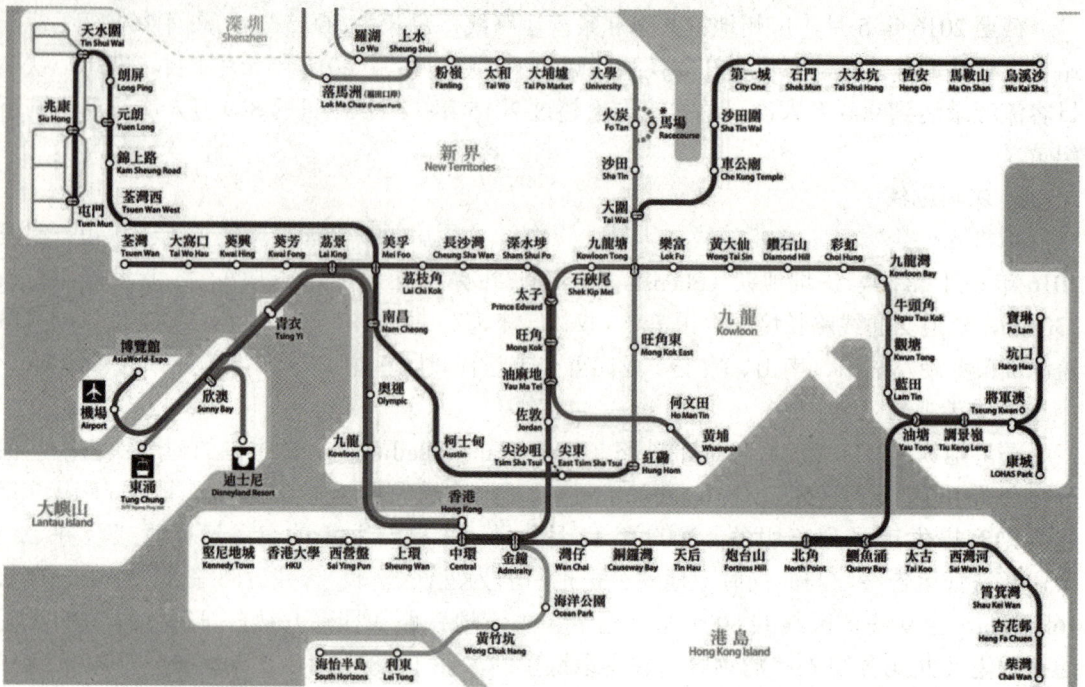

图 1-19　香港地铁线路

8. 重庆轨道交通

重庆轨道交通（Chongqing Rail Transit，CRT）2 号线于 2004 年 11 月 6 日开通观光运营，于 2005 年 6 月 18 日正式开通运营，**是我国第一条跨座式单轨，也是我国西部地区第一条城市轨道交通线路。**

截至 2016 年 7 月，重庆轨道交通运营线路共有 4 条，包括 1、2、3、6 号线（含 6 号线支线），其中 1、6 号线为地铁系统，如图 1-20 所示，2、3 号线为单轨系统（跨座式单轨），如图 1-21 所示，线网覆盖重庆主城区全域，共设车站 120 座，运营里程 202 km，里程长度位居中国第 6 位（不含港澳台地区）、中西部第 1 位。

图 1-20　重庆轨道交通 1 号线

图 1–21　重庆轨道交通 2 号线

2015 年，重庆轨道交通年客运量 6.3 亿人次，日均客运量 180 余万人次。单日最高客运量 240 万人次。

截至 2016 年 7 月，重庆轨道交通在建线路共有 4 条，包括 4、5、10 号线和环线，以及其他延伸线，计划于 2018 年前先后通车；总体规划共 18 条线路，到 2017 年，预计运营里程将达 350 km。

9. 武汉地铁

武汉地铁（Wuhan Metro）的首条线路 1 号线于 2004 年 7 月 28 日开通运营。截至 2015 年 12 月，已投入运营 1、2、3、4 号线共 96 座车站（换乘站不重复计数），运营里程约 126 km。

武汉地铁联络武汉三镇，辐射全市 7 个中心城区。武汉站、汉口站、武昌站 3 大火车站已融入现代化的地铁网络。2016 年下半年，武汉轨道交通机场线（2 号线北延线）、武汉轨道交通 6 号线即将相继开通。

按照国家批复的武汉市城市快速轨道交通建设规划，至 2021 年，武汉市还将陆续建成轨道交通 7 号线一期、8 号线一期、1 号线径河延伸线、纸坊线、2 号线南延线、8 号线二期、5 号线等轨道交通项目，形成总长达 400 km 的轨道交通线网。

10. 长春轨道交通（Changchun Railway Traffic）

长春是中国第一个有地铁规划的城市（1939 年），1939 年，"伪满洲国"《大"新京"都市计划》规划建设 120 km 的环城地铁。长春是中华人民共和国成立以来第五个拥有轨道交通的城市（2002 年）。长春轨道交通的首条线路——长春轨道交通 3 号线一期工程，于 2002 年开通运营，如图 1–22 所示，这是中华人民共和国大陆的第一条轻轨线路。2012 年 5 月 6 日，长春轨道交通 4 号线开通运营。2016 年 8 月 11 日，长春地铁 1 号线全线贯通，2017 年 6 月 30 日，长春第一条地铁——长春地铁 1 号线，正式载客通车试运营。2018 年，长春轨道交通快轨北湖线（长春北湖快轨）、轨道交通 2 号线（长春地铁 2 号线）将相继建成通车。2017 年中期，8 条线路将相继开工建设。到 2023 年，长春市轨道交通线网由 12 条线组成，线网总长度将达 341.62 km。

图 1-22　长春轻轨 3 号线

11. 大连轨道交通（Dalian Rail Transit）

大连轨道交通按照建成的先后顺序包括有轨电车、轻轨电车、快轨与地铁，其中快轨与地铁皆属于重轨电车。

20 世纪 80 年代，大连相继拆除了部分有轨电车线路，只保留了 201、202 和 203 路。20 世纪 90 年代，大连将建设投资重点放到有轨电车和轻轨系统的有机结合上，逐步建立以地面为主、高架为辅的立体城市轨道交通系统。大连现代有轨电车于 2000 年 9 月开通运营，如图 1-23 所示。大连地铁 2 号线一期工程于 2015 年 5 月 22 日通车。大连地铁 1 号线于 2015 年 10 月 30 日通车。至 2015 年 11 月 1 日，大连轨道交通的总运营里程约 170 km。

除此之外，杭州、沈阳、苏州、西安、长沙、合肥、昆明、郑州、宁波、乌鲁木齐、无锡、石家庄、哈尔滨、厦门等多个城市拥有或正在进行地铁建设，共有 40 多个城市在建、筹建或在规划中。

图 1-23　大连现代有轨电车

任务 1.3　我国城市轨道交通的发展现状

在寸土寸金的大都市里，地铁已经成为占用土地和空间最少、运输能量最大、运行速度最快、污染环境最小、乘客最安全舒适的理想交通方式，因此越来越被国际大都市选用。几十年来，我国地铁建设取得了相当不错的成绩，在缓解交通压力方面发挥了巨大的作用。

1.3.1　我国城市轨道交通的发展特色

目前，我国已经成为世界上最大的城市轨道交通建设国家之一，具有非常明显的特点。

1. 建设速度快

20 世纪 60 年代，北京地铁 1 号线正式建成通车，线路全长 23.6 km；20 世纪 80 年代末，北京地铁 2 号线（线路全长 16.1 km），天津地铁 1 号线（线路全长 26.2 km），上海地铁 1 号线（线路全长 37.8 km）3 条线路建成通车，线路累计 103.7 km。

2000 年底，广州地铁 1 号线，上海轨道交通 2 号线，香港地铁东涌线、机场快线四条线路，累计线路长度 277.7 km。

2015 年底，长春、大连、苏州等 24 个城市 106 条线路相继建成通车，线路累计 2 980 km。

2. 制式多样化

我国城市轨道交通线路建设制式多样、品种齐全，如长春的轻轨、重庆的跨座式单轨、广州和北京机场线的直线电机线路、大连的快轨和低地板车，大多数城市一般采用地铁线路。

3. 线路网络化

城市轨道交通建设实践表明，轨道交通线路只有逐步向网络化方向发展才能真正发挥其交通功能，达到疏解市区交通拥堵的目的。北京、上海、广州和深圳经过十几年的建设，目前已经建成网络化城市轨道交通系统，不仅大大方便了城市居民的出行和换乘，还从一定程度上展示了城市轨道交通线路引导城市发展的功能。

4. 融资渠道多元化

我国建设轨道交通的城市很多，融资渠道和模式也不尽相同，经历了由政府完全无偿投入到寻求多元化资金投入的过程。当前城市轨道交通实行的是政府主导型投资、融资模式，由政府或其授权的公共机构发起，全部或部分由市场经营主体（企业或其他机构）进行资本投入的融资模式。从投资方式看，一般是组建投资公司负责资金的筹集和运作；从来源看，投资渠道逐步多元化，资金的主要构成包括政府财政拨款、城市建设专项资金（城建费）、土地有偿使用收入（作价）、银行贷款（包括财政债券）、外国政府贷款等。

以北京为例，自成立基础设施投资有限公司以来，以银行贷款为基础，以债券、信托等方式为辅助，以融资租赁、保险资金和股权信托等方式为补充，并采取 PPP（Public Private Partnership, 政府和社会资本合作）、BT（Build-Transfer, 建设 – 移交）等方式，积极利用多种社会资金，推动轨道交通市场化融资。

1.3.2　我国城市轨道交通的运营情况

城市轨道交通建设水平的高低主要体现在能否满足实际运营需要，能否经受住大客流的考验。

2008 年 8 月奥运会期间，北京共开通运营线路 8 条，长 200 km，最高日客运量达 492 万人次，日均客运量达到 401.2 万人次。

2010 年世博会期间，上海重点依托 4、6、7、8、9 号线和世博专用线 6 条线路、15 座世博车站，全网承担了约 40% 的世博参观客流，共运送乘客超过 10.5 亿人次，日均 578 万人次，最高单日客流达 754.8 万人次。

2010 年亚运会期间，广州地铁施行免费乘车活动，经受了日客流量 784 万人次的超常规客流检验。

深圳市城市轨道交通经历了 2011 年世界大学生运动会强大客流的严峻考验。

实践证明，这些城市的轨道交通设备质量不仅国际一流，其经营管理水平、安全保障能力也经受住了国际"大考"的检验。

自 2009 年开始，参照国际地铁协会（Community of Metros，COMET）组织的做法和实际需要，我国筹备建立"城市轨道交通运营绩效评估体系（Metro Operational Performance Evaluation System，MOPES）"，共设立 65 项统计指标，并从 2010 年开始，正式编印统计专册，在已开通运营的城市间交流。

1.3.3 我国城市轨道交通的发展问题

1. 轨道交通总体建设规模与强度过大

至 2015 年年底，全国共有 25 座城市的 112 条轨道交通线路开通运营（二期工程、支线和延伸线已合并计入线路主线），合计运营里程达 3 286.51 km，车站 2 255 座，线路上行驶的有地铁、轻轨、独轨、有轨电车、磁悬浮等。

由于城市轨道交通总体建设规模和建设强度较大，带来以下一些值得关注的问题：

（1）轨道交通大规模集中建设和大量线路集中开通运营，建设与运营人才，尤其是高端人才整体缺乏的情况严重，这已成为制约我国城市轨道交通健康持续发展的短板。

（2）由于总体规模较大，建设和运营储备不够，人员素质不能满足需求，增加了建设运营的安全风险。

（3）总体投资规模偏大，加上已建成运营项目的还本付息以及为维持运营所需的各项补贴，政府财政出资压力较大，不利于城市轨道交通的可持续发展。

2. 轨道交通科学规划仍需加强

目前，城市轨道交通规划编制还不能做到科学发展、有序规划，突出表现在以下几个方面：

1）规划依据不足，衔接不畅

目前，很多城市的总体规划、土地利用规划及综合交通规划难以为城市轨道交通规划提供可靠的依据。同时，管理体制条块分割，使城市轨道交通的建设与其他城市交通方式之间，以及与对外交通运输的规划建设之间缺乏有效的衔接配合，交通一体化的规划理念还比较薄弱，片面强调城市轨道交通的地位，没有考虑到整个城市交通体系平衡协调发展。例如，部分城市轨道交通线路位于城市非建设用地或城市限（禁）建区；城市轨道交通站点与机场、铁路客站及城际轨道交通站点等无法做到便捷换乘；部分线路功能定位不清等。

2）一些城市不顾实际，规划发展目标比较宏大

从目前上报国家审批的城市轨道交通建设规划看，不同等级城市、不同特点城市的轨道交通规划目标基本雷同，多为远景年公共交通出行比例占全方式出行比例的 50% 左右，轨道交通出行比例占公共交通的 50% 左右，从而造成城市远景轨道交通线网规模都比较宏大。同时，规划的年限较长，远景年限一般规划到 50 年左右，缺乏规划基础数据的支持。

3）规划方案不合理的情况较为普遍

规划方法和理念的不完善，直接导致规划方案的不稳定，致使规划和设计方案不断改变，也造成建设项目研究和选择的偏差，不能合理规划城市轨道交通发展模式。

3. 轨道交通投融资模式有待进一步探索

1）建设项目资本金主要来源于政府资金，地方财政压力较大

目前，轨道交通投资、融资仍以政府财政投资为主，不少城市的资金来源主要依靠土地出让收益和基于政府信誉的融资平台贷款，导致轨道交通投资领域存在较大的潜在债务风险。例如，大量借款引起轨道交通在运营期的还本付息压力较大；土地出让金受政府宏观政策影响的波动较大；短期贷款偿还长期贷款极易引发现金流断裂；部分城市利用融资平台借款作为项目资本金，放大债务风险等。同时，市场化融资仍处于探索阶段，投资、融资政策，工具使用比较滞后，引入市场资金的政策还不到位，融资比例还比较小。

2）"地铁 + 物业"模式应用障碍多

城市轨道交通沿线土地收益分配与土地规划、联合开发方式等方面目前还没有合适的规章制度可循；特许经营制度仍属于行政许可，不受法律保护；还没有开发出为多元化投资、融资需要而制定的规范可行的管理体制和票价指导机制；轨道交通运营缺乏有效的激励机制，现代企业制度还没有完全建立起来，没有形成有效协调规划与运营、建设与运营的关系的机制。

3）建设—转让（BT）等项目融资模式有待进一步规范

目前多数城市的轨道交通都采用 BT 融资的方式缓解当前的财务压力。但该融资方式的融资成本较高（为融资额度的 5% ~ 10%），而且推迟了还款时间，导致政府最终出资额度更高，还款压力更大，且不利于项目业主对工程质量的把控；同时，该融资方式在一定程度上掩盖了地方政府的真实负债情况。一旦大规模采用该种融资模式，未来引发系统性金融风险的可能性较大，需要进一步规范和引导。

1.3.4 我国城市轨道交通发展的对策

1. 量力而行、稳步发展，有效地避免盲目发展带来的相关隐患

坚持"量力而行、有序发展"的方针。依据经济社会发展、居民出行需求、政府财政承受能力等基本要求，因地制宜，合理确定城市轨道交通建设规模、发展速度和发展模式，制定切实可行的发展目标，确保城市轨道交通可持续发展。

加强城市轨道交通人才培养。城市轨道交通人才的培养不是一蹴而就的，尤其是有一定经验的高端人才，需要 5 ~ 6 年的工程实践才能成长起来。因此，必须加快轨道交通人才的培养，尽快形成较为完善、系统性和层次化的人才培养机制，促进轨道交通专业人才的梯队化建设。加强轨道交通建设和运营的安全管理。安全是城市轨道交通发展的首要前提和科学保证，城市轨道交通发展中要牢固树立安全第一、科学发展的理念。为此，在今后的建设和运营安全工作中，应做好以下几个方面的工作：

（1）进一步完善和落实政府对企业的监督管理职责及企业的安全生产责任制，明确关键岗位日常和应急管理职责。

（2）深化项目前期工作，从源头上抓好安全。

（3）加强项目验收，规范运营安全验收工作，在确保合理工期、充分调试的基础上，对各分项、专项工程及时组织验收，使城市轨道交通及早投入正式运营。

（4）加强对城市轨道交通的行业监管，不断完善行政法规和政策，依法对建设、运营

及设备生产等企业实施安全监管。

（5）加大安全宣传教育，增强全民的出行安全意识，并加强对城市轨道交通职工的安全教育宣传工作，广泛吸取事故的深刻教训，提高员工的安全意识。

2. 进一步加强规划的科学性，促进轨道交通与城市的协调发展

城市轨道交通规划应以城市总体规划、城市综合交通规划等为依据，并加强协调线网结构形态、规模与城市总体规划布局和规划，注重区域交通及城市道路交通的一体化衔接研究，完善衔接机制等。

（1）注意沿线开发与土地保护相协调，积极推进沿线土地开发和轨道交通协同发展模式，围绕轨道交通站点及沿线土地进行综合开发，并逐步建立轨道交通建设运营的利益返还机制。

（2）应重视城市轨道交通与国家铁路、城际轨道交通、快速公交系统、道路公交等其他交通方式的合理功能分工和有效衔接换乘。

（3）应重视综合交通枢纽建设，构建以轨道交通为核心、各种交通方式功能明确、有效衔接、快速高效的一体化综合交通系统，充分发挥综合交通网络系统的整体效率。

（4）应重视城市轨道交通发展模式的研究，根据城市实际情况和需求，合理选择大、中、小运量轨道交通形式，构成地铁、轻轨、市郊铁路等有机衔接的轨道交通网络。

3. 进一步完善城市轨道交通投资、融资模式，完善相关政策

（1）坚持以政府为主导的投资、融资政策。

（2）积极探索多元化的融资渠道。

（3）完善城市轨道交通建设与沿线土地开发和物业综合开发的有关政策。

（4）完善城市轨道交通定价机制。

1.3.5 我国城市轨道交通未来展望

在国家和地方政府的高度重视下，我国城市轨道交通建设有了长足的发展。全国已有北京、上海、广州等 25 座城市，开通运营 112 条线路，运营总里程超过 3 286.51 km。今后 10 年，我国的地铁建设速度还会大大加快，到 2020 年，城市轨道交通规划总里程将超过 6 000 km。我国已成为世界上城市轨道交通建设里程最长、建设速度最快的国家。

城市轨道交通为现代城市交通提供了安全快捷的大容量交通运输工具，城市轨道交通的线路与城市公交汽车、有轨电车和出租车有效配合，构成合理的公交系统，会极大方便市民的出行。城市轨道交通具有低能耗、低污染、运行安全等特点，对于改善城市环境、增加城市环境容量有重要意义，是解决特大型城市交通问题和可持续发展的根本出路。

随着城市化进程加快，简单的扩路增车方法已经无法解决城市的交通问题，公交专用道的潜在利用能力毕竟有限，个体分散交通对土地资源利用的效率低也是有目共睹的。因此，通过开发宝贵的地下空间资源，才能提供新的交通供给。城市轨道交通不仅提高了交通运力，而且节约了能源和土地资源，可以缓解地面空间资源的紧张状况，支持城市的持续发展。城市轨道交通行业产业关联广、关联度高，产业发展的关联效应能够推动国民经济的发展，通过产业发展的后向关联和旁侧效应，轨道交通建设投资能带动原材料、建筑、机电、电子信息、金融和相关服务等产业的发展。通过对轨道交通建设进行投资，既可以促进相关产业链发展，也可以推动居民出行和消费增长，还可以扩大内需，拉动就业，满足社会的有效需求，直接或间接地带动 GDP 的增长。据统计，每投资 1 亿元的轨道交通项目，可带动 GDP 增长 2.63 亿元，增加 8 000 个以上的就业岗位。

总之，大力发展城市轨道交通，对于提升城市结构，解决城市发展中面临的经济与社会矛盾，具有特别重要的意义。应坚定推行以轨道交通为骨干的公交优先发展政策的具体落实，在城市总体规划中应充分考虑轨道交通的引导作用，实现轨道交通和城市发展的互动效应。在轨道交通的发展过程中应加大科技投入、提高国产化率、提升建设水平、提高运营管理水平，实现轨道交通的健康发展，解决城市的交通拥挤问题，为城市的可持续发展提供保证。

情境小结

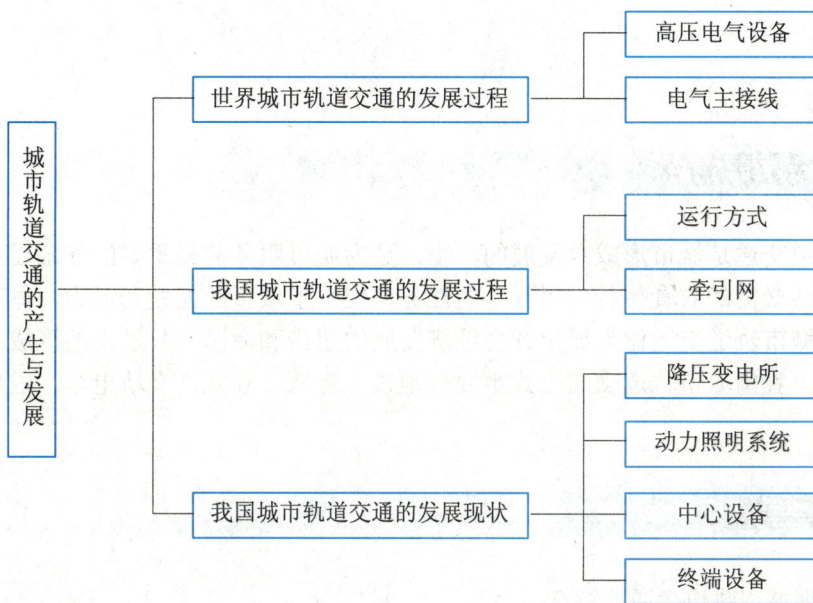

情境训练

（1）通过 PPT 或其他多媒体形式阐述世界城市轨道交通产生和发展的脉络与阶段。

（2）通过 PPT 或其他多媒体形式阐述我国城市轨道交通产生和发展的脉络与阶段。

（3）查阅资料，探索制约我国城市轨道交通发展的问题。

学习情境 2
城市轨道交通概述

情境描述

　　城市轨道交通是城市形成与发展的产物，是为城市服务的最重要的基础设施。肩负着市民日常生活必需的衣食住行中"行"的任务，展示了城市的面貌和活力，体现着城市的承载能力。城市轨道交通作为城市社会经济发展的纽带和命脉，与城市的形成、发展和兴衰紧密相连。我国城市轨道交通形式主要有地铁、轻轨、独轨、有轨电车、磁悬浮等不同形式。

教学导航

（1）掌握城市轨道交通的特点。
（2）掌握城市轨道交通的分类方式。
（3）了解城市轨道交通的主要技术特征。
（4）掌握地铁、轻轨、有轨电车等不同形式轨道交通的特点。

✳ 任务 2.1　城市轨道交通基础知识

2.1.1　城市轨道交通的地位与作用

　　现代化城市的实质就是解决好人与时间、空间的关系，城市化的过程是人们驾驭空间的过程，城市现代化的过程是人们驾驭时间的过程。轨道交通作为公共交通的一部分，它的主要作用体现在以下几个方面：

　　（1）城市轨道交通是城市公共交通的主干线，客流运送的大动脉，是城市的生命线工程。建成运营后，将直接关系到城市居民的出行、工作、购物和生活。

　　（2）城市轨道交通是世界公认的低能耗、少污染的"绿色交通"，是解决"城市病"的一把金钥匙，对于实现城市的可持续发展具有非常重要的意义。

（3）城市轨道交通的建设可以带动城市的发展，促进城市繁荣，形成郊区卫星城和多个副部中心，从而缓解城市中心人口密集、住房紧张、绿化面积小、空气污染严重等城市通病。

（4）城市轨道交通的建设与发展有利于提高市民出行的效率，节省时间，改善生活质量。

2.1.2 城市轨道交通的主要技术特性

1. 运输能力大

城市轨道交通由于高密度运转，列车行车时间间隔短，行车速度高，列车编组辆数多而具有较大的运输能力。单向高峰每小时的运输能力最大可达到7万～10万人次（市郊铁道），地铁达到3万～7万人次，轻轨1万～3万人次，有轨电车能达到1万人次，城市轨道交通的运输能力远远超过公共汽车。

2. 准时性高

城市轨道交通车辆在专用行车道上运行，不受其他交通工具干扰，不产生线路堵塞现象并且不受气候影响，是全天候的交通工具，列车能按运行图运行，具有可信赖的准时性。

3. 速达性高

城市轨道交通车辆在专用行车道上运行，不受其他交通工具干扰，车辆有较高的运行速度，有较高的启动和制动加速度，列车停站时间短，上下车迅速方便，换乘方便，可以使乘客较快地到达目的地，缩短了出行时间。

4. 舒适性高

城市轨道车辆具有较好的运行特性，车辆、车站等装有空调、引导装置、自动售票等直接为乘客服务的设备，具有较好的乘车条件，其舒适性优于公共汽车。

5. 安全性高

城市轨道交通车辆运行在专用轨道上，没有平交道口，不受其他交通工具干扰，并且有先进的通信信号设备，极少发生交通事故。

6. 土地利用率高

城市轨道交通由于充分利用了地下和地上空间的开发，不占用地面街道，能有效缓解由于汽车大量增加而造成的道路拥挤、堵塞，有利于城市空间的合理利用，特别有利于缓解大城市中心区过于拥挤的状态，提高了土地利用价值，并能改善城市景观。

7. 运营费用较低

城市轨道交通，由于主要采用电气牵引，而且轮轨摩擦阻力较小，与公共电、汽车相比，节省能源、运营费用较低。

8. 环境污染小

城市轨道交通，由于采用电气牵引，与公共汽车相比不产生废气污染；另外城市轨道交通的发展，还能减少公共汽车的数量，进一步减少了汽车的废气污染；城市轨道交通在线路和车辆上采用了各种降噪措施，一般不会对城市环境产生严重的噪声污染。

2.1.3 城市轨道交通的特点

城市轨道交通的诞生和发展在世界已有100多年的历史，19世纪60年代，世界上第一条地铁在伦敦诞生，揭开了城市轨道交通发展的序幕。城市轨道交通发展到现在，呈现出以下特点：

1. 样式的多样性

根据轨道交通系统基本技术特征的不同，轨道交通系统主要有市郊铁路、地下铁道、轻轨交通、独轨铁路和有轨电车等类型。

2. 规划布局要求的科学性和合理性

世界级大城市在修建或者调整交通线路之前首先要对地区客流量和乘客需求的要素进行全面的调查和科学的分析，管理当局还要根据新出现的交通问题筹划建设新的线路。轨道交融线网规划不仅与城市地面交通配合，还与公路、铁路、民航等大交通协调。因此，大城市交通系统一般以建设和发展轨道交通为主，再综合布置高速公路和其他交通方式。

3. 建设和服务的高标准化

轨道交通的建设和运营必须与城市环境融为一体，相互协调，并提升环境的品味，以促进城市可持续发展。城市轨道交通建设按构筑物的形式或者轨道相对于地面的位置分为地下轨道、高架轨道、地面轨道三类，由于这三种轨道敷设方式对工程的建造成本有着较大的差别，因此在不同的周边环境和地理位置情况下，选择适当的敷设方式对节省工程投资有着积极的作用。但是为了减少对城市的干扰，达到环保的要求，有的城市即使在建设造价相对较低的轻轨时也要进入地下，这样人们对造成的工程量的增加和成本的大幅度上升以及对城市地下结构的破坏是否环保的看法就见仁见智了。同时，应该在有旧线路时尽量进行旧线路的改造，避免新建，这也是达到环保的一个途径。

轨道交通带来的不仅仅是科技和运力的提升，同时也带来了服务的高标准化。各大城市轨道交通的设计、建设、运营和管理都十分重视以优质的服务满足城市、经济、发展和乘客的需求，它比常规公交更加迅捷、方便、舒适，这对于提升城市出行水平有很大的作用。

4. 发展性和复杂性

城市轨道交通与城市的形成、发展及城市化进程的初级阶段、中级阶段和高级阶段相对应，城市交通的发展也分为初级、中级和高级三个阶段；相应地，作为城市交通主要组成部分的城市轨道交通的发展则经历了生成期、成长期和成熟期三个阶段，并且每个时期均有其独特的技术特点。

1）生成期的特点

（1）轨道交通设计简单，技术装备水平低。

（2）轨道交通在城市交通中所占的份额有限。

2）成长期的特点

（1）在硬件方面，先进技术的采用主要表现为城市轨道交通运输工具的更新与完善。以工业革命驱动的城市化进程及现代城市的诞生，促使了人与物在城市空间运动流量的迅速扩大。与城市经济功能及经济结构的完善，城市规模的扩大及人与物在城市内部空间运动流量的增加相对应，城市公共交通系统得到了迅速的发展与完善。

（2）在软件方面，先进技术的采用主要表现在城市规划与城市交通布局及轨道交通网络的发展开始以先进的设计思想为指导。比如，在马德里的城市改建方案中，索里亚就对轨道交通在城市规划中的系统布置提出了较为科学的看法。他的"线状城市"方案认为城市的形状应采用线状，同时轨道交通应以地下线路、地面线路与高架线路相结合的方式进行规划、建设。

3）成熟期的特点

（1）城市交通体系不再单一，更注重公交协调合作的作用，强调大小公交的衔接和一体化，大容量快速轨道交通与传统汽、电车地面交通两大类运输方式形成全方位、立体化、多层次的格局。

（2）随着城市化发展速度变慢，人与物向城市空间运动的加速度也变慢，导致人与物的空间运动量逐渐减少，空间运动规模不再扩大，这样，城市内部轨道交通的压力将得到一定程度的缓解；但是由于城市分解和过度市郊化造成的市郊轨道交通问题开始逐渐突出。

5. 城市轨道交通是巨大的综合性复杂系统

（1）建设规模大，一个城市的轨道交通线网一般有百余千米至数百千米。

（2）技术要求高，几乎涉及现代土木工程、机电设备工程所用高新技术领域。

（3）项目投资大，每千米造价达 3 亿～4 亿元。

（4）建设周期长，单线建设周期要 4～5 年，线网建设一般要 30～50 年。

（5）信息量大，建设、运营过程中所产生的信息量很大，处理工作非常繁重。

（6）系统复杂，要考虑轨道交通与其他交通方式、城市发展的关系，考虑轨道交通线网布局、建设次序、资源共享的关系，考虑到轨道交通工程策划、建设、运营、资源利用的关系等。

2.1.4　城市轨道交通体系构成

城市轨道交通是属于集多专业、多工种于一身的复杂系统，通常由轨道路线、车辆、通信信号、供变电、车站、维护检修基地、指挥控制中心等组成。城市轨道交通的运输组织、功能实现、安全保障均应遵循有轨交通的客观规律。在运输组织上要实行集中调度、统一指挥、按列车运行图组织行车。在功能实现方面，各有关专业如线路、车站、隧道、车辆、供电、通信、信号、机电设备及消防系统，均应保证状态良好，运行正常。在安全保障方面，主要依靠行车组织和设备正常运行，来保证必要的行车间隔和正确的行车线路。

为了保证列车运行安全、正点，在集中调度、统一指挥的原则下，行车组织、设备、车辆检修、设备运行管理、安全保证等均由一系列规章制度来规范。列车运行是一个多专业、多工种配合的工作，是围绕安全行车这一中心而组成的有序联动、时效性极强的系统。

轨道交通系统中，采用了以电子计算机处理技术为核心的各种自动化设备，从而代替人工的、机械的、电气的行车组织、设备运行和安全保障系统。如 ATC（列车自动控制）系统可以实现列车自动驾驶、自动跟踪、自动调度；SCADA（供电系统管理自动化）系统可以实现主变电所、牵引变电所、降压变电所设备系统的遥控、遥信、遥测和遥调；BAS（环境监控系统）和 FAS（火灾报警系统）可以实现车站环境控制的自动化和消防、报警系统的自动化；AFC（自动售检票）系统可以实现自动售票、检票、分类等功能。这些系统全线各自形成网络，均在 OCC（控制中心）设置中心计算机，实现统一指挥，分级控制。

✳ 任务 2.2　城市轨道交通的分类

城市轨道交通种类繁多，技术指标差异较大，世界各国划分标准不一，并无严格的分类。由于城市轨道交通在世界范围内发展较快，地区、国家、城市的不同，服务对象的不同等，使城市轨道交通发展成为多种类型，目前尚无十分统一的分类标准，不同的分类方法，可以分出不同的结果。

（1）按导向方式分，可分为轮轨导向的城市轨道交通系统和导向轨导向的城市轨道交通系统。

（2）按线路架设方式分，可分为地下（水下）城市轨道交通系统、高架城市轨道交通系统和地面城市轨道交通系统。

（3）按线路隔离程度分，可分为全隔离城市轨道交通系统、半隔离城市轨道交通系统和不隔离城市轨道交通系统。

（4）按轨道材料分，可分为钢轮钢轨城市轨道交通系统和橡胶轮混凝土轨城市轨道交通系统。

（5）按牵引方式分，可分为旋转式直流电动机牵引城市轨道交通系统、交流电动机牵引城市轨道交通系统和直线电动机牵引城市轨道交通系统。

（6）按运营组织方式分，可分为传统城市轨道交通、区域快速轨道交通和城市（市郊）铁路。

（7）根据高峰每小时单向运输能力的大小分，可分为高运量城市轨道交通系统、中运量城市轨道交通系统和低运量城市轨道交通系统等类型。高运量轨道交通系统的高峰每小时单向运输能力在 3 万人次以上，属于该种类型的轨道交通系统主要有地下铁道和高技术标准的轻轨铁路。中运量轨道交通系统的高峰每小时单向运输能力为 1～3 万人次，属于该种类型的轨道交通系统主要有轻轨和独轨。低运量轨道交通系统的高峰每小时单向运输能力为 5 千～1 万人次，属于该种类型的轨道交通系统主要有低技术标准的有轨电车。

城市轨道交通按动能范围、车辆类型及主要技术特征可分为有轨电车、地铁、轻轨、城市（市郊、城际）铁路、独轨交通、新交通系统、磁浮交通七类。

综合城市轨道交通的相关分类，我国城市轨道交通技术等级见表 2-1。

表 2-1　我国城市轨道交通技术等级

系统类型		I	II	III	IV	V
		高运量地铁	大运量地铁	中运量轻轨	次运量轻轨	低运量轻轨
适用车型		A 型车	B 型车	C-I、II 型车	C-II 型车	现代有轨电车
最大客运单向运量 / （万人次·h^{-1}）		4.5～7.5	3.0～5.5	1.0～3.0	0.8～2.5	0.6～1.0
线路	线路状态	隧道为主	隧道为主	地面或高架	地面为主	地面
	路用情况	专用	专用	专用	隔离或少量混用	混用为主
车站	平均站距 / m	800～1 500	800～1 200	600～1 000	600～1 000	600～1 000
	站台长度 / m	200	120～160	120	< 100	< 60
	站台高低	高	高	高	低	低

系统类型		I	II	III	IV	V
		高运量地铁	大运量地铁	中运量轻轨	次运量轻轨	低运量轻轨
车辆	车辆宽度 /m	3	2.8	2.6	2.6	2.6
	车辆定员 / 人	310	240	220	220	104～202
	最大轴重 /t[①]	16	14	11	10	9
	最大速度 / $(\text{km}\cdot\text{h}^{-1})$	80～100	80	80	70	45～60
	平均运行速度 / $(\text{km}\cdot\text{h}^{-1})$	34～40	32～40	30～40	25～35	15～25
	轨距	1 435	1 435	1 435	1 435	1 435
供电	额定电压 /V	DC1500	DC750	DC750	DC750（600）	DC750（600）
	受电方式	架空线	第三轨	架空线/第三轨	架空线	架空线
信号	列车自动保护	有	有	有	有 / 无	无
	列车运行方式	ATO/ 司机驾驶	ATO/ 司机驾驶	ATO/ 司机驾驶	司机驾驶	司机驾驶
	行车控制技术	ATC	ATC	ATP/ATS	ATP/ATS	ATP/ATS
运营	列车编组 / 辆	6～8	6～8	4～6	2～4	2
	列车最小行车间隔 /s	120	120	120	150	300

❋ 任务 2.3　城市轨道交通的形式

2.3.1　有轨电车

有轨电车（Tram 或 Streetcar）是使用电车牵引、轮轨导向、1～3 辆编组运行在城市中的低运量轨道交通系统。有轨电车通常采用地面线，有时也有隔离的专用路基和轨道，隧道或高架区间仅在交通拥挤的地带才被采用。

有轨电车的优点：造价低、建设容易、运行可靠、舒适、节能、环保。

有轨电车的缺点：所受干扰多、速度慢、通行能力低、极易与地面道路车辆冲突、隔离程度和安全性较低、运输能力小。

老式有轨电车最早兴建于 1881 年的柏林。1887 年，匈牙利的布达佩斯创立了首个电动电车系统。1888 年，美国弗吉尼亚州里士满开通了世界上第一条有轨电车线路。19 世纪后期和 20 世纪前期是有轨电车的发展高峰。20 世纪中叶，由于老式有轨电车噪声大、性能差、耗电多，而且在速度、舒适度和灵活性方面与汽车比较相形见绌，到 20 世纪 30～50

_____
① 1 t=10³ kg。

年代中期逐渐衰落，60～70年代，为了给来势汹汹的私人轿车让路，有轨电车相继在欧洲许多城市下马。在瑞士、德国、波兰、奥地利、意大利、比利时、荷兰、日本及东欧等国，路面电车网络仍然保养良好，或者被继续现代化。我国的有轨电车在20世纪50年代末已拆得所剩无几，仅大连、长春和鞍山三座城市保留。大连还对有轨电车进行了改造，使其成为城市的一张名片。

现代有轨电车具有运行可靠、舒适、节能、环保等特点，且其技术特性已与轻轨基本无异，如今许多地方也开始在城市中改建或新增现代有轨电车线路，如法国斯特拉斯堡、瑞士日内瓦、西班牙巴塞罗那以及我国的大连、天津、长春、上海等城市。2012—2020年，我国现代有轨电车规划已超过2 500 km，工程总投资预计达3 000亿元，车辆市场规模达600亿元，年均需求75亿元。

澳大利亚墨尔本拥有全球最大的有轨电车网络，如图2-1所示。

图2-1　墨尔本有轨电车

天津市区有轨电车于1904年由世昌洋行开始修建，1906年6月第一条公交线路白牌环城有轨电车开通运营，天津是中国第一个建设和运营有轨电车的城市。天津早期的有轨电车如图2-2所示。

图2-2　天津早期的有轨电车

2006 年 12 月 6 日，天津滨海新区开发区重新开通了现代化的有轨电车，如图 2-3 所示。

图 2-3　天津滨海新区有轨电车

2.3.2　地铁

严格地讲，地下铁道是一个历史名词，其原始意义是修建在地下隧道中的铁路。随着地下铁道的发展，其线路布置已不仅仅只局限在地下隧道中，根据需要也可以布置在地面或采用高架的方式修建，但城区内的线路还是以地下为主。

地下铁道简称地铁（Metro 或 Underground Railway 或 Subway），是城市快速轨道交通先驱。地铁是由电力牵引、轮轨导向、轴重相对较重、具有一定规模运量、按运行图行车、编组运行在地下隧道内，或根据城市的具体条件，运行在地面或高架线路上的快速轨道交通系统。

对世界各国地下铁道系统进行分类研究可知，地下铁道由于所采用的技术标准不同，又可分为重型地铁、轻型地铁与微型地铁三种类型，它们的运载能力因技术标准的不同而差别很大。目前，地下铁道的概念通常是指重型地铁，地铁的单向运能在 3 万人次 /h，最高可达 6 万～ 8 万人次 /h。最高速度可达 90 km/h，旅行速度可达 40 km/h 左右，可 4 ～ 10 辆编组。车辆运行最小间隔可低于 1.5 min。驱动方式有直流电动机、交流电动机、直线电动机等。地铁造价昂贵，投资在 3 亿～ 6 亿 /km。地铁具有建设成本高，建设周期长的弊端，但同时又具有运量大、建设快、安全、准时、节省能源、不污染环境、节省城市用地的优点。地铁适用于出行距离较长、客运量需求大的城市中心区。一般认为，人口超过百万的大城市就应该考虑修建地铁。

地铁系统与国家铁路干线一样，主要由线网、轨道、车站、车辆、通信信号等设备构成，要求各部分能够有机结合，协同动作，最大限度地完成输送任务。

考虑乘客出行方便、土地充分利用、节约建设费等因素，地铁线路的走向一般选择易于施工和客流相对比较集中的地区。

2.3.3　轻轨

轻轨（LRT）是在有轨电车的基础上改造发展起来的城市轨道交通系统。轻轨是反映在轨道上的荷载相对于铁路和地铁的荷载较轻的一种交通系统。轻轨交通是个比较广泛的概念，公共交通国际联会（UITP）关于轻轨运营系统的解释文件中提到：轻轨交通是一种使用电力牵引、介于标准有轨电车和快运交通系统（包括地铁和城市铁路）、用于城市旅客运输的轨道交通系统。

轻轨铁路的原始含义是指列车运行的线路所使用的钢轨比重型地铁所使用的钢轨质量小。由于轻轨铁路的钢轨质量较小，其整体的技术标准也低于地铁，因而轻轨的运输能力也远远小于地铁。当初使用的是轻型钢轨，现在轻轨已采用与地铁相同质量的钢轨。所以，目前国内外都以客运量或车辆轴重的大小来区分地铁和轻轨。在我国《城市轨道交通：工程项目建设标准》（建标 104—2008）中，把每小时单向客流量为 1 ～ 3 万人次的轨道交通定义为中运量轨道交通，即轻轨。

轻轨交通一般采用地面线路和高架线路相结合的方法建设，路线可以从市区通往近郊。列车编组采用 3 ～ 6 辆，铰接式车体。由于轻轨交通采用了线路隔离、自动化信号、调度指挥系统和高新技术车辆等措施，最高速度可达 60 km/h，克服了有轨电车运能低、噪声大等问题。

由于轻轨交通具有投资少（每公里造价在 0.6 亿 ～ 1.8 亿元人民币）、建设周期短、运能高、灵活等优点，因此发展很快。目前，无论是发达国家，还是发展中国家，轻轨交通方兴未艾。各国纷纷根据自己的国情，制定相应的轻轨交通发展战略和模式。

2.3.4 城市（市郊、城际）铁路

所谓城市铁路，指的是由电气或内燃机牵引、轮轨导向、车辆编组运行在城市中心与市郊间以地面专用线路为主的大运量的快速轨道交通系统。通常其所有权不属于所在城市的城市政府，而由铁路部门经营。

线路设施与干线铁路基本相同，服务对象以城市公共交通客流为主，是连接城市市区与郊区以及连接城市周围几十公里甚至更大范围的卫星城镇的铁路，它往往又是连接大中城市干线铁路的一部分，因此它具有干线铁路的技术特征，如轨道通常是重型的。

城市铁路通常分为城市快速铁路和市郊铁路两部分。城市快速铁路是指运营在城市中心，包括近郊城市化地区的轨道系统，其线路采用电气化，与地面交通大多采用立体交叉。市郊铁路是指建在城市郊区，把市区与郊区，尤其是与远郊联系起来的铁路。市郊铁路一般和干线铁路设有联络线，设备与干线铁路相同，线路大多建在地面，部分建在地下或高架。其运行特点接近于干线铁路，只是服务对象不同。

市郊铁路是城市铁路的主要形式，通常使用电力牵引和内燃牵引，列车编组多在 4 ～ 10 辆，最高速度可达 100 ～ 120 km/h。市郊铁路运能与地铁相同，但由于站距较地铁长，运行速度可超过地铁 40 km/h 以上。

因为市郊铁路与城市轻轨不同，故又被叫作重轨铁路，因为其与干线铁路亦不同，所以也常被称为通勤铁路或月票铁路。

根据国外资料，目前大城市的市郊铁路主要有三种形式：

（1）独立的城市铁路网，指专门或主要用于城市交通的铁路，如日本的 JR、法国巴黎的 RER 等。这种铁路的技术设备好，列车运行速度快，效率高，可以实现按运行图行车，高峰每小时最小列车间隔可达 1.5 ～ 2.0 min，旅客候车时间短，但由于大多采用地下或高架线路，投资费用比较高，适合于人口密度大的城市。

（2）客运专线，指通常的铁路线路，可用于速度不同的各种旅客列车，包括市郊列车和长途列车，一般在上下班高峰时为市郊列车专用。这种线路的利用率高，投资费用低，是市郊铁路的普遍形式。

（3）混合运输线。这种线路通常客货混跑，运行速度低，条件较差。

2.3.5 独轨系统

独轨系统是车辆或列车在单一轨道梁上运行的城市客运交通系统。独轨系统的线路通常采用高架结构。从构造形式上还可分为跨骑式独轨与悬挂式独轨两种。跨骑式独轨是列车跨坐在轨道梁上运行的形式，而悬挂式独轨则是列车悬挂在轨道梁下运行的形式。独轨系统由于道岔转换时间较长而制约着通过能力，因而单向小时最大运输能力在 5 000 ~ 20 000 人次之间，但它的爬坡性能很好，适合于在地面起伏较大的城市修建。我国重庆现已开通的轻轨线路就是采用的跨骑式独轨系统技术。

独轨交通历史悠久，早在 1821 年英国人就开发了独轨铁路，并因此获得发明专利。1888 年，法国人在爱尔兰铺设了约 15 km 的跨座式独轨铁路，采用蒸汽机车牵引，从此有动力的独轨交通走向实用化阶段，但因为车厢摇摆、噪声大等原因，1942 年这条线路停止运营。1893 年，德国人发明了悬挂式独轨车辆，1901 年在"伍珀塔尔市"开始运营，线路长 13.3 km，其中 10 km 跨河架设，成为利用街道上空建设独轨铁路的先驱。这条线路至今仍在使用，成为该市的一个历史景观。

随着科学技术的进步，独轨交通技术日臻成熟，轨道、车辆和通信信号都有了很大的发展，再加上独轨交通可以利用道路和河流的上方空间，独轨技术受到一定的重视。美国、日本、意大利等许多国家都建设了这种形式的独轨交通，其中，日本建成多条独轨交通系统，是使用独轨交通最多的国家。

我国首条跨座式独轨交通线路是在有"山城"之称的重庆修建的。重庆轨道交通 2 号线（较新线）一期工程于 2004 年建成，全线于 2006 年开通，独轨客车技术是从日本引进的。跨座式独轨交通十分适合重庆市道路坡陡、弯急、路窄的地形特点，同时由于结构轻巧、简洁、易融于山城景色，能够取得较好的景观效果。

独轨交通与轻轨交通相比，突出优点如下：

（1）占用土地少。高架独轨不需要很大的空间，每根支柱直径仅为 1 ~ 1.5 m，双线轨道梁的线路断面总宽度为 5 ~ 7 m，与其他高架轻轨系统相比是最窄的。

（2）运量较大。国外独轨列车一般由 4 ~ 6 辆组成，列车运输能力每小时为 5 000 ~ 20 000 人次。

（3）能适应复杂地形要求。由于使用橡胶轮胎，可以适应复杂地形的要求，适宜在狭窄街道的上空穿行，可减少拆迁，降低造价。

（4）建设工期短，造价低。高架独轨结构简单，易于建造，因此工期较短，造价较低，一般为地铁的 1/3。

（5）运输能确保安全。由于车辆与轨道的特殊结构，在轨道梁两侧均有起稳定作用的导向轮，能确保运行安全。

（6）噪声与振动均低，且无排气污染等危害。由于采用橡胶轮胎，所以振动和噪声大大降低，此外，电力驱动也不存在污染环境的问题。

（7）对日照和城市景观影响小。由于高架独轨占用空间少，沿线不会投下很大的遮光阴影，并且对城市景观还能起到一定的点缀作用。

独轨车辆的缺点有以下几个方面：

（1）它的运量在实践中还没有计算过。所以，对独轨车辆的最大运量问题尚需进一步论证。

（2）这种类型车辆我国还没有研制的经验，而引进的价格每辆高达 160 万美元。

（3）独轨交通也存在橡胶轮与轨道梁摩擦产生橡胶粉尘的现象，对环境有轻度污染。

（4）列车运行在此区间如果发生事故，救援比较困难。

（5）导向、稳定及转辙装置等关键技术问题尚未完全解决。

（6）其运输能力与有轨电车接近，技术要求却高得多。

尽管独轨交通已经经历了一个多世纪的发展历程，但因为独轨铁路的导向、稳定及转辙装置等关键技术问题尚未完全解决，而且独轨交通的运输能力又与有轨电车不相上下，技术要求却高得多，因此在世界范围内并没有得到广泛的应用。

2.3.6　磁悬浮

磁悬浮交通是一种非轮轨黏着传动，悬浮于地面的交通运输系统。磁悬浮列车是利用常导磁铁或超导磁铁产生的吸力或斥力使车辆浮起，用以上的复合技术产生导向力，用直线电机产生牵引动力，使其成为高速、安全、舒适、节能、环保、维护简单、占地少的新一代交通运输工具。由于列车在牵引运行时与轨道之间无机械接触，因此从根本上克服了传统列车轮轨黏着限制、机械噪声和磨损等问题，所以它也许会成为人们梦寐以求的理想陆上交通工具。

磁悬浮系统的轨道往往也采用轨道梁的高架结构，它的时速可达到 500 km 以上，是当今世界上最快的地面客运交通工具，有速度快、爬坡能力强、能耗低的优点，每个座位的能耗仅为飞机的 33%、汽车的 70%。

自 1922 年德国人赫尔曼·肯佩尔（Hermann Kemper）提出了电磁浮原理，并在 1934 年获得世界上第一项有关磁浮技术的专利，到现在已有 90 多年的历史。而磁浮技术的真正发展始于 20 世纪 70 年代，以德国为代表的常导磁浮技术和以日本为代表的低温超导磁浮技术比较成熟，接近或达到商业运营要求。

1984 年在英国伯明翰开通了速度为 54 km/h、长度为 620 m 的商业运营线。2003 年，中国上海开通了速度为 430 km/h、路线长度为 30 km 的商业运营示范线。上海磁悬浮列车示范线西起上海地铁 2 号线龙阳路车站南侧，东到浦东国际机场一期航站楼东侧，线路总长 31.17 km，设计时速和运行时速分别为 505 km/h 和 430 km/h，总投资 89 亿元。2005 年 3 月，日本名古屋东部丘陵线开始商业运营，大量世博会期间的宾客通过干线铁路经由名古屋东部丘陵线到达世博园区。

2.3.7　新交通系统

新交通系统（AGT）是一个模糊的概念，不同国家和城市对此都有不同的理解，目前还没有统一和严格的定义。广义上认为，AGT 是那些所有现代化新型公共交通方式的总称。狭义上新交通系统则定义为：由电气牵引，具有特殊导向、操作和转向方式的胶轮车辆，单车或数辆编组运行在专用轨道梁上的中小运量轨道运输系统。在新交通系统中车辆在线路上可无人驾驶自动运行，车站无人管理，完全由中央控制室的计算机集中控制，自动化水平高。新交通系统与独轨交通有许多相同之处，最大的区别在于其设有导向轨，故新交通系统也称为自动导轨交通。新交通系统的导向系统可分为中央导向方式和侧面导向方式，每种方式又可分为单用型和两用型。

新交通系统最早出现在美国，当初多为一种穿梭式往返运输乘客的短距离交通工具，曾被称为"水平电梯"或称为"空中巴士""快速交通"。在逐渐发展成一种城市客运交通工具后，一般称为"客运系统"（People Mover System）。后来日本和法国又做了进一步的技术改进和发展，并使其成为城市中的一种中运量客运交通系统。日本称为新交通系统（意指含有高度自动化新技术的交通系统），以区别于其他各种交通运输工具。

　　新交通系统之所以能够在日本得到较快发展，是基于它明显的优势。第一，新交通系统客运能力为 5 000～15 000 人次／时，高于公共汽电车，而且建设成本与地铁、轻轨相比又低得多，所以比较容易吸引人们的注意力；第二，新交通系统与独轨系统相似，运行在专用的高架轨道上，与其他车辆互不干扰，运输效率较高；第三，新交通系统的车辆除采用橡胶轮胎外，其他设备与有轨车辆相差不多，并可利用现有的轨道交通运行规程，在技术上容易实现；第四，新交通系统既可采用车辆无人驾驶、车站无人管理的方式，也可省却自动运行系统，由人工操作，因而机动灵活，使用方便；第五，新交通系统节约能源，基本没有噪声污染，对保护环境有利。当然，新交通系统也有一个无法克服的缺点，就是它采用了独特的导向方式，车辆及轨道结构有别于其他轨道系统，因而兼容性不强，不能适应轨道交通一体化的发展趋势。

情境小结

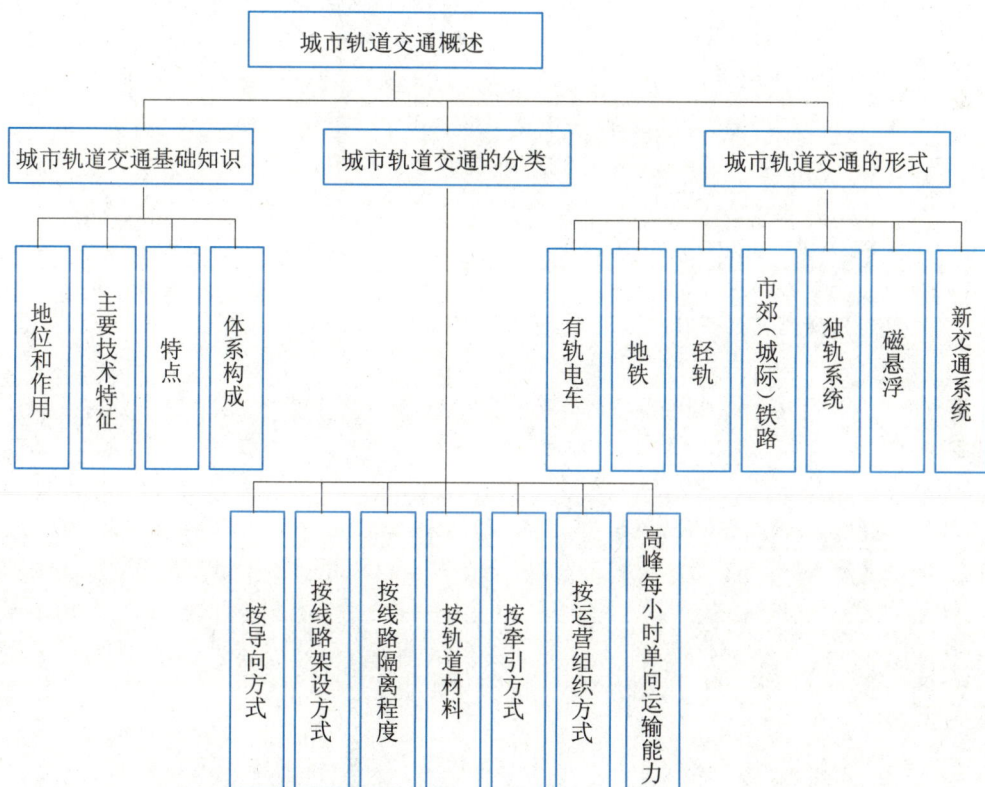

情境训练

（1）通过分组讨论形式分析城市轨道交通的主要技术特征。

（2）通过 PPT 或其他多媒体形式分析不同形式轨道交通的特点。

城市轨道交通硬件设备构成篇

学习情境 3
城市轨道交通线路工程

情境描述

　　城市轨道交通线路是城市轨道列车运行的道路设施，是城市轨道交通系统的基本组成部分，线网规划与线路设计必须满足行车安全、线路平顺与养护方便等要求，并保证一定的舒适度及符合有关设计规范的要求，能保证列车以规定的速度平稳、安全、正点和不间断地运行。

　　城市轨道交通线路的规划和设计是涉及城市规划、交通工程、建筑工程以及社会经济等多种科学理论的系统工程。城市轨道交通线路直接影响城市的基本布局和功能定位，对城市发展更有极强的引导作用。

教学导航

（1）掌握城市轨道交通线网的基本结构。
（2）掌握城市轨道交通线网规划的基本原则。
（3）掌握线路设计的基本知识。
（4）掌握轨道相关的基础知识。
（5）掌握轨道交通线路的施工方法。

任务 3.1　城市轨道交通线网规划

3.1.1　线网规划

　　城市轨道交通线网规划是指规划、决策人员对城市轨道交通系统未来各个时期，包括从无到有、从线到网的不断发展的过程，进行分析、预测并提出相应科学合理的规划方案和实施计划的全过程。

1. 线网规划分类

1）按规划对象分类

线网规划按规划对象可分为路网规划和线路规划，两者统称为线网规划。

路网规划主要是确定路网的基本结构、总体规模及主要站点、枢纽的布局形态，同时给出路网的可实施性论证，包括线路的铺设方式、换乘节点、修建顺序、联络线分布、与地面其他交通方式的衔接、路网建设的经济性等，逐步形成科学合理的交通网络，使其能够起到客流组织的主导作用，并与城市总体的发展与合理演化相协调。

线路规划主要指确定线路的走向、站点的设置、与其他交通路线或交通方式的换乘及分段修建计划等。

2）按规划时间分类

按规划时间可分为近期规划、中期规划、中远期规划和远景规划。

通常线路建成运行后2～5年为近期，建成运行后5～10年为中期，线路建成运行后10年以上为中远期，建成运行后25年为远景。

线网规划考虑的年限越长，研究设计的范围越广，得到的结果也更为宏观，应遵循"近期宜细、远期可粗"的规划原则。图3-1所示为长春轨道交通规划图。

图 3-1　长春轨道交通规划图

3）按规划范围分类

按照区域位置一般分为中心城区和周边郊区。轨道交通的规划范围应覆盖整个城市的范围。

2. 线网规划的主要原则

（1）适应城市的可持续性发展。在城市总体规划的基础上，根据远景客流预测分析，合理选择线网布局，正确把握土地利用，特别是地下空间利用与交通之间的相互作用的关系，适应城市的可持续发展。

（2）适应城市总体规划的交通结构。轨道交通线路应考虑与城市地面公共交通、城市对外客运交通枢纽（火车站、轮船码头、长途汽车站、航空港）的联系，以适应城市总体规划的交通结构。

（3）快速轨道交通线路要沿主要客流方向布设，尽可能经过大型客流集散点。

（4）为了加强中心城对周围区域的辐射力和吸引力线路应贯通市中心。

（5）线路尽量沿城市道路干线走向布设。一方面便于吸引沿线地面交通量，另一方面便于施工。

（6）力争多设换乘点，尽量使城市内任意起终点间的乘客出行至多换乘一次即可到达目的地。

（7）线路走向要考虑城市的自然、人文、地理等制约条件选择较好的地形、地质条件，注意历史文物保护。

（8）线路经过中心城区时，宜以地下隧道为主。减少拆迁、噪声、振动、与城市交通的相互干扰。

（9）规划线路时要考虑车辆段、停车场的位置和连接两线路之间的联络线。

（10）在现阶段规划我国城市轨道交通时，规划线路应涉及城市开发区及新的规划区域。

3．线网规划的作用

（1）缓解中心区尤其是金融区、商业区（CBD）地区交通的供需矛盾，强化土地资源可能提供的交通供给。

（2）加强主出行方向上（主要交通走廊）系统的速度和容量，以便于与中心区的联系。

（3）串联城市大型客流集散点（交通枢纽、商业服务中心、行政中心、规划大型居住区、规划工业区、大学城、娱乐中心等），实现客流的合理疏解。

（4）加强对外交通与市区的联系，方便卫星城镇与市区的联系，增强城市的辐射能力。

（5）以高品质的供给引导交通方式选择的良性转移。

（6）节约能源，避免大气污染，改善环境。

（7）启动内需，聚集商贸及房地产开发，支持旧城改造和新区开发，并成为城市产业发展的新增长点。

城市轨道交通系统建设是庞大而复杂的系统工程，具有非可逆性，线路一经建成不可更改。因此，规划布局合理和规模适当的线网就显得很重要。它的好坏直接影响城市交通结构的合理性、工程项目的经济效益及社会效益。如果作为前期基础研究之一的线网规划发生失误，后期则难以挽回，因为用地控制、规划导向均与线网直接相关。

4．线网规划的意义

（1）支持城市总体规划的实施和发展。

（2）有利于城市科学制定经济发展规划。

（3）线网规划有利于城市各项设施的建设。

（4）为控制快速轨道交通建设用地提供基础。

（5）为快速轨道工程立项建设提供依据。

5．线网规划的确定

线网规划的影响因素有：城市的规模、城市交通需求、城市财力因素、居民出行特征、城市未来交通发展战略与政策和国家政策等。其中，城市发展的规模又包含城市人口规模、城市土地利用规模、城市经济规模、城市基础设施规模四个方面。图3-2所示为线网规模与其影响因素的有向连接。

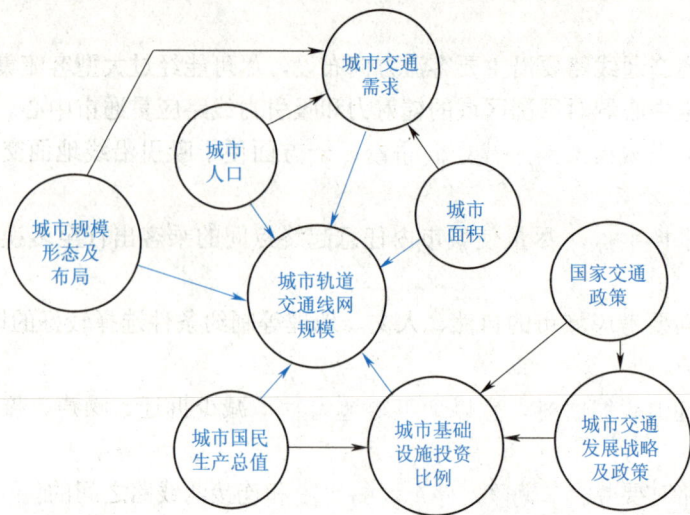

图 3-2 线网规模与其影响因素的有向连接

6. 线网规划的方法

总结起来，轨道交通线网规划有两种主要方法：一种是以定性分析为主、定量分析为辅的线网规划方法；另一种是以定量分析为主、定性分析为辅的线网规划方法。现将有关方法介绍如下。

1）点、线、面要素层次分析法

这种方法以城市结构形态和客流需求的特征为基本，对基本的客流集散点、主要的客流分布、重要的对外辐射的方向及线网结构形态，进行分层研究，充分注意定性分析和定量分析相结合、快速轨道工程学与交通测试相结合、静态与动态相结合、近期与远景相结合，经过多方案比较而成。

城市轨道交通线网规划是一个庞大而复杂的工程，因此线网构架研究必须分类、分层进行。"点""线""面"既是三个不同的类别，又是三个不同层次的研究要素。"点"代表局部、个体性的问题，即客流集散点、换乘节点和起终点的分布；"线"代表方向性问题，即轨道交通走廊的布局；"面"代表整体性、全局性的问题，即线网的结构和对外出口的分布形态。

（1）"点"的分析。客流集散点，即客流发生、吸引点和客流换乘点，是轨道交通设站服务、吸引客流的发生点。

（2）"线"的分析。"线"的分析是研究道路交通网络，即城市客流流经的路线，尤其是主要交通走廊，是分析和选择线路走向的基本因素。

（3）"面"的分析。在进行线网构架方案研究时，"面"上的因素是控制构架模型和形态的决定性因素，这些因素包括城市地位、规模、形态、对外衔接及线网作用和地位、交通需求、线网规模等特征。

2）功能层次分析法

这种方法根据城市结构层次和组团的划分，将整个城市的轨道交通网按功能分为三个层次，即骨干层、扩展层、充实层，骨干层与城市基本结构形态吻合，是基本线网骨架。

3）逐线规划扩充法

这种方法是以原有的快速轨道交通路网为基础进行线网规模扩充，以适应城市的发展。为此，必须在已建线路的基础上，调整规划已有的其他未建线路，来扩充新的线路，并将每条线路依次纳入线网后，形成最终的线网规划方案。

这种方法的优点是投资效益高，便于迅速缓解城市交通最严重的拥挤路段。缺点是不易从总体上把握线网构架，不易起到引导城市发展、形成合理城市结构的目的。

4）主客流方向线网规划法

其要点是根据城市居民的交通需求特点，确定近期最大限度满足干线交通需求，远期引导合理城市结构和交通结构形成的功能特点，进行初期、近期和远期的交通需求空间分布特点的量化分析，并结合定性分析与经验，提出若干轨道交通线网规划方案。具体做法是在现状与未来道路网上进行交通分配，按照确定的原则绘制流量图，根据流量图确定主客流的方向，然后沿主客流方向布线，提出若干线网规划方案。

3.1.2 线网结构

1. 轨道交通网络结构类型及其运输特性

轨道交通路网的规模与形态虽然各不相同，但其基本结构形态可归结为五种各具不同运输特性的类型，如图 3-3 所示。

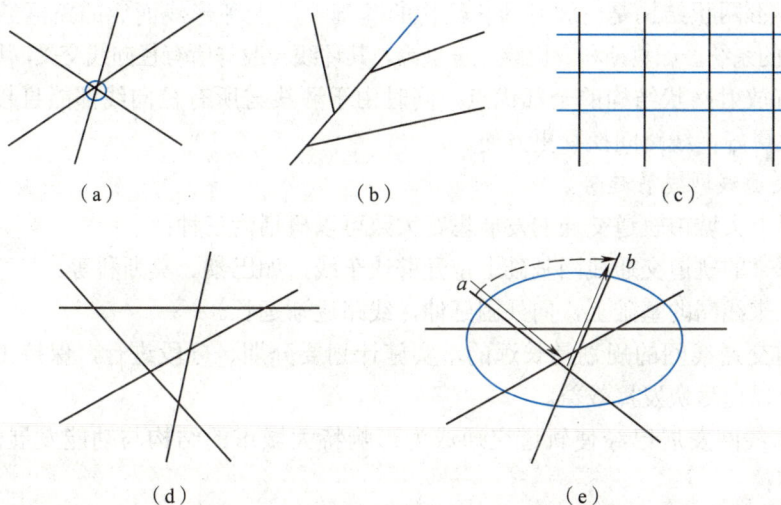

图 3-3 轨道交通路网结构形态的五种基本类型
（a）星型结构；（b）树状结构；（c）栅格结构；（d）放射网状结构；（e）放射—环形网状结构

1）星型结构

星型结构是指路网中所有线路只有一个交点（换乘站）的结构，见图 3-3（a）。其唯一的换乘站位于市中心的客流集散中心。这种结构中所有线路间都可以实现直接换乘，但换乘站上的客流大，换乘客流间相互干扰也大，除容易引起混乱与拥挤外，换乘站的设计与施工难度也较大，一般多采用分层换乘。这也使车站的埋深加大，车站建设费用增加，乘客换乘时间延长，车站通风、排水及运送旅客的运营费用也会有所增加。

2）树状结构

树状结构是指 n 条线路只有 $n-1$ 个交叉点（换乘站）且在网络中没有网格的结构，形同树枝状,见图3-3(b)。这种结构连通性差,线路间换乘不便,两条树枝线间至少要换乘2次才能实现互通;此外,线路上客流分布不均,同一线路上两个换乘站之间的路段因为担负着大量的换乘客流,客流量较换乘站外侧路段高,给线路的行车组织带来困难。

3)栅格网状结构

栅格网状结构是指线路(至少4条)大多呈平行四边形交叉,所构成的网格多为四边形的路网结构,这种结构形同棋盘,见图3-3(c)。这种结构的线路在城区分布比较均匀,但线路深入市郊的不多;由于存在回路,这种结构连通性好,乘客换乘的选择较多;但由于没有通到市中心的径向斜线,市郊到市中心的出行不便。

4)放射网状结构

放射网状结构是指线路(至少3条)多为径向线且线路交叉所成的网格,多为三角形的路网结构,见图3-3(d)。从目前已经采用这种结构且发展比较成熟的几个系统的情况来看,多数线路都在市中心区发生三角形交叉,市中心区线路和换乘密集而均匀,网络连通性好,乘客换乘方便,在规模不大的情况下,任意两条线路间都可以实现直接换乘,路网中交织成网的部分影响区范围较小,由于没有环形线,市郊之间的居民出行需要经过市中心区的换乘站中转,绕行距离长,这种不便程度随着城市规模的扩大而增大。

5)放射—环形网状结构

放射—环形网状结构是在放射网状结构的基础上增加环形线而成的路网结构,常见于一些规模很大的系统,如莫斯科、巴黎、东京等。其环线一般与所有径向线交叉,见图3-3(e)。这种结构具有放射网状结构的全部优点,同时由于环线与所有径向线都能直接换乘,整个网络的连通性更好,线路间换乘更方便。

2. 轨道交通线网发展趋势

目前世界上大城市轨道交通的发展思路大致可以概括为三种:

(1)在原来的轨道交通线网基础上,开辟快车线,如巴黎、莫斯科等。

(2)在原来线网的基础上,向外围延伸,线路逐渐延长。

(3)轨道交通线网的规划是长远的,实施计划要分期、分段进行,保持工程实施和运营的连续性,以便尽快发挥效益。

轨道交通线网发展已经使轨道交通成为影响特大城市的结构与功能发展的重要因素,概括归纳如下:

(1)轨道交通线网的系统形成,已成为整个城市客运交通的基础和骨架。

(2)轨道交通线路的布局,已成为城市土地利用规划和交通规划的双重核心。

(3)轨道交通车站的分布地带,将成为吸引大量居民的中心,社会活动的中心和文化、商业聚集的中心,在城市规划结构中占有重要的地位。

✸ 任务 3.2　城市轨道交通线路设计

城市轨道交通线路设计是在已经确定的城市轨道交通线网规划的前提下,研究某一条或某一段线路的具体位置,确定相关细节,包括线路的路由方案、敷设方式以及站点选择等。

3.2.1 线路走向选择

城市轨道交通的主要服务对象是城市居民的出行，沿客流方向布置是城市轨道交通选线的基本原则。从吸引客流条件、线路条件、施工条件、施工干扰、对城市的影响、工程造价、运营效益等方面综合考虑，市区线路绝大多数应铺设在城市街道地区主要道路下面。线路的走向应沿主客流方向并通过大客流集散点（工业区、大型住宅区、商业中心、公交枢纽、火车站、码头、长途汽车站等），以便最大限度地吸引客流。

线路走向选择要考虑的主要因素包括客流分布与客流方向、城市道路网分布状况、隧道主体结构施工方法、地质条件、历史文物保护、地面建筑与地下建筑以及城市经济实力等方面。地下线路是对城市环境影响最小的一种线路敷设方式，城市中心繁华地区宜选用。地面线路是造价最低的一种敷设方式，高架线造价介于地面和地下之间，其特点是既保持了专用道的形式，占地较少，又对城市交通干扰较小。在郊区及次中心区有条件的地段，可选择地面线或高架线，以节省建设费用，降低运营费用。

3.2.2 车站的数量及其分布

《地下铁道设计规范》中规定"车站间的距离应根据实际需要确定，在市区宜为 1 km 左右，在郊区不宜大于 2 km"。我国已建成地铁的平均站距如表 3-1 所示。

表 3-1　我国已建成地铁的平均站距

城市名	线路	线路运营长度/km	车站数	平均站距/m
北京	1号线西段	16.87	12	1 534
北京	2号环线	23.01	18	1 278
北京	复8线	13.5	11	958
上海	地铁1号线	16.1	13	1 200
上海	地铁2号线	13.5	10	1 277
上海	轻轨3号线	24.975	19	1 370
广州	地铁1号线	18.48	16	1 086
广州	地铁2号线	23.21	20	1 105
天津	1期工程	7.4	7	1 100

对于平均站间距离，世界上有两种趋向：一种是小站间距，平均 1 km 左右；另一种是大站间距，平均 1.6 km 左右。中国香港地铁平均站间距为 1 050 m，莫斯科地铁平均站距为 1.7 km 左右，两个城市的地铁都有很好的运营业绩。车站分布应根据科学的综合分析，经过详细的方案对比后确定。

车站数目的多少，直接影响市民乘地铁的出行时间。车站多，市民步行到站距离短，节省步行时间，可以增加短程乘客的吸引量；车站少，则恰恰相反，提高了交通速度，减少乘客在车内的时间，可以增加线路两端乘客的吸引量。市民出行对交通工具的选择条件中，快捷省时排在第一位。

站间距离越小，车站数量越多，轨道交通的造价及运营费就越高。站间距离增大，车站数量可以减少，工程造价降低，单个车站的负荷增加，车站设计规模应加大。

由于车站造价高，每米为区间的 2.4 倍左右，车站数量对整个轨道交通的工程造价影响较大，在进行线路规划时，一般要做 2 ～ 3 个车站数量与分布方案的比选，比选时要分析乘客使用条件、运营条件、周围环境以及工程难度和造价等几个方面，通过全面、综合地评价，确定推荐方案。

1. 车站分布原则

（1）应尽可能靠近大型客流集散点，为乘客提供方便的乘车条件。

（2）在城市交通枢纽、地铁线路之间与其他轨道交会处设置车站，使之与道路网及公共交通网密切结合，为乘客创造良好的换乘条件。

（3）应与城市建设密切结合，与旧城房屋改造和新区土地开发结合。

（4）尽量避开地质不良地段，尽可能减少对周围环境的干扰。

（5）兼顾各车站间距离的均匀性。

2. 车站站位选择原则

（1）方便乘客使用。

（2）与城市道路网及公共交通网密切结合。

（3）与旧城房屋改造和新区土地开发结合。

（4）方便施工，减少拆迁，降低造价。

（5）兼顾各车站间距离的均匀性。

3.2.3 线路平面、纵断面设计

线路平面、纵断面设计是在线路规划方案的基础上确定线路在城市空间中的详细位置，它一般分为可行性研究、初步设计和施工设计等几个阶段。

1. 线路平面及纵断面设计的基本要求

（1）必须保证行车安全和平顺，即遵守《地下铁道设计规范》的各项规定。

（2）应力争节约资金。设计时必须根据设计线的特点，分析设计路段的具体情况，综合考虑工程和运营的要求，通过方案比较，正确处理两者之间的矛盾。

（3）既要满足各类建筑物的技术要求，还要保证它们协调配合、总体布置合理。

2. 线路设计的技术资料

1）城市规划类资料

城市规划类资料包括城市总体规划、分区规划、城市轨道交通系统路网规划、客流预测、大型交通枢纽点规划、道路规划红线、规划管线、规划人防设施等。

2）现状资料

现状资料包括现状地形图、工程地质及水文地质资料、水文气象资料、文物保护及建筑物资料、主要构筑物及基础资料、市政及人防设施资料等。

3）工程前期研究资料

工程前期研究资料包括（预）可行性报告及批件、各级政府对工程的会议纪要和批示、规划部门的规划意见等。

4）其他相关资料

其他相关资料包括车辆配备及车辆技术参数资料、既有线运营技术经济指标及客流统计资料、既有线主要技术标准等。

3. 主要设计原则及技术标准

1）主要设计原则

（1）线路路径应以城市轨道交通路网规划为依据，调整要有充分理由。

（2）新线长度一般不宜小于 10 km，以保证运营效益。

（3）线路敷设方式：在市中心区，宜采用地下线；在市中心区外围，且街道宽阔，宜首选地面和高架线。

（4）轨道线路与其他线路相交，应采用立体交叉方式。

（5）地下线平面位置和埋设深度应根据地面建筑物、地下管线和其他地下构筑物现状与规划、工程与水文地质条件、结构类型和施工方法以及运营要求等因素，经技术经济综合比较确定。

（6）车站应布设在主要客流集散点和各种交通枢纽点上，尤其是轨道交通线网规划的换乘点。

（7）经过市郊铁路车站时，应设站换乘；有条件时宜预留接轨联运条件。

2）主要技术标准

线路平面、纵断面设计的主要技术标准如表 3-2 所示。

表 3-2　线路平面、纵断面设计的主要技术标准

基本类型		A	B	C
最小曲线半径/m	正线	300～350	250～300	50～100
	辅助线	250	150～200	25～80
	车场线	150	80～110	25～80
最大坡度/‰	正线	30～35	30～35	60
	辅助线	40	40	60
	车场线	1.5	1.5	1.5
竖曲线半径/m	正线	3 000～5 000	2 500～5 000	1 000
	辅助线	2 000	2 000	1 000
钢轨/（kg·m⁻¹）	正线	≥60	50～60	50
	辅助线	≥50	≥50	50
道岔（No/R_0）[①]	正线	9/200	9/200或7/150	7/150
	车场线	7/150	6/110	待定

注：①No指道岔号，R_0指道岔导曲线半径，m。

4. 线路平面设计

线路平面是线路在水平面上的投影，由直线和曲线组成，曲线为圆曲线及缓和曲线，线路曲线对列车运行具有阻力。我国铁路曲线的基本形式是：直线—缓和曲线—曲线—缓和曲线—直线。

1）曲线

《铁路线路设计规范》规定，为了测设、施工和养护的方便，圆曲线半径 R（m）一般应取 50、100 的整倍数，即 12 000、10 000、8 000、7 000、6 000、5 000、4 500、4 000、3 500、3 000、2 800、2 500、2 000、1 800、1 600、1 400、1 200、1 000、800、700、600、

550、500。

线路曲线半径优先取值范围如表 3-3 所示。

表 3-3　线路曲线半径优先取值范围

路段设计速度/ （km·h⁻¹）	160	140	120	100	80
曲线半径/m	2 500～5 000	2 000～4 000	1 600～3 000	1 200～2 500	800～2 000

（1）最小圆曲线半径：半径过小，轮轨磨损大、噪声大，限制行车速度，应尽量少用。地铁最小曲线半径如表 3-4 所示。

表 3-4　地铁最小曲线半径

线路		一般情况/m		困难情况/m	
正线/ （km·h⁻¹）	$v \leqslant 80$	350	300	300	250
	$80 < v \leqslant 100$	550	500	450	400
联络线、出入线 （辅助线）		250	200	150	
车场线		150	110	110	
注：除同心圆曲线外，曲线半径应以10 m的倍数取值。					

（2）圆曲线最小长度：正线、辅助线的圆曲线最小长度：A 型车 ≥ 25 m、B 型车 ≥ 20 m，困难时不得小于一个车辆的全轴长。

2）夹直线

在地形困难、曲线毗连地段，两相邻曲线间的直线段（如图 3-4 所示），即前一曲线终点（HZ1）与后一曲线起点（ZH2）间的直线，称为夹直线。

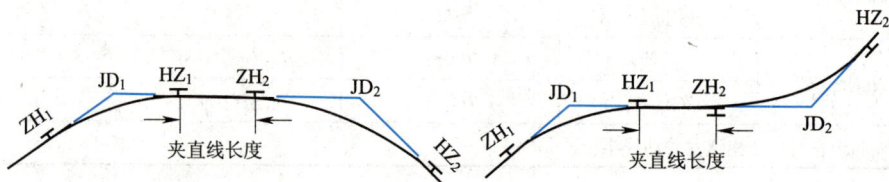

图 3-4　夹直线

夹直线长度应力争长一些，为行车和维修创造有利条件。但为适应地形节省工程，需要设置较短的夹直线时，其最小长度受以下条件限制：

（1）线路养护要求：不宜短于 50 ～ 75 m；地形困难时，不宜短于 25 m。

（2）行车平稳要求：不宜短于 2 ～ 3 辆客车长度，即不宜短于 48.0 ～ 76.5 m；同时夹直线长度应满足车辆通过时，转向架弹簧在缓直点和直缓点产生的振动不叠加，使旅客感觉舒适。

3）缓和曲线

缓和曲线是设置在直线与圆曲线或不同半径的同向圆曲线之间的曲率连续变化的曲线。缓和曲线的作用是：行车缓和、超高缓和、加宽缓和。

5. 纵断面设计

城市轨道交通的线路纵断面是由坡段和连接相邻坡段的竖曲线组成的。轨道交通线路纵断面设计的主要技术因素有最大坡度、坡段长度、坡段连接及竖曲线。

1）最大坡度

在实际设计纵断面时，线路坡度在满足排水及标高控制要求的前提下尽可能平缓，一般宜在25‰以下。区间线路的最大坡度主要受到行车安全、旅客舒适度、运营速度的影响，一般不大于30‰，困难地段允许将坡度设计到35‰。辅助线的最大坡度一般不大于40‰。随着轨道交通车辆的改进，允许的最大坡度也在增加。例如新型线性电机车辆允许正线设计的最大坡度可达到60‰，目前日本东京都营地铁12号线正线设计的最大坡度为50‰。

为了便于排水，地下区间不宜设计成平坡，而应设计成不小于3‰的坡度。隧道内车站站台段线路应设计单一坡度，坡度宜采用3‰，困难时可设为2‰～5‰的坡道上。坡度太大不利于列车起停，坡度太小不利于隧道排水。

隧道内存车线和折返线最好平坡，最大坡度为2‰，并朝车挡方向为下坡。联络线最大坡度为40‰。道岔段最大坡度不大于5‰，困难段不大于10‰。车辆段最好平坡，其他线不大于1.5‰。

2）坡段长度

坡段长度是指相邻变坡点间的距离。纵坡长度不小于远期列车长度，还应满足两相邻竖曲线间的夹直线坡段长度不小于50 m。

3）坡段连接及竖曲线

两相邻坡段的坡度代数差等于或大于2‰时，应设竖曲线。竖曲线设置的原因如下：

（1）当机车车辆重心未达变坡点时，将使前转向架的车轮悬空，悬空高度大于轮缘高度（机车轮为28 mm，车辆轮为25 mm）时，将导致脱轨，导轮悬空示意图如图3-5所示。

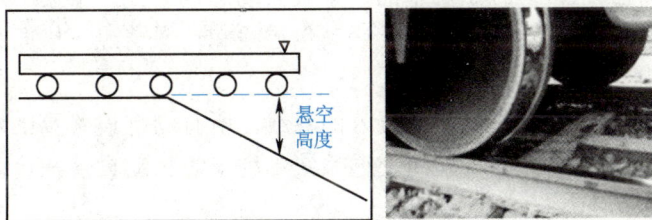

图3-5　导轮悬空示意图

（2）当相邻车辆的连接处于变坡点附近时，车钩要上、下错动，其值超过允许值将会引起脱钩，如图3-6所示。

《城市轨道交通工程项目建设标准规范》中规定，正线线路的竖曲线半径一般选取5 000 m，困难情况下可取2 500～3 000 m；车站两端因车速较低，其线路的竖曲线半径可取3 000 m，困难情况下可取2 000 m；对于辅助线和车场线，竖曲线半径可取2 000 m。对于车型较小的C型车，竖曲线半径可取1 000 m。

由于允许的坡段长度较短，允许坡度值又较大，设计时常会出现两条竖曲线重叠或相距很近的情形。为了避免或减轻列车同时位于两条竖曲线而产生的震动叠加，规定两条竖曲线之间的夹直线长度不宜小于50 m。

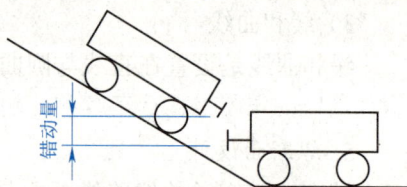

图 3-6 车钩错动示意图

6. 限界

限界是指列车沿固定的轨道安全运行时所需要的空间尺寸。限界主要有：车辆限界（接触轨与受电弓限界）、设备限界、建筑限界、区间隧道限界和车站限界，隧道内限界示意图如图 3-7 所示。

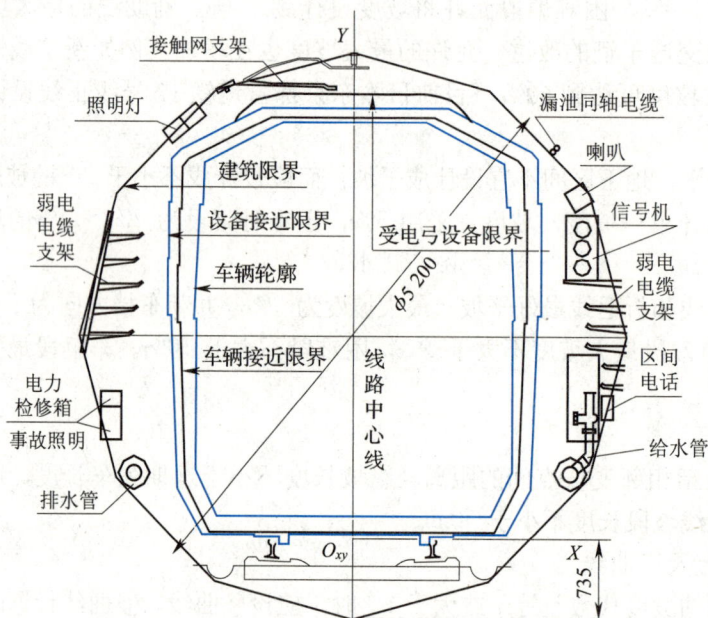

图 3-7 隧道内限界示意图

车辆限界是车辆在正常运行状态下的一条最大动态包络线。根据车辆轮廓尺寸和主要技术参数，并考虑车辆在平直线路上静止运动包迹线和动态情况下横向和纵向的偏移量和偏移角度，按最不利情况进行组合计算。

设备限界是一条用以限制设备安装侵入的界线。所有固定设备及土木工程的任何部分都不能侵入此轮廓线内，它是保证轨道交通系统中列车等移动设备在运营过程中的安全所需要的限界。

建筑限界是考虑设备和管线安装尺寸后的最小有效断面。在建筑限界内、设备限界以外的空间主要为各类误差、设备变形和其他管线安装预留空间。

区间隧道限界是在既定的车辆类型、受电方式、施工方法及结构形式等基础上确定的隧道的限界。

3.2.4 线路类型

1. 按线路与地面位置的关系分

城市轨道交通线路按其与地面位置的关系可分为地下线路、地面线路及高架线路。

1）地下线路

地下线路常用于地下铁道系统，线路置于地下隧道中。其优点是与地面交通完全分离，且不占城市地面与空间，不受气候影响。其缺点是需要较大的一次性投资，较高的施工技术，较先进的管理，完善的环控、防灾措施与设备；建设过程会影响地面交通，运营成本较高，改造调整与线路维护均较困难。地下线路有三种位置如图3-8所示。

图3-8　地下线路

A位：位于规划的慢车道和人行道下方，施工时能减少对城市交通的干扰和对机动车路面的破坏，但由于它靠建筑物较近，市政管线较多且线路不易顺直，需结合站位设置统一考虑。

B位：位于道路中心，对周围建筑物干扰较小，施工相对容易，是较为普遍的一种线路位置，但若采用明挖法，对道路交通干扰较大。

C位：位于道路规划红线以外，是在特殊情况下采用的一种线路位置，如线路上方建筑物较多，施工时需采用特殊的处理方法或带来较大的拆迁量。

2）地面线路

地面线路的优点是造价最低，施工简便，运营成本低，线路调整与维护方便；缺点是运营速度难以提高（有部分信号控制的平面交叉点），占地面积较多，破坏城市道路路面，使城市道路交叉口复杂化，容易受气候影响（如雨水、雾、台风等），乘车环境难改善，有一定的污染等负效应（如噪声、景观等）。

地面线路在城市道路上设地面线，一般有两种位置：一种是道路中心带上，如图3-9（a）所示；另一种是快车道一侧，如图3-9（b）所示。

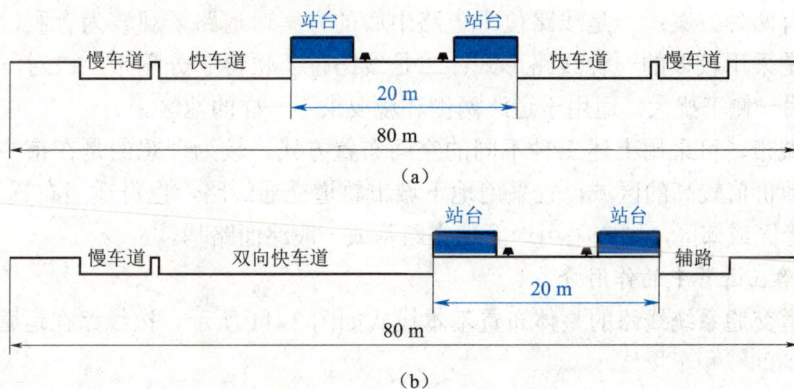

（a）

（b）

图3-9　地面线路

（a）线路位于道路中心带上；（b）线路位于快车道一侧

城市轨道交通地面线位于道路中心带上，带宽一般为 20 m 左右。当城市快速路或主干道的中间有分隔带时，地面线设于该分隔带上，有利于城市景观及减少城市轨道交通噪声的干扰。其不足之处是乘客需通过地道或天桥进入城市轨道交通站台。

城市轨道交通地面线位于快车道一侧，带宽一般为 20 m 左右。当城市道路无中间分隔带时，该位置可以减少道路改移量，其缺点是在快车道另一侧需要建辅路，增加道路交通管理复杂性。

城市轨道交通地面线应尽量采用专用道的形式，两侧设置护栏，防止行人、车辆进入，以保证列车快速安全运行。线路通过市区繁忙路口时，要求采取立体交叉，在次要路口，行车密度低时，可考虑设平交道口，交通信号灯给予优先通行。当道路范围之外为江、河、湖、海岸滩地，以及不能用于居住建筑的山坡地等，可考虑将城市轨道交通线路布置于这些地带上，但要充分考虑路基的稳固与安全。

3）高架线路

高架线路是城市轨道交通中一种重要的线路敷设方式，既保持了专用道的形式，又占地较少，对城市交通干扰也较小。高架区段中的高架桥是永久性的城市建筑，结构寿命要求为 100 年。高架线在城市中穿越时一般沿道路设置，一般应结合规划道路的横断面考虑，设于道路中心或快慢车行道分隔带上。

高架线在城市中穿越时一般沿道路设置，应结合规划道路的横断面考虑，设于车行道分隔带上，如图 3-10 所示。

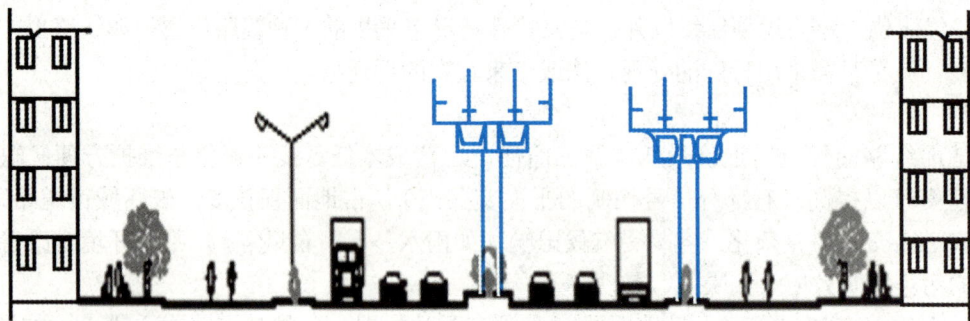

图 3-10　高架线路

高架时有两种方案：一是线路位于道路中心的方案对道路景观较为有利，环境干扰也相对较小，是采用较多的一种线路形式；二是线路位于快慢车分隔带上，对一侧建筑物干扰小，但对另一侧干扰大，适用于道路两侧环境要求不一样的地区。

在同一城市，可采用上述三种不同的空间布置方式。较为理想的是在市中心人口、建筑密集、土地价值较高的区域，宜采用地下城市轨道交通线路，也可适当布置为高架方式；而在城市边缘区或郊区，则宜采用地面独立路基或一般路面路基。

2. 按线路在运营中的作用分

城市轨道交通系统线路的整体布置基本模式如图 3-11 所示。按线路在运营中的作用可分为正线、辅助线和车场线。

1）正线

正线是指连接所有车站贯穿运营线路始、终点，供车辆载客运营的线路。

图 3-11　线路整体布置基本模式

城市轨道交通正线是独立运行的线路，大多数线路为全封闭，一般按双线设计，采用上下行分行，实行右侧行车制，以便与地面交通的行车规则吻合。

正线行车速度高，密度大，且要保证行车安全和乘坐舒适，因此，线路标准要求高。线路与其他交通线路相交处，一般采用立体交叉。在特殊条件下（如运营初期），两条线路或交通方式的运量均较小时，经过计算，通过能力满足要求时，也可考虑采用平面交叉。

2）辅助线

辅助线是指为列车进行折返、停放、检查、转线及出入段作业所设置的线路。辅助线包括折返线、存车线、停车线、渡线、安全线、出入段线、联络线。辅助线是城市轨道交通系统的重要组成部分，直接关系到系统运营组织的效率。为了运营时段意外事故发生后能迅速进行抢修，每相隔 2 ～ 3 个车站应选择一处设置渡线和临时停车线等辅助线，用于特殊情况下的应急使用。

（1）折返线：折返线设置于线路两端终点站，或者准备开行折返列车的区间站，用于组织列车的折返作业，实现行车的合理调度和正常运行。

城市轨道交通线路一般都较长，全线的客流分布不太均匀，这时可组织区段运行。区段运行是指列车根据运行调度的要求，在终点站与中间站或中间站与中间站之间进行列车折返调头，故在这些地方需要设置折返线，折返线的形式应能满足折返能力的要求。折返线除了供运营列车往返运行时的调头转线使用外，有些也可以作为夜间存车使用。

岛式站台—双折返线布置如图 3-12 所示。其主要特点是工程量较大、折返时间较长、乘客方便、一条折返线可作为停车线使用。

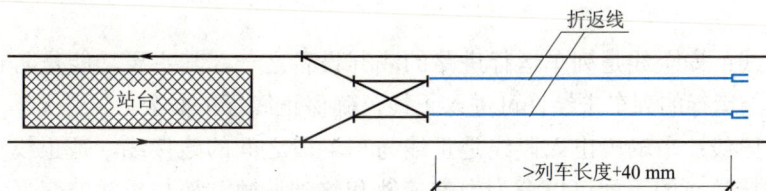

图 3-12　岛式站台—双折返线布置

侧式站台—双折返线布置如图 3-13 所示。其主要特点是工程量较大、折返时间较长、乘客方便，适合大交路、终点站折返。

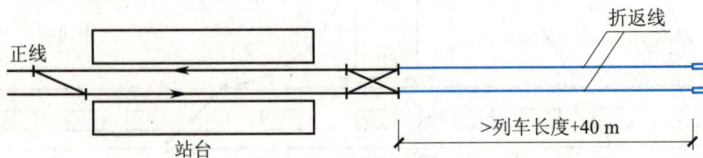

图 3-13　侧式站台—双折返线布置

（2）存车线：当线路较长，车辆段（或停车场）的布置偏离线路一端时，为满足早晚收发车的需要宜在远方的折返站上增设存车线，用于列车夜间停放和技术检查。典型存车线的布置如图 3-14 所示，图 3-14（a）中存车线可做折返线使用，区别是存车线设有检查坑。

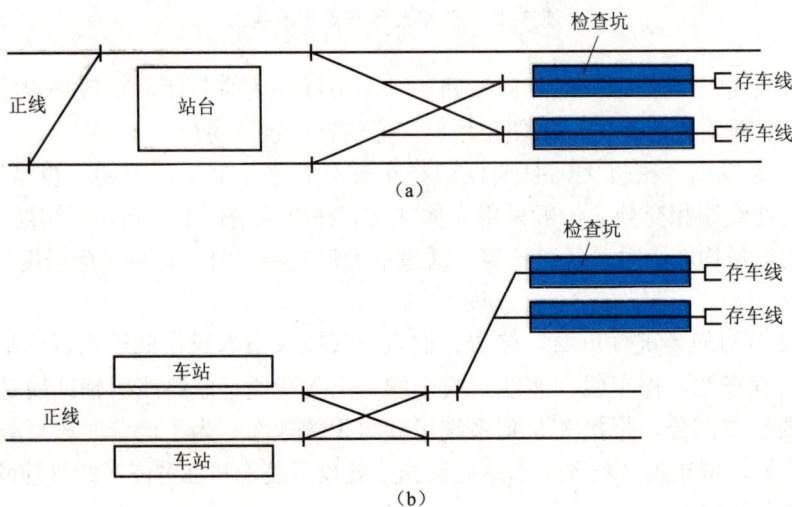

（a）

（b）

图 3-14　存车线的布置

（a）存车线布置一；（b）存车线布置二

（3）停车线：停车线主要用于故障列车临时停放及夜间存车，以减少故障列车对正常行车的干扰和组织线路局部事故时的列车折返。

停车线应按每隔 5～6 个站（或 8～10 km）设置；车辆段（停车场）附近车站不应设停车线；故障列车空载状态进入停车线；停车线的长度应满足一列车停放的需要，并考虑与其他列车联挂作业的要求。

（4）渡线：渡线又称为横渡线、过渡线、转辙段，是指用以连接两条平行铁轨的一种道岔，使行驶于某路线的列车可以换轨至另一条线路。该类轨道通常会配有一组或多组的转辙机。

（5）安全线：安全线是列车运行进路的隔开设备之一，其主要功能是防止出入段线或岔线（支线）上运行的列车未经许可进入正线，确保正线行车安全。

（6）出入段线：车辆段出入段线是正线与车辆段之间的连接线，是正线车辆出入车辆段的通道。按接轨点的不同可以分为中部接轨和终端接轨，按与正线的交叉方式分为平面交叉和立体交叉。出入段线布置如图 3-15 所示。

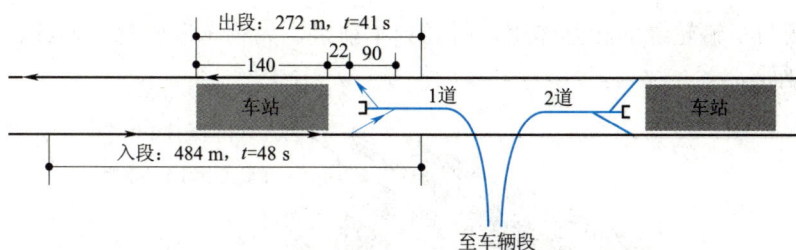

图 3-15 出入段线布置

（7）联络线：联络线主要用于路网中两条线路间列车（或工程车）跨线作业。联络线设于两条线路立交处（一般在车站交叉）。联络线布置如图 3-16 所示。

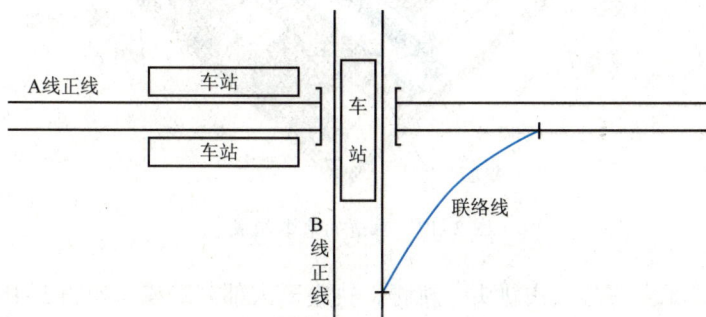

图 3-16 联络线布置

3）车场线

车辆基地内的各种作业线，具体包括以下几种：

（1）检修线：设置于车辆基地检修库内，是专门用于检修车辆的作业线，配有地沟和驾车设备。

（2）试验线：用于对检修完毕的车辆进行运行状态检测的线。

（3）洗车线：专门用于清洗车辆的作业线。

（4）出入库线：车辆基地与正线联系的线路，专供列车进出车辆基地，一般分为入库线和出库线。

✳ 任务 3.3 城市轨道交通轨道

轨道是铺设在路基之上，直接承受列车车辆及其载荷的压力，引导车辆运行，由钢轨、轨枕、道床、防爬设备、道岔及连接零件组成的一组设备，如图 3-17 所示。在列车运行的动力作用下，它的各个组成部分必须有足够的强度和稳定性，保证列车按照规定的最高速度，安全、平稳、不间断地运行。

3.3.1 钢轨

1. 基本概念

两条直线形呈平行分布的、安装在轨枕或路基之上的由钢铁材料制成的金属构筑物，承受列车载荷并将其传递到扣件、轨枕、道床至结构底板（例如路基或桥梁）中。依靠钢轨头部内侧与车辆轮缘的相互作用，引导列车前进。为列车车轮提供连续、平顺和阻力最小的轨道曲面。

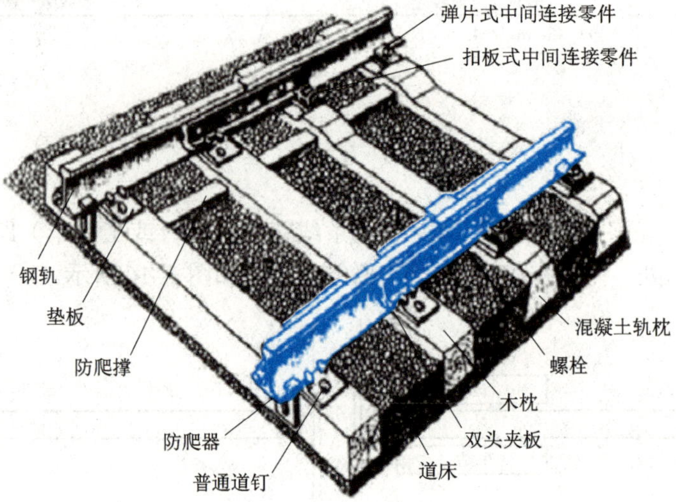

图 3-17　轨道的基本组成

钢轨断面呈"工"字形，由轨头、轨腰、轨底三大部分组成，如图 3-18 所示。

2. 分类

1）按长度分

钢轨按长度可分为标准轨、缩短轨、非标轨三种。

（1）标准轨：我国钢轨标准长度为 12.5 m 和 25 m 两种。对于 75 kg/m 钢轨只有 25 m 长一种。

（2）缩短轨：主要用于曲线内股。对于 12.5 m 标准轨系列的缩短轨有短 40 mm、80 mm、120 mm（即长度分别为 12.46 m、12.42 m、12.38 m）三种。对于 25 m 轨的有短 40 mm、80 mm、160 mm（即长度分别为 24.96 m、24.92 m、24.84 m）三种。

（3）非标轨：非以上长度的钢轨。

2）按质量和强度不同分

按钢轨质量和强度不同可分为 43 kg/m、50 kg/m、60 kg/m、75 kg/m 四种。为了提高线路通过能力，国内外城市轨道交通通常选用 50 kg/m、60 kg/m 的重型钢轨。

3. 接头

钢轨接头是指钢轨与钢轨的连接件。钢轨接头主要由夹板、螺栓、螺母、弹簧垫圈组成，如图 3-19 所示。

钢轨接头处轮轨动力作用大，养护维修工作量大，是轨道结构的薄弱环节之一。

接头夹板是一块 60 cm 长的钢板，两端有 4 个或 6 个螺栓，用来扣在钢轨上的小洞上。钢轨之间特地留有间隙，约为 6 cm 宽，称为伸缩接缝。钢轨上用于鱼尾板上的螺栓所通过的小洞是椭圆形的，这样钢轨就可以在不同的天气下有伸缩的空间。

我国目前钢轨接头用斜坡支承型双头对称式夹板，这种夹板的优点是在竖直荷载作用下具有较大的抵抗弯曲和横向位移的能力，夹板上下两面的斜坡，能楔入轨腰空间，但不贴住轨腰。这样，当夹板稍有磨耗，以致连接松弛时，仍可重新旋转，保持接头连接的牢固。

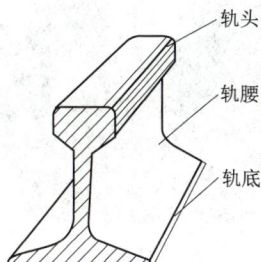

图 3-18　钢轨断面结构

轨头
轨腰
轨底

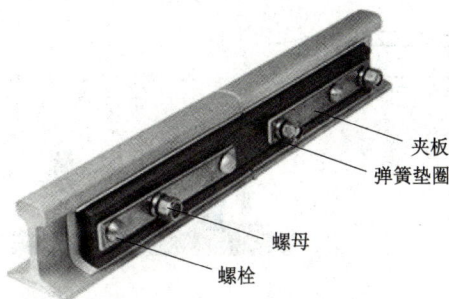

图 3-19　钢轨接头

夹板
弹簧垫圈
螺母
螺栓

钢轨接头相对于轨枕的相对位置可分为悬空式和承垫式，其结构如图 3-20 所示。

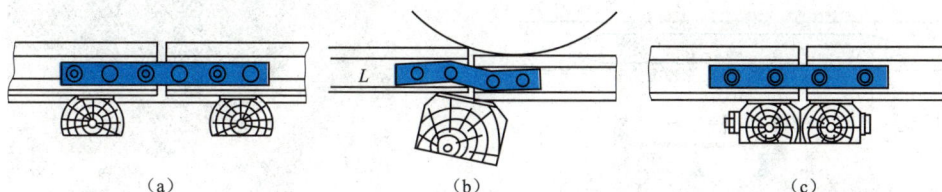

（a）　　　　　　（b）　　　　　　（c）

图 3-20　钢轨接头的结构

（a）悬空式；（b）单枕承垫式；（c）双枕承垫式

钢轨接头按两股的位置可分为相对式和相错式，如图 3-21 所示。

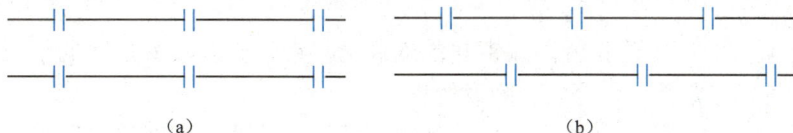

（a）　　　　　　　　　　　　（b）

图 3-21　钢轨接头按两股的位置分类

（a）相对式；（b）相错式

钢轨接头按功能可分为普通接头、异形接头、导电接头、绝缘胶接头、伸缩接头和焊接接头。

4. 作用

钢轨的作用是直接承受车轮传递的列车及其荷载的重力，并引导列车的运行方向。此外，防脱护轨、桥上护轨、道岔护轨的作用如下：

1）防脱护轨

当列车以高速转弯时，内轨一侧的轮缘受着极大的压力，为防止轮缘负荷过重，在内弯的轨条处会装设一段钢轨，使另一边的轮缘分担列车转向时所产生的离心力，而通常这附加的轨条要比正常的轨条高些，以加强防护，如图 3-22 所示。

2）桥上护轨

在钢轨两侧分别装设两段钢轨，以防止列车在桥上或高地时出轨时继续向外冲，如图 3-23 所示。

3）道岔护轨

在道岔区，为防止车轮进错线路而安装。

（a）　　　　　　　　　　　　　　　（b）

图 3-22　防脱护轨

（a）示意图；（b）实景图

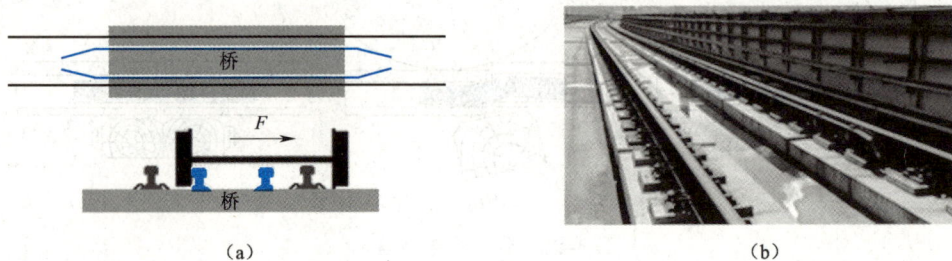

（a）　　　　　　　　　　　　　　　（b）

图 3-23　桥上护轨

（a）示意图；（b）实景图

5. 特点

由于列车巨大的压力首先就落在钢轨的双肩上，钢轨必须具备足够的承载能力、抗弯强度、断裂韧性、稳定性、耐磨性及耐腐蚀性。

从理论上讲，钢轨的长度越长越好，既减少了接头的冲击和磨损，又减轻了铺设的劳动强度。然而，由于生产制造和运输的制约，我国目前的钢轨标准长度只有 12.5 m 和 25 m 两种。不过，可采取在施工现场把标准长度钢轨焊接成长钢轨和"无缝"钢轨的方法，减少接头，使线路更加平顺。

3.3.2　轨枕

1. 基本概念

轨枕是轨道的基础部件，承垫于钢轨之下，将钢轨所承受的压力和应力分散传递到道床上，同时又能有效地保持钢轨轨距和方向的几何位置的轨道部件，如图 3-24 所示。

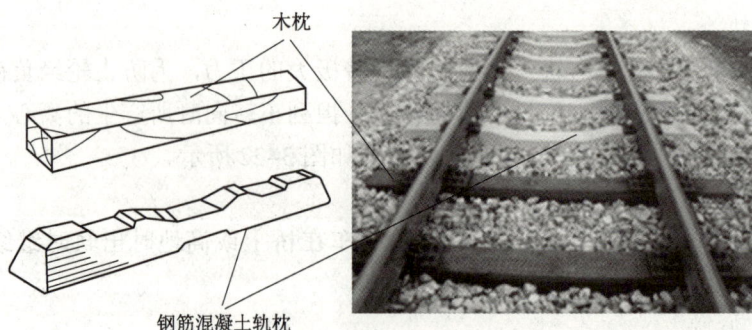

木枕

钢筋混凝土轨枕

图 3-24　轨枕

轨枕必须具备一定的柔韧性和弹性，能固定钢轨，有抵抗纵向和横向位移的能力。轨枕还能阻止钢轨因列车行驶压力而被拖动，能保持两条钢轨之间的一定距离和方位。当列车经过时，它可以适当变形以缓冲压力，但列车过后还得尽可能恢复原状。

2. 分类

1）按材料分

轨枕按材料可分为木枕、钢筋混凝土轨枕、钢枕及合成树脂轨枕。

（1）木枕：制造材料为经过特别加工和防腐处理的木材。

优点：富于弹性，便于加工、运输和维修，电绝缘性能好，与道砟间摩擦系数大，不易断裂。

缺点：木材缺乏，价格贵，易腐朽，寿命短，不同种类的轨枕弹性可能不一致。

普通木枕标准长度 2.5 m，木岔枕 2.6 ~ 4.85 m，使用寿命一般为 15 年，通常用于临时轨道或需要承受较大震荡的道岔枕木上。

（2）钢筋混凝土轨枕：使用钢筋与混凝土浇注而成。按其结构又可分为整体式、组合式、短枕式，如图 3-25 所示。整体式轨枕稳定性强、制作简便，在线路上广泛使用。组合式轨枕由两个钢筋混凝土块组合而成，整体性不如整体式轨枕，但钢杆承受正弯矩的能力比较强，取得了很好的使用效果。短枕式又称为半枕式，主要用在整体道床上。

优点：使用寿命长、稳定性高、养护工作量小，损伤率与报废率低；在无缝线路上，比木枕稳定性高、自重大，能有效防止钢轨爬行，增加轨道的稳定性；可以满足铁路高速度、大运量的要求，被广泛应用。

缺点：造价昂贵、笨重、搬运不便，容易断裂。

图 3-25 钢筋混凝土轨枕
（a）整体式；（b）组合式；（c）短枕式

（3）钢枕：由钢材铸造而成。由于钢枕的金属消耗量过大，造价不菲，体积大，没有得到广泛推广，只有德国等少数国家使用。钢枕如图 3-26 所示。

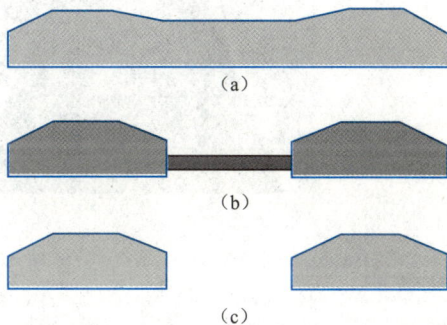

图 3-26 钢枕

（4）合成树脂轨枕：也称为塑料轨枕，采用回收的聚乙烯制造而成，它的耐腐蚀性是木轨枕的 3 倍，在加工时更容易使其表面变"毛"，安装在路基上基本不会滑动。合成树脂轨枕目前的成本要高于木轨枕。

2）按构造分

轨枕按构造可分为横向轨枕与纵向轨枕、短轨枕与长轨枕、宽轨枕。

（1）横向轨枕与纵向轨枕，如图 3-27 所示。横向轨枕与钢轨垂直铺设，见图 3-27（a）；纵向轨枕沿着钢轨纵向铺设，两钢轨下的轨枕依靠横向的钢棒取得连接，用以保持轨距、水平等轨道几何位置，使轨枕与钢轨共同承受车载负荷造成的弯矩以减轻钢轨的负荷，见图 3-27（b）。由于纵向轨枕连接部位受钢轨的作用力较大，轨枕容易损坏，稳定性差，所以未能推广应用。

(a)　　　　　　　　　　　(b)

图 3-27　横向与纵向轨枕

（a）横向轨枕；（b）纵向轨枕

（2）短轨枕与长轨枕，如图 3-28 所示。短轨枕是左右两股钢轨分开铺设的轨枕，常用于混凝土整体道床；长轨枕相对普通轨枕长度要长，多用于道岔和安有第三轨支架的路段。

(a)　　　　　　　　　　　(b)

图 3-28　短轨枕与长轨枕

（a）短轨枕；（b）长轨枕

（3）宽轨枕，如图 3-29 所示。宽轨枕长度与普通轨枕基本相同，宽度增加一倍，一根宽轨枕上设两组扣件，经常与长钢轨配合使用。宽轨枕扩大了轨枕在道床上的支承面积，减少了轨道总体的下沉量，提高了轨道的承载能力及稳定性，适合于运量大、轨道下部基础差的线路。

图 3-29 宽轨枕

3）按铺设位置分

轨枕按铺设位置可分为普通轨枕、道岔区岔枕和桥枕。

（1）普通轨枕：主要用于区间线路，主要采用钢筋混凝土轨枕。

（2）道岔区岔枕：由于道岔区形状、长度和抗震荡方面对轨枕有特殊的要求，具有安装轨条数量多，螺栓空位置不确定的特点，一般选用长度可控、弹性较好的木枕。

（3）桥枕：专门在高架桥上使用的轨枕，设有护轨，具有性能稳定、使用寿命长、维护工作量小的特点。

3.3.3 扣件

1. 基本概念

扣件是用于连接钢轨与轨枕的零件。

扣件由钢轨扣压件和轨下垫层两部分组成，主要包括弹性扣件、弹性垫板和承托物，如图 3-30 所示。

2. 作用

扣件的主要作用是将钢轨固定在轨枕，保持轨距并组织钢轨的横纵向移动，并能提供适当的弹性。

扣件应具有足够的强度、有足够的耐久性、有一定的弹性、有一定的可调性、可靠的绝缘性、构造简单，便于安装和拆卸等特点。

3. 分类

1）按结构分

扣件按结构可分为弹条式扣件、扣板式扣件和弹片式扣件三种。

（1）弹条式扣件：弹条式扣件主要由螺纹道钉、螺母、平垫圈、弹条、轨距挡板及挡板座、弹性垫板等零件组成，为弹性扣件，如图 3-31所示。

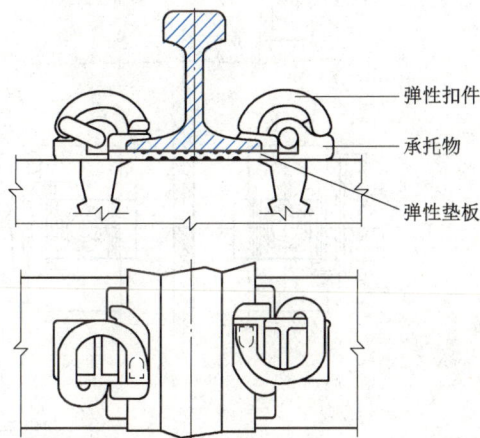

弹性扣件
承托物
弹性垫板

图 3-30 扣件

弹条式扣件具有压力大、弹性好、压力损失小，能较好地保持轨道的几何位置等优点，现已成为我国城市轨道交通线路中使用的主型扣件，但是其设计和制造相对复杂，成本较高。

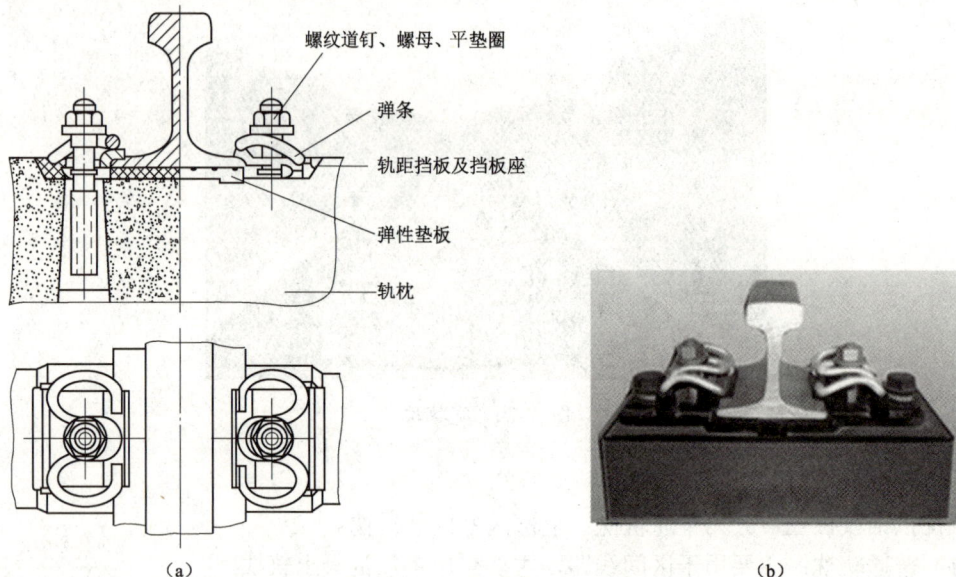

图 3-31　弹条式扣件
（a）结构；（b）实物

（2）扣板式扣件：扣板式扣件主要由扣板、螺纹道钉、弹簧垫圈、铁座、绝缘缓冲垫片组成，为刚性扣件，如图 3-32 所示。其优点是零件少、构造简单、调整距离比较方便；缺点是采用弹簧圈作为弹性元件，弹性不足，扣压力较低，在使用过程中容易松动。

图 3-32　扣板式扣件
（a）结构；（b）实物

（3）弹片式扣件：弹片式扣件主要由螺纹道钉、螺母、平垫圈、弹片、轨距挡板及弹性垫板等零件组成，为弹性扣件，如图 3-33 所示。

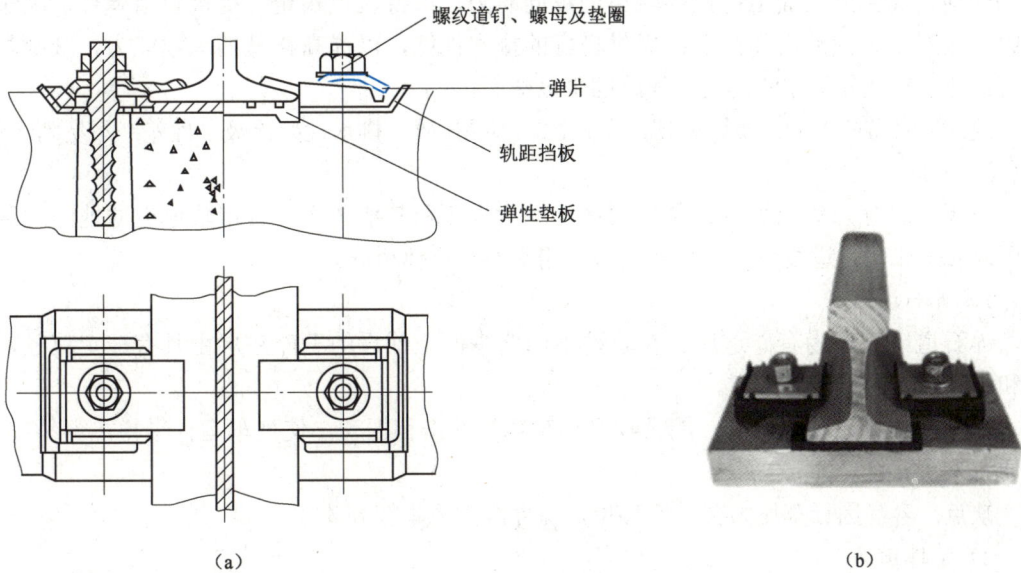

图 3-33　弹片式扣件

（a）结构；（b）实物

2）按扣件本身弹性分

按扣件本身弹性可分为刚性扣件和弹性扣件。

3）按轨枕有无挡肩分

按轨枕有无挡肩可分为有挡肩扣件和无挡肩扣件。

3.3.4　道床

1. 基本概念

道床是指路基、桥梁或隧道等下部结构之上，钢轨、轨枕之下的碎石、卵石层或混凝土层，如图 3-34 所示。它是钢轨或轨道框架的基础。

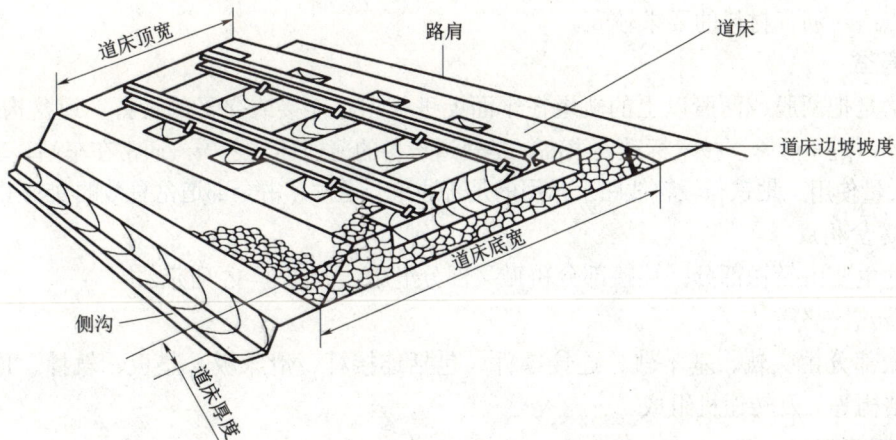

图 3-34　道床断面图

2. 作用

道床是轨道的重要组成部分，是轨道框架的基础，主要功能是：承受来自轨枕的压力并均匀地传递到路基面上；提供轨道的纵向阻力，保持轨道稳定；提供轨道弹性，减缓和吸收车轮对轨道的冲击和振动；提供良好的排水性能，以提高路基的承载能力，减少基床病害；便于轨道养护作业，校正线路的平纵断面。

道床应具备的性能：质地坚韧，有弹性，不易压碎；排水性好，吸水性差；不易风化等。

3. 分类

道床一般分为碎石道床、整体道床、沥青道床和其他道床。城市轨道交通地面线路多采用碎石道床，隧道线路及高架线路多采用混凝土整体道床。

1）碎石道床

碎石道床又称为有砟道床。在轨枕下面路基面上铺设的石砟垫层由具有一定粒径、级配和强度硬质碎石堆集而成。

优点：具有一定的弹性，能吸收机车车辆的冲击和振动，使列车运行平稳，容易排水，方便调整轨道位置。

缺点：容易因行车压力关系而移位，保养维护成本较高。

2）整体道床

整体道床又称为混凝土整体道床，也称为无砟道床，可分为无枕式整体道床和轨枕整体道床两种。

优点：整体性强，纵向、横向稳定性好，具有较高的可靠性；坚固、稳定、使用寿命长；维修量小；表面整洁；建筑高度小；高速行车时不会有石砟飞溅起来造成伤害，不会发生胀轨。

缺点：造价高，施工精度高，施工方法复杂，病害整治困难。

3）沥青道床

沥青道床是指为了改善普通碎石道床的散体特性而加入乳化沥青或沥青砂浆而使其稳定的一种道床轨道结构形式。沥青道床大致分为沥青灌注式道床、沥青混凝土面层式道床和沥青垫层式混凝土道床三种。

优点：整体性强、弹性好，线路强度高、稳定性好，维修量小。

缺点：对沥青材料的要求较高。

3.3.5　道岔

道岔是把两股或两股以上的轨道在平面上进行相互连接或交叉的设备。道岔构造复杂，零件较多，过车频繁，技术标准要求高，是轨道设备的薄弱环节之一，通常在车站、车辆段和停车场大量使用。地铁与轻轨线路上常用的是普通单开道岔，占全部道岔总数的 95% 以上。

1. 道岔构成

道岔主要由转辙部分、连接部分和辙叉部分组成，如图 3-35 所示。

1）转辙部分

转辙部分由尖轨、基本轨、连接零件（包括连接杆、滑床板、垫板、轨撑、顶铁、尖轨跟端结构等）及转辙机组成。

2）连接部分

连接部分由导曲线、基本轨组成，它将转辙部分和辙叉部分连成一组完整的道岔。

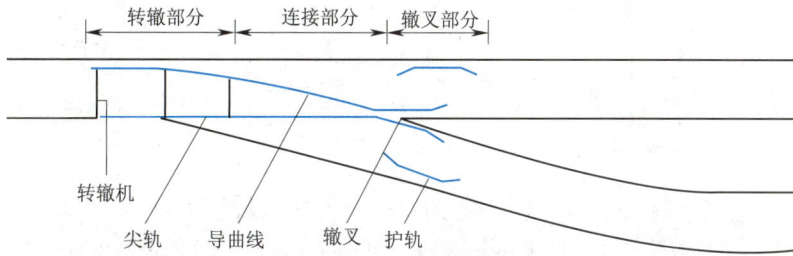

图 3-35　道岔构成

3）辙叉部分

辙叉部分由辙叉心、翼轨、护轨等组成。

2. 常用道岔的种类

道岔按用途及平面形状分为单开道岔、双开（对称）道岔、三开道岔、交分道岔、交叉渡线和菱形道岔六种。

1）单开道岔

单开道岔将一条线路分为两条，主线为直线方向，侧线由主线向左侧或右侧岔出，线路连接中较多采用，如图 3-36 所示。

图 3-36　单开道岔

2）双开道岔

双开道岔又称为对称道岔，呈 Y 型，即与道岔相衔接的两股道向两侧分岔，如图 3-37 所示。

3）三开道岔

三开道岔可同时衔接三股道，由两组转辙机操纵两套尖轨，如图 3-38 所示。

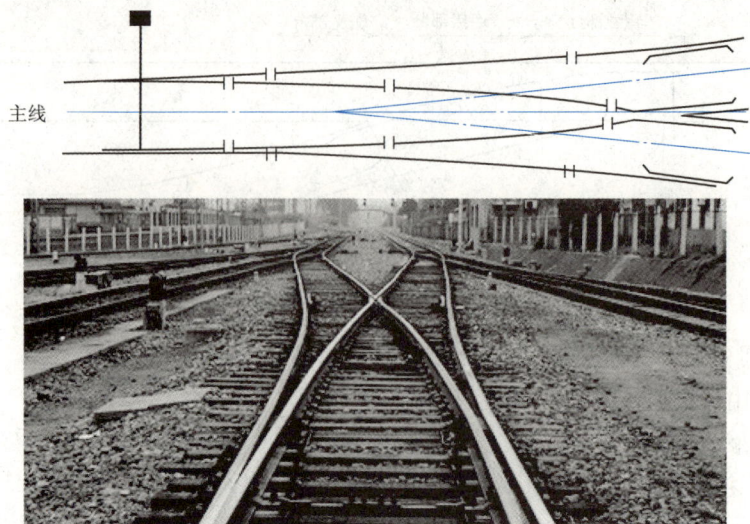

图 3-37　双开道岔

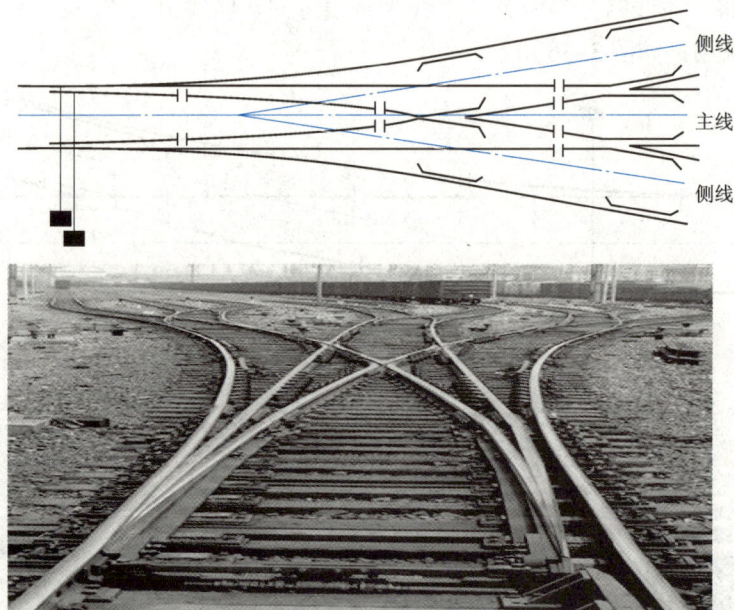

图 3-38　三开道岔

4）交分道岔

交分道岔又称为复式交分道岔，呈 X 形。相当于四组单开道岔和一组菱形道岔的组合，如图 3-39 所示。

5）交叉渡线

交叉渡线将复式交分道岔的 X 形上面两点和下面两点分别连接起来，由四组单开道岔和菱形交叉设备组合而成，如图 3-40 所示。

6）菱形道岔

菱形道岔由两组锐角辙叉和两组钝角辙叉组成。由于没有转辙器，所以股道之间不能转线，如图 3-41 所示。

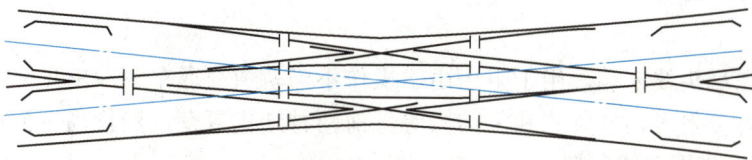

图 3-39　交分道岔

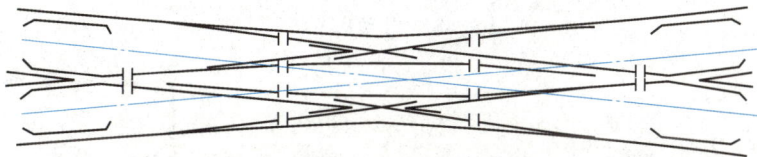

图 3-40　交叉渡线

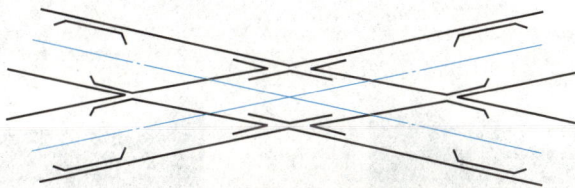

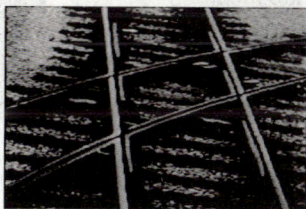

图 3-41　菱形道岔

3. 道岔号数

道岔号数是指道岔辙叉角的余切值。地铁线路常用的标准道岔有 7 号、9 号、12 号。正线及折返线上统一采用 9 号道岔。为了行车安全平稳，列车过岔速度应有一定的限制，其中车辆段内基本为 7 号道岔，其侧向通过最高速度为 25 km/h。

3.3.6 其他附属设备

1. 车挡

车挡设置在尽头线末端，用于阻止由于操作不当轨道交通车辆冲出尽头线或撞坏其他构筑物。车挡有磁力式、液压式和滑动式等，前两种结构复杂，造价高，而滑动式结构简单。图 3-42 所示为滑动式车挡。

图 3-42　滑动式车挡

2. 标志

1）线路标志

线路标志是用来表示线路状态和位置的一种标志性设施，例如百米标、地度标、曲线要素标、曲线起点 / 终点标和水准基点标等。图 3-43 所示为曲线要素标。

2）信号标志

信号标志是指导列车操作人员的一种标志，例如限速标、列车停车位置标、终点停车位置标和警冲标。图 3-44 所示为警冲标。

图 3-43　曲线要素标

图 3-44　警冲标

✸ 任务 3.4　城市轨道交通施工方法

城市轨道交通线路施工方法的确定，一方面受沿线工程地质和水文地质条件、环境条件（地面和地下事物的现状、交通状况等）、轨道交通的功能要求、线路平面位置、隧道埋深及开挖宽度等多种因素的制约；另一方面也会对施工期间的地面交通和城市居民的正常生活、工期、工程的难易程度、城市规划的实施、地下空间的开发利用和运营效果等产生直接影响。因此，地铁施工方法的确定，必须因地制宜、统筹兼顾，考虑众多因素的影响。

为连通地下相邻两座车站而进行的线路建设施工时，需要在三度空间进行精确定位，同时需要进行支承形成稳定的结构。

车站施工是在确定位置进行的建设，它的特点是原地建设属于建筑物的建设范畴。

3.4.1　隧道施工常用方法

1. 明挖法

明挖法是指挖开地面，由上向下开挖土石方至设计标高后，自基底自下向上施工，完成隧道主体结构，最后回填基坑或恢复地面的施工方法，如图 3-45 所示。

明挖法是各国地下铁道施工的首选方法，在地面交通和环境允许的地方通常采用明挖法施工。由于地铁工程一般位于建筑物密集的城区，因此深基坑工程的主要技术难点在于对基坑周围原状土的保护，防止地表沉降，减少对既有建筑物的影响。明挖法的优点是施工技术简单、快速、经济，常被用为首选方案。但其缺点也是明显的，如阻断交通时间较长，噪声与振动等对环境的影响。

明挖法包括敞口明挖法、基坑设置支护结构的明挖法和盖挖法。

1）敞口明挖法

在地面建筑物稀少、交通不繁忙、施工场地较大、结构物埋深较浅的地段及城市轨道交通出入地面的区段采用敞口明挖法。

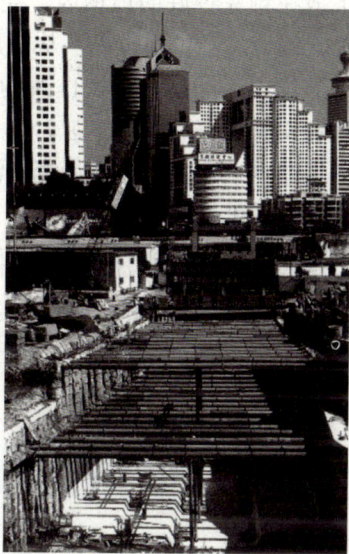

图 3-45　明挖法施工

2）基坑设置支护结构的明挖法

在施工场地较小、土质自立性差、地下水丰富、建筑物密集、埋深大、采用明挖法时基坑要加设支护结构。

3）盖挖法

埋深较浅、场地狭窄及地面交通不允许长期占道施工情况下可采用盖挖法施工，即在短期封闭地面交通期间，进行连续墙和钻孔灌注桩作业、开挖和修筑结构顶板、随即回填、恢复地面交通，然后转入地下作业，开挖基坑、修筑楼板和底板，利用隧道两侧的出入口和通风道出土、进料。

2. 暗挖法

暗挖法是在特定条件下不挖开地面，全部在地下进行开挖和修筑衬砌结构的隧道施工办法。暗挖法主要包括钻爆法、盾构法、掘进机法、浅埋暗挖法、顶管法、新奥法等。其中尤以浅埋暗挖法和盾构法应用较为广泛，目前我国的隧道施工当中以盾构法和浅埋暗挖法两种方法居多。

我国应用盾构法修建隧道始于 20 世纪 50 ～ 60 年代的上海。最初是用于修建城市地下排水隧道，采用的是比较老式的盾构机（如网格式、压气式、插板式等），20 世纪 80 年代末、90 年代初开始采用土压式、泥水式等现代盾构修筑地铁区间隧道。

盾构法的主要优点：除竖井施工外，施工作业均在地下进行，既不影响地面交通，又可减少对附近居民的噪声和振动影响；盾构推进、出土、拼装衬砌等主要工序循环进行，施工易于管理，施工人员也比较少；土方量少；穿越河道时不影响航运；施工不受风雨等气候条件的影响；在地质条件差、地下水位高的地方建设埋深较大的隧道时，盾构法有较高的技术经济优越性。

3. 沉管法

沉管法是将隧道管段分段预制，分段两端设临时止水头部，然后浮运至隧道轴线处，沉放在预先挖好的地槽内，完成管段间的水下连接，移去临时止水头部，回填基槽保护沉管，铺设隧道内部设施，从而形成一个完整的水下通道。

优点：因将水下操作改为陆上作业，可同时进行多管段的预制和施工，有利于缩短工期和安排工程的搭接施工。

缺点：局限于穿越河流、湖泊等水下隧道施工作业。

3.4.2 车站施工常用方法

地下车站一般都设在城市中心圈，施工期间对城市交通的影响要降到最低；由于在人口、建筑物、地下管线等比较稠密的地段进行，工程地质复杂多变，施工技术含量高。

轨道交通地下车站常用的施工方法是盖挖逆筑法。其优势在于减少交通封堵时间、减轻施工对环境的影响。

情境小结

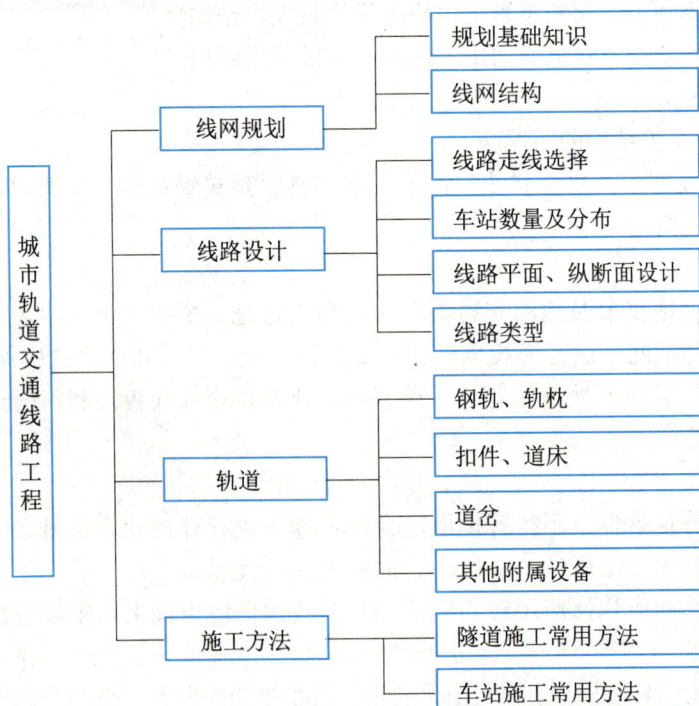

```
                                          ┌─ 规划基础知识
                          ┌─ 线网规划 ─────┤
                          │               └─ 线网结构
                          │
                          │               ┌─ 线路走线选择
                          │               ├─ 车站数量及分布
     城                   ├─ 线路设计 ─────┤
     市                   │               ├─ 线路平面、纵断面设计
     轨                   │               └─ 线路类型
     道
     交                   │               ┌─ 钢轨、轨枕
     通 ─────────────────┤               ├─ 扣件、道床
     线                   ├─ 轨道 ─────────┤
     路                   │               ├─ 道岔
     工                   │               └─ 其他附属设备
     程                   │
                          │               ┌─ 隧道施工常用方法
                          └─ 施工方法 ─────┤
                                          └─ 车站施工常用方法
```

相关岗位分析

序号	职业领域	就业岗位		职业资格证书
		首岗	发展岗位群	
1	工程项目的技术交底、质量检查，编制好施工材料计划	技术员	项目经理	1. 施工员 2. 工程测量工 3. 建材试验工 4. 预算员
2	地铁工程控制测量、施工放样、竣工测量等测量	测量员		
3	地铁工程土工试验、原材料试验、混合材料配合比设计和质量检测试验、结构工程质量检测	建材试验工		
4	地铁工程招投标与合同管理、工程造价文件和投标书编制、项目预算和决算	预算员		

情境训练

情境训练1　认识城市轨道交通线路

授课地点：城市轨道交通正线。

授课形式：分组教学。

授课教师：校内专任教师、企业线路检修技术员。

1. 教学目标

（1）高架线路、地面线路、地下线路的特点。

（2）掌握正线的组成及特点。

（3）掌握辅助线的分类及作用。

（4）掌握车场线的分类及作用。

2. 教学设备

城市轨道交通线路。

3. 教学内容

序号	内容		形　　式
1	按位置分类	高架线路	特点
		地面线路	
		地下线路	

序号	内容		形　式
2	正线	组成	
		特点	
3	辅助线	组成	
		作用	
4	车场线	组成	
		作用	

情境训练 2　认识城市轨道交通设备

授课地点：城市轨道交通车辆检修基地或城市轨道交通线路与站场实训室。

授课形式：分组教学。

授课教师：校内专任教师、企业线路检修技术员。

1. 教学目标

（1）掌握钢轨、钢轨接头的基本结构。

（2）掌握不同扣件的特点。

（3）掌握不同道岔的结构、特点及功能。

2. 教学设备

城市轨道交通线路设备。

3. 教学内容

序号	内容	形　式		
1	钢轨	型号	长度	应用
2	钢轨接头	组成	特点	
3	扣件	分类	特点	应用
		弹条式扣件		
		扣板式扣件		
		弹片式扣件		
4	道岔	分类	特点	应用
		单开道岔		
		双开道岔		
		三开道岔		
		交分道岔		
		交叉渡线		
		菱形道岔		

学习情境 4

城市轨道交通车站

情境描述

　　城市轨道交通车站是轨道交通系统的重要建筑物。城市轨道交通车站是客流的节点，是列车到发、通过、折返、临时停车的地点；同时轨道交通车站是轨道交通客运工作的基本生产单位，是向乘客提供上下车、购票以及相关服务的场所；另外，车站还具有购物、集聚、景观等一系列功能。车站的建筑形式必须结合城市特有的发展规划、地理条件及经济状况，因地制宜地考虑选型，并与各种车站的建筑施工特点结合起来进行选型。因此，了解和掌握车站的类型、布局特点及客运设施设备的布置状况及功能要求，是了解和掌握地铁车站客运组织工作的基础。

教学导航

　　（1）了解城市轨道交通车站的功能。
　　（2）了解城市轨道交通车站的设置原则。
　　（3）了解影响城市轨道交通车站分布的因素。
　　（4）掌握城市轨道交通车站的分类。
　　（5）掌握不同类型车站的特点。
　　（6）了解车站出入口的布置原则。
　　（7）了解站厅层的设计要素。

❀ 任务 4.1　城市轨道交通车站基础知识

4.1.1　城市轨道交通车站概述

　　1. 城市轨道交通车站的定义

　　城市轨道交通车站是城市轨道交通系统最重要的组成部分，是乘客上下车、换乘的场所，也是列车到发、通过、折返、临时停车的地点。

2. 城市轨道交通车站的功能

一般的城市轨道交通车站功能比较单一，主要作业是接发列车、集散客流，客流只有往返两个方向，因而乘客在站内活动形成的客流流线及车站服务设施都比较简单。

只有在终点站和折返站，才有列车折返功能。

只有在换乘站，才有换乘功能。

但所有车站，都有客运服务功能，主要是提供票务服务。

3. 城市轨道交通车站的设置原则

城市轨道交通系统的车站直接服务于乘客。一般来说，车站设置应满足以下原则：

（1）尽可能靠近大型客流集散点，为乘客提供方便的乘车条件。

（2）在城市交通枢纽、城市轨道交通交会处设置车站，使之与道路网及公共交通网密切结合，为乘客创造良好的换乘条件。

（3）与城市建设密切结合，与旧城改造和新区开发相结合。

（4）尽量避开地质不良地段，尽可能减少对周围环境的干扰。

（5）兼顾各车站间距离的均匀性。

4. 影响城市轨道交通车站分布的因素

1）城市规模

城市规模包括城市建成区和规划区域的面积及人口。城区面积大，人口多，线路上客流量大、乘距长时，城市轨道交通应以长距离乘客为主要服务对象，车站分布宜疏松一些，以提高城市轨道交通的运营速度。反之，车站分布宜密集一些。

2）大型客流集散点

大型客流集散点往往是城市的政治、经济活动中心，是城市的窗口地段，包括工业区、商业区、火车站、机场、广场、公共交通总站等。该地段不但客流数量大，而且集中，对地面交通压力很大。

3）城区人口密度

人口密度大，相同区域范围内，发生的交通客流量大，因此车站分布宜密集一些。

4）线路长度

不同的线路长度，车站的疏密宜有所不同，短线路车站宜疏一些，长线路车站宜密集一些。

5）城市地貌及建筑物布局

城市中的江、河、湖、山和铁路站场、仓库区等，人口密度低，甚至无人，城市轨道交通在穿越这些地区时可以不设站。

6）城市轨道交通路网及城市道路网状况

两条城市轨道交通线路交叉时，在其交叉点应设换乘站；在与城市主干道交叉时，为了让乘客方便乘坐，也宜设车站。

7）站间距离的要求

在车站分布上，除大型客流集散点及换乘站外，其他车站的设置主要受站间距离要求所支配。对于平均站间距离，我国城市轨道交通在吸取世界地铁建设经验的基础上，在《地铁设计规范》中规定"车站间的距离应根据实际需要确定，在市区宜为1 km左右，在郊区不宜大于 2 km。"

除上述各因素外，线路平面和纵剖面、车站站位的地形条件、城市公交线路网及车站位置，也会对城市轨道交通车站分布造成一定的影响。

4.1.2 城市轨道交通车站的分类

城市轨道交通车站的分类有多种方法，根据不同的分类方法，车站可以划分为不同的类型。下面是几种常见的分类方法。

1. 按车站的运营功能分

城市轨道交通车站按运营功能的不同，分为中间站、折返站、换乘站、分歧站、终点站（始发站）等。

1）中间站

中间站是线路中数量最多的基本站型，其主要功能要满足乘降和客运服务的要求，如图 4-1 所示。有的中间站设有配线，可供故障列车或备用列车停放；也有的中间站设有折返设备，可供列车折返。

图 4-1 中间站

2）折返站

折返站是设在线路中间可供列车折返、开行区间列车，具有列车折返功能的车站，设置专供列车折返和存车的线路，如图 4-2 所示。

图 4-2 折返站

折返站增设道岔、折返线或渡线、存车线等设备，从而增加了调车、存车功能。折返站列车运行过程如图4-3所示。

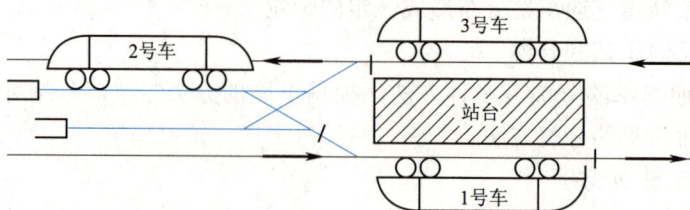

图4-3　折返站列车运行过程

折返站根据使用情况，又分为功能折返站和运转折返站。运转折返站的功能除乘降和服务外，按照客流量固定地开行部分折返列车。功能折返站平时作为一般的中间站，只有在特殊情况下才应急折返、存车。两者的主要区别是：功能折返站不一定就启用为运转折返站，而运转折返站必须具备折返功能；否则，不能进行折返作业。

3）换乘站

换乘站是指在两条或两条以上轨道交通线交叉点设置的车站，其主要功能要满足乘降、服务和换乘的要求。换乘站是在两条及以上线路的交会地点，除供乘客上下车具有中间站的功能外，还供乘客由一条线路的列车换乘到另一条线路的列车上去。根据线路交叉形式的不同，分为线路立体交叉和线路平面交叉两种换乘方式。线路平面交叉换乘站如图4-4所示。

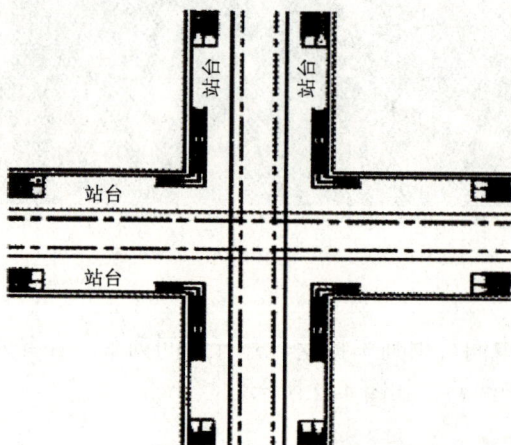

图4-4　线路平面交叉换乘站

其中线路立体交叉换乘是指车站上、下两站台有电梯或自动扶梯连接，两站台平面可成"十"形或"T"形等形式，如北京西单地铁换乘站如图4-5所示。

4）分歧站

分歧站也称接轨站，位于轨道交通线路分岔的地方，可以接发两个及以上方向的列车。对于Y形线路，其中有一条是主线，另一条是支线，要在分歧站分出，图4-6中的上海轨道交10号线的龙溪路站就是一个典型的分歧站，还有上海11号线的嘉定新城站、广州地铁3号线的体育西路站，都是分歧站。上海轨道3、4号线有共线部分，宝山路站、虹桥路站是它们的分歧站。

图 4-5　北京西单立体交叉换乘站

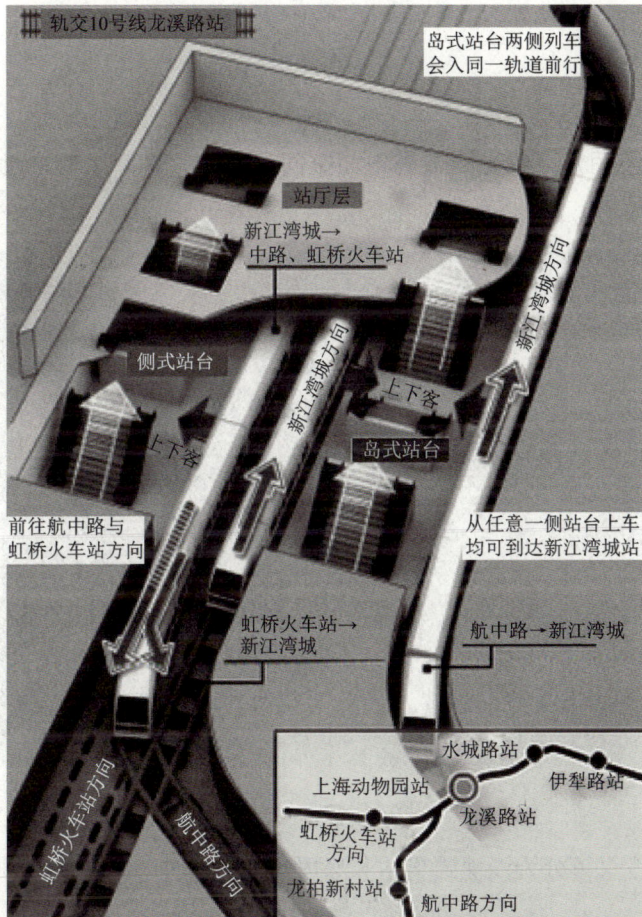

图 4-6　上海轨道交通 10 号线的龙溪路站（分歧站）

5）终点站（始发站）

终点站（始发站）是线路起、终点两端的车站，设置专供列车折返的线路，如图 4-7 所示。其功能除乘降和服务外，有列车折返及少量检修作业。列车在终点站要清客、折返、迎接乘客上车。有些线路晚间还有部分列车在此停留，以便次日早晨准时发车。

图 4-7　终点站（始发站）

2. 按地面相对位置分

1）地下车站

由于地面建筑已固定，或是要节省地面空间，埋藏于地下。车站通过出入口及通道吸引客流，如图 4-8 所示。

图 4-8　地下车站

其中按埋藏深度又可分为浅埋式车站和深埋式车站两种，其造价比地面车站高得多。

2）地面车站

设置在地面层，其形式如图 4-9 所示。地面车站造价比较低，但占用地面空间，其缺点是造成轨道交通线路所经过的地面区域分割，所以一般多在城市郊区采用地面车站。

图 4-9　地面车站

3）高架车站

按照高架结构设置条件、投资和施工条件，高架结构车站可以设置成地面出入口、高架站厅、高架站台和地面出入口、地面站厅、高架站台两种形式。高架结构车站可以设置在道路两侧人行道上空或沿街建筑物内，但这种布局使上下行线路分开，建设投资和占地面积均较大。高架车站如图 4-10 所示。这种设置方法使设备集中，便于管理，但对城市街道景观影响较大，并会占用城市道路面积。

图 4-10　高架车站

3. 按车站的站台形式分

1）岛式站台

站台位于上、下行行车线路之间，这种站台的布置形式称为岛式站台。具有岛式站台的车站称为岛式站台车站，简称岛式车站，如图 4-11 所示。岛式车站站台面积利用率高，能灵活调剂客流，乘客中途改变乘车方向方便，不用通过楼梯或地道换边到另一侧站台。

岛式站台具有车站管理集中、站台空间宽阔等优点。因此，一般常用于客流量较大的车站。

（a）

图 4-11　岛式站台

（a）实景图；（b）示意图

2）侧式站台

站台位于上、下行行车线路的两侧，这种站台布置形式称为侧式站台。侧式站台如图 4-12 所示。

优点：站台上、下行乘客可避免相互干扰，造价低，改建容易。

缺点：站台面积利用率低，不可调剂客流，乘客中途改变乘车方向必须经地道、天桥、站厅或者更简易地使用进口楼梯平台作为换边通道，管理分散，站台空间不及岛式站台宽阔，因此，侧式站台多用于两个方向客流量较均匀（或流量不大）的车站。

（a）

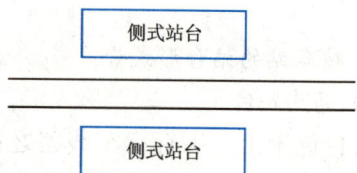

（b）

图 4-12　侧式站台

（a）实景图；（b）示意图

3）岛、侧混合式站台

岛、侧混合式站台是将岛式站台与侧式站台同设在一个车站内，如图4-13所示。岛、侧混合式车站主要用于两侧站台换乘或列车折返。岛、侧混合式站台可布置成一岛一侧式或一岛两侧式。

（a）   （b）

图4-13　岛、侧混合式站台（一岛两侧式）

（a）实景图；（b）示意图

4. 按车站的结构形式分

高架车站的结构基本上是以框架结构为主。地下车站结构的横断面形式主要根据车站埋深、工程水文地质条件、施工方法、建筑艺术效果等因素确定。在选定结构横断面形式时，应考虑到结构的合理性、经济性、施工技术和设备条件。

1）矩形断面

矩形断面是车站中常选用的形式，一般用于浅埋车站，车站可设计成单层、双层或多层，如图4-14所示。

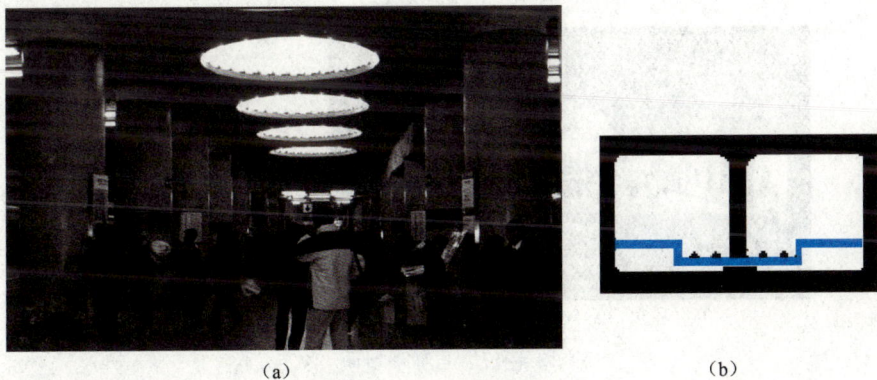

（a）   （b）

图4-14　矩形断面

（a）实景图；（b）车站断面示意图

2）拱形断面

拱形断面多用于深埋车站，有单拱和多跨连拱等形式。单拱断面由于中部起拱，高度较高，两侧拱脚处相对较低，中间无柱，因此建筑空间显得高大宽阔，如建筑处理得当，常会得到理想的建筑艺术效果，如图4-15所示。

图 4-15　拱形断面

3）圆形断面

圆形断面用于深埋盾构法施工的车站，如图 4-16 所示。

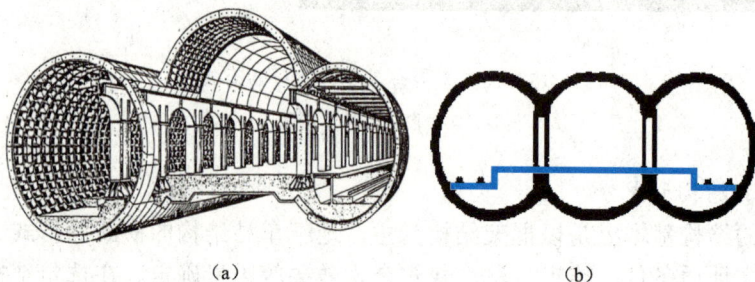

（a）　　　　　　　　　　　　（b）

图 4-16　圆形断面

（a）车站虚拟图；（b）车站断面示意图

4）其他类型断面

其他类型断面有马蹄形（图 4-17）、椭圆形等。

（a）　　　　　　　　　　　　（b）

图 4-17　马蹄形断面

（a）车站虚拟图；（b）车站断面示意图

5. 按客流量大小分

1）大车站

高峰每小时客流量达 3 万人次以上的车站。

2）中等车站

高峰每小时客流量达 2 万～3 万人次的车站。

3）小车站

高峰每小时客流量达 2 万人次以下的车站。

6. 按建筑风格分

车站按建筑风格可分为古典风格、现代风格、民族风格、地方风格。一条线路上的各个车站，它们的风格可以一样，也允许有差异，但应追求美，追求和谐。

4.1.3 城市轨道交通车站的命名

城市轨道交通车站一般以经过或者邻近的道路、公园、广场、火车站、飞机场、大学、体育场馆、娱乐场所、地区、新村名等的名字命名。现以我国已有的轨道交通为例予以说明。

1. 以道路名命名

大多数车站以经过或者邻近的道路来命名，如长春轨道交通 3 号线的卫星路站、卫光街站等。

2. 以公园名命名

以经过或者邻近的公园来命名，如上海轨道交通 2 号线的中山公园站、世界公园站，10 号线的豫园站。

3. 以广场名命名

以经过或者邻近的广场来命名，如长春轨道交通 3 号线的世纪广场站、卫星广场站等。

4. 以火车站名命名

以经过或者邻近的火车站来命名，如长春轨道交通 3、4 号线的长春火车站站。

5. 以飞机场名命名

以经过或者邻近的飞机场来命名，如上海轨道交通 2 号线的浦东国际机场站、虹桥 2 号航站楼站。

6. 以大学名命名

以经过或者邻近的大学来命名，如长春轨道交通 3 号线的中医药大学站。

7. 以体育场、馆名命名

以经过或者邻近的体育场馆来命名，如上海轨道交通 1 号线的上海体育场站，4 号线的上海体育场站、上海体育馆站，3 号、8 号线的虹口足球场站，6 号线的源深体育中心站、东方体育中心站，11 号线的上海赛车场站。

8. 以娱乐场所名命名

以经过或者邻近的娱乐场所来命名，如上海轨道交通 1 号线的上海马戏城站、8 号线的大世界站。

9. 以地区名命名

以经过的地区来命名，如上海轨道交通 1 号线的莘庄站、2 号线的静安寺站。

10. 以新村名命名

以经过或者邻近的新村来命名，如上海轨道交通 1 号线的共富新村站、8 号线的鞍山新村站。

此外，还有以其他方式命名的，如上海轨道交通 2 号线的上海科技馆站，8 号线的航天博物馆站，10 号线的上海图书馆站，4 号线的南浦大桥站，6 号线的儿童医学中心站、外高桥保税区南站、外高桥保税区北站，9 号线的漕河泾开发区站，11 号线的上海汽车城站，等等。

❄ 任务 4.2　城市轨道交通车站设计

4.2.1　城市轨道交通车站设计的原则

车站主体是列车的停车点，它不仅要供乘客上下车、集散、候车，一般也是办理运营业务和运营设备设置的地方。车站主体一般分为站厅和站台两部分，包括设备用房、运营管理用房、辅助用房。其一般由车站出入口、站厅、站台主体、楼梯及通道、车站用房、通风道及风亭（地下）和其他附属建筑物组成。

一个功能良好的车站的设计应该遵循的原则如下：

（1）能最大限度地吸引客流。要求设置位置合适、设备完善、服务水平高。

（2）按远期运量需求设计。远期运量需求一般指通车后 10～15 年的高峰每小时客流量，以此作为设计客运需求量。个别车站可按极限运量需求（如体育场馆、火车站、广场等可能产生阵发性密集到发客流交通集散点附近）来设计。

（3）留适当的能力余地，满足高峰时段密集到达（出发）需要，即超高峰时段的需要，并能应付远期运量波动的需要。

（4）占用地面面积最少，尽可能降低投资费用，满足施工条件限制（如能放在地面，则不设在地下；车站设施以实用高效为主，装饰功能为辅等）。

4.2.2　城市轨道交通车站位置的选定

1. 车站位置的确定

首先，车站的位置设计应与城市其他路网规划相配合。

其次，车站选址要综合考虑城市地下管网、地理地质条件、地面建筑物障碍等因素，合理选定其具体位置。设计应能满足远期客流集散量和运营管理的需要，应具有良好的外部环境条件，最大限度地吸引乘客；同时要满足客流高峰时所需要的各种面积、容积及楼梯通道等宽度要求，以及设备用房和管理用房的设置要求。

车站是乘客办理各种乘车手续并完成乘降的主要场所，车站站位还应尽可能地靠近市区居民集中的地点、城市主要交通干道的路口、商业繁华地段以及主要工业区等人流集中的地点，最大限度地方便乘客出行。车站的设计应尽可能地与物业开发相结合，使土地的使用效益最大化。车站具体位置大部分应设在地面交通道路的交叉路口，同时还应考虑沿线居民方便乘车、购物、上下班等，因此在居民集中的社区、大型购物休闲地点附近、单位集中的地带等也应多设置车站。车站总体设计要注意与周围环境的协调，如与城市景观、地面建筑规划相协调。

2. 车站站场的布置

车站位置选定之后，要根据车站所在位置的地理地貌情况、车站的基本作业情况和全线的风格统一要求进行站场布置，即车站线路布置，然后再根据车站规模、车站内的区域分工和车站的站口位置进行车站平面布局设计。

4.2.3　城市轨道交通车站出入口的设计

出入口是连接轨道交通与外界的窗口，除了功能设计需要先进外，还需要具备美观大方等艺术特点，如图 4-18 所示。

图 4-18　城市轨道交通地铁车站出入口

1. 出入口布置的原则

（1）车站出入口的位置，一般都选在城市道路两侧、交叉路口及有大量人流的广场附近，以及火车站、公共汽车站、电车站附近，便于乘客换车。

（2）车站出入口与城市人流路线有密切的关系，应合理组织出入口的人流路线，尽量避免相互交叉和干扰。车站出入口不宜设在城市人流的主要集散处，以便减少出入口被堵塞的可能。

（3）车站出入口应设在比较明显的部位，需具有标志性或可识别性。

（4）如果地铁车站设在地面街道十字路口下，为了避免乘客和行人横穿马路，一般应在各个角都设置出入口；如果车站位置在社区附近，则出入口位置尽量设在靠近社区门口的地方，方便居民乘车；如果车站设在大型购物休闲地带，则车站出入口应考虑与购物休闲出入口尽量连接，或者有些出入口可直接设在购物中心的一楼到地下一层，尽量方便乘客。

2. 出入口的数量

一般一个地铁车站根据客流量的大小和其车站的重要性设有 2 ～ 8 个出入口。浅埋地下车站的出入口数量不宜少于 4 个，深埋地下车站的出入口数量不宜少于 2 个。

4.2.4　城市轨道交通车站站厅的设计

为了不占用地面空间，地下车站的站厅一般设在地下一层，其主要功能是：集散客流、售检票、管理和设备用房。

1. 布置方式

1）分别在两端布置

站厅分为两个，分别布置在站台两端上层，如图 4-19 所示。

2）集中在中间布置

站厅集中布置在站台上层，如图 4-20 所示。

图 4-19　站厅在站台两端布置方式

图 4-20　站厅集中布置方式

2. 设计要素

1）足够的面积

必须充分满足列车同时到达、乘客密集到发时客流移动、集散、售检票的需求，同时在条件允许的情况下提供服务面积。

2）良好的照明与环控

依靠照明与环控系统，使站厅环境尽量接近地面环境的指标。

3）与地面出入口连接通道便捷

选择坡道、楼梯、自动扶梯等方式与地面出入口连接。

4）具有特殊的装饰

车站所在地特色的主要体现，可采用适当的壁画、雕塑、广告等来体现。

4.2.5　城市轨道交通车站站台的设计

车站站台是供列车停靠和乘客候车、乘车及上下车的地方。站台层包括公共区和设备区，设备包括屏蔽门（或安全门）、站台监控亭、紧急停车按钮、消防设施、站台广播、电话等。图 4-21 所示为某地铁车站站台层的效果图。

图 4-21　某地铁车站站台层的效果图

1. 站台形式

依据车站的位置、特点确定车站站台的形式，可选择为岛式站台、侧式站台和混合式站台。

2. 站台长度

站台长度为远期列车编组长度加上允许的停车不准确距离，即地铁站台长度由远期列车编组决定，同时附加一个司机确认信号的停车误差量（一般为 1～2 m，有屏蔽门的误差值不按此计算）。站台的有效长度一般从站台两端算起。对于列车编组为 6～8 的轨道交通系统，站台长度一般为 130～180 m。

3. 站台宽度

站台有效宽度应充分考虑下列因素并且依据计算决定：站台形式、楼梯形式、楼梯位置、高峰每小时最大乘降人数、列车运行间隔时分等。

4. 站台的高度

站台高度指站台到顶面的高度，与车型有关。站台与车厢地板面同高，称为高站台；站台比车厢地板面低一两个台阶，称低站台。

5. 轨道中心与站台边缘的距离

从轨道中心到站台边缘的距离由车辆的建筑限界决定，直线地段站台与车门的间隙宜采用 100 mm，曲线地段按加宽公式计算确定。

4.2.6　城市轨道交通车站楼梯及通道的设计

车站内的楼梯及通道的设计要在满足防灾要求的基础上，根据客流量来计算确定其宽度。车站内所有人行楼梯、自动扶梯和通道宽度的总和应分别能满足远期高峰每小时设计客流量。在紧急情况下，6 min 内能将一列车满载的乘客和站台上候车乘客及工作人员疏散到安全地区。

4.2.7　城市轨道交通车站风井与冷却塔的设计

车站风亭的位置，应根据周边环境及城市规划要求进行合理布置，在满足功能要求的前提下，还应满足规划、环保和城市景观的要求。

地下车站按通风、空调工艺要求设活塞风井、进风井和排风井。在满足功能的前提下，根据地面建筑的现状或规划要求，风井可集中或分散布置。

地面风亭的设置应尽量与地面建筑相结合。对于单建的风亭，如城市环境有特殊要求时，可采用敞口风井，风井底部应有排水设施，风口最低高度应满足防淹要求，开口处应有安全装置。

单建或与建筑物合建的风亭，其口部距其他建筑物距离应不小于 5 m。当风亭设于路边时，风亭开口距地面的高度应不小于 2 m。

对于采用集中式空调系统的地下车站设在地面的冷却塔，其造型、色彩、位置应尽量符合城市规划、景观及环保要求。对于有特殊要求的地段，冷却塔可采用下沉式，但必须满足工艺要求。

此外，车站应设公共厕所，并应根据需要与可能在附近位置设置自行车和汽车的停放场地。

4.2.8 城市轨道交通车站用房的设计

按车站主体的不同，可分为乘客使用空间和车站用房两大部分。

乘客使用空间即非付费区和付费区。

车站用房包括运营管理用房、设备用房和辅助用房三部分，设于站厅。运营管理用房是车站运营管理人员使用的办公用房，主要包括站长室、行车值班室、业务室、广播室、票务值班室、会议室和公安保卫室等。设备用房是安置各类设备、进行日常维修及保养设备的场所，是为保证列车正常运行、保证车站内良好环境条件和在灾害情况下乘客安全所需要设备的用房，主要包括通风与空调用房、变电所、配电室、蓄电池室、综合控制室、防灾中心、消防器材用房、泵房、通信机械室、信号机械室、自动售检票室、冷冻站、维修工区用房等。辅助用房是为保证车站内部工作人员正常工作生活所设置的用房，主要包括卫生间、更衣室、休息室、茶水间等。

情境小结

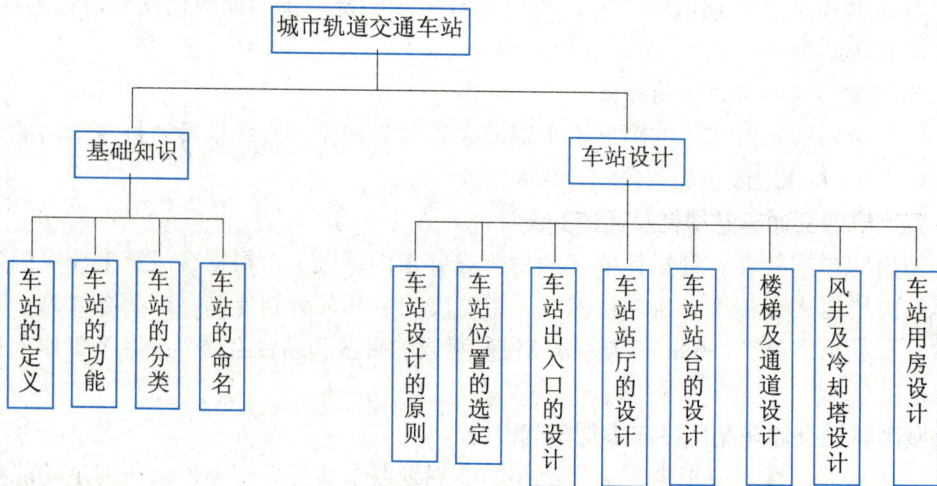

相关岗位分析

序号	职业领域	就业岗位		职业资格证书
		首岗	发展岗位群	
1	城市轨道交通运输行业	站务员、售票值班员、厅巡站员	客运列车长	1. 客运值班员（中级） 2. 地铁站务员 3. 车站值班员（中级）
2	铁路交通运输行业	车站值班员、列车调度员、调度员、信号员		
3	车辆管理技术员	城市轨道交通车辆的运用与检修管理		

情境训练

情境训练 1　认识城市轨道交通车站的类型

授课地点：城市轨道交通车站模拟实训室。

授课形式：分组教学。

授课教师：校内专任教师、企业值班站长或行车值班员。

1. 教学目标

（1）掌握车站的基本组成。

（2）掌握不同类型车站的特点。

（3）掌握不同类型车站的功能及优势。

2. 教学设备

城市轨道交通车站模型。

3. 教学内容

序号	车站分类方式	车站类型	组成	特点
1	按车站功能			

续表

序号	车站分类方式	车站类型	组成	特点
2	按地面相对位置			
3	按站台形式			
4	按车站结构形式			
5	按客流大小			

情境训练 2　认识城市轨道交通车站

授课地点：城市轨道交通车站模拟实训室。

授课形式：分组教学。

授课教师：校内专任教师、企业值班站长或行车值班员。

1. 教学目标

（1）掌握车站的基本组成。

（2）掌握不同类型车站的特点。

（3）掌握不同类型车站的功能及优势。

2. 教学设备

城市轨道交通车站模型。

3. 教学内容

序号	车站名称	特　点	
1		位置	
		站台形式	
		出入口位置	
		出入口数量	
		规模	

续表

序号	车站名称	特 点	
2		位置	
		站台形式	
		出入口位置	
		出入口数量	
		规模	
3		位置	
		站台形式	
		出入口位置	
		出入口数量	
		规模	

学习情境 5

城市轨道交通车辆

情境描述

　　城市轨道交通车辆主要是指地铁车辆及轻轨车辆，是城市轨道交通系统中关键的重要机电设备，其选型和技术参数不仅是确定线路技术标准的基础，也是确定系统运营管理模式和维修方式的基本条件。轨道交通车辆具有先进性、可靠性和实用性，能够满足容量大、安全、快速、舒适、美观和节能的要求。

教学导航

　　（1）了解城市轨道交通车辆的特点。
　　（2）掌握城市轨道交通车辆的分类、选用要素。
　　（3）掌握城市轨道交通车辆选型的基本原则。
　　（4）了解列车编组知识。
　　（5）掌握城市轨道交通车辆机械系统的组成结构与工作原理。
　　（6）掌握城市轨道交通车辆电气系统的组成结构与工作原理。

❀ 任务 5.1　城市轨道交通车辆基础知识

　　轨道交通车辆是城市轨道交通工程的最重要的设备，也是技术含量较高的机电设备。作为城市公共交通的旅客运载工具，不仅要保证运行的安全、准点、快速，而且要为旅客提供良好的服务条件，使旅客乘车舒适、方便，同时还要考虑对景观的影响。

　　城市轨道交通车辆应具有以下特点：

　　（1）载客能力强：大型地铁车辆可达 350 人 / 辆。

　　（2）动力性能好：速度快，加速能力强，制动效果好。

　　（3）安全可靠性高：设备先进，故障率低，稳定性、可靠性强，突发情况下适应性强。

（4）环境条件好：如照明系统、空调系统、内饰、座椅、扶手等。

（5）灵活的牵引特征：可根据不同的线路特征，采用不同的牵引方式。

（6）环保：污染小。

（7）节能：车辆牵引动力常采用电力牵引。

5.1.1　城市轨道交通车辆的分类

1. 按车体宽度（车辆规格）分

城市轨道交通车辆按车体宽度（车辆规格）可分为 A、B、C 三类车型，主要技术规格如表 5-1 所示。

表 5-1　各车型主要技术规格

序号	项目名称		A型车	B型车	C型车		
			四轴车	四轴车	四轴车	六轴车	八轴车
1	车辆基本长度/m		22	19	18.9	22.3	29.5
2	车辆基本宽度/m		3	2.8	2.6		
3	车辆高度	受电弓车（加空调/无空调）/m	3.8/3.6	3.8/3.6	3.7/3.25		
		受电弓车（落弓高度）/m	3.8	3.8	3.7		
		受电弓工作高度/m	3.9～5.6				
4	车内净高/m		2.1～2.5				
5	地板面高/m		1.1		0.95		
6	车辆定距/m		15.7	12.6	11	7.2	
7	固定轴距/m		2.2～2.5	2.1～2.2	1.8～1.9		
8	车轮直径/mm		840		760		
9	车门数每侧/个		5	4	4	4	5
10	车门宽度/m		≥1.3				
11	车门高度/m		≥1.8				
12	定员	单司机室	295	230	200	240	315
13		无司机室	310	245	210	250	325
14	车辆轴重/t		≤16	≤14	≤11		
15	站立标准	定员/（人·m⁻²）	6				
16		超员/（人·m⁻²）	9				
17	最高运行速度/（km·h⁻¹）		≥80		≥70		
18	启动平均加速度/（m·s⁻²）		≥0.9		≥0.85		
19	常用制动减速度/（m·s⁻²）		1.0		1.1		
20	紧急制动减速度/（m·s⁻²）		1.2		1.3		
21	噪声/dB（A）	司机室内	≤80		≤70		
22		客室内	≤83		≤75		
23		车外	80～85		≤82		

地铁系统主要采用 A 型车、B 型车及直线电机 B 型车，轻轨系统主要采用 C 型车、直线电机 C 型车及有轨电车。

2. 按车体材料分

1）碳素钢车

自重 11 ～ 13 t，材料和制作成本低，耐腐蚀性能差，需要定期对车体进行维修保养，维修费用高，总成本最高。

2）不锈钢车

自重比碳素钢车轻 1 ～ 2 t，材料和制造成本较碳素钢车高，耐腐蚀，无须对车体进行定期维修保养，总成本最低。

3）铝合金车

自重比钢制车体轻 3 ～ 5 t，材料和制造成本最高，耐腐蚀性能较好，需要定期维护，总成本较高。铝合金车体的主要承载机构采用大型中空截面的挤压铝型材，以满足车体所需要的强度和刚度。

3. 按车载设备的不同分

1）拖车（T）

拖车（T）本身无动力牵引装置。Tc 是指有司机室的拖车，又称为 A 车。

2）动车（M）

动车（M）本身有动力牵引装置。Mp 是指车带有受电弓或车侧带有集电靴的动车，又称为 B 车。M 是指不带受电弓，装有空气压缩机的动车，又称为 C 车。

A 车一般为一侧贯通式车厢，B 车、C 车为两侧贯通式车厢。

5.1.2　城市轨道交通车辆的选用要素

1. 客流特点

城市轨道交通运送的主要对象是市内常住人口的上下班客流、车站和机场的集中到达客流、节假日及大型活动的集中客流、流动人口集中进出城市的客流等。

2. 客流量

根据单向高峰每小时最大断面客流量判断，通常单向高峰每小时最大断面客流量在 0.6 万 ～ 1 万人次，宜采用地面公共交通车辆；1 万 ～ 3 万人次可采用轻轨交通车辆；3 万 ～ 7 万人次应选择地铁交通车辆。

3. 旅行速度

市区采用地面公交车辆，旅行速度为 10 ～ 25 km/h；市区交通采用轻轨、地铁交通车辆，旅行速度可为 30 ～ 40 km/h；城郊间采用快速轨道交通车辆，旅行速度为 50 ～ 60 km/h；城际区域间则要采用更高旅行速度的车辆。

4. 线路条件

若由于地形限制，线路小半径、大坡度特别多，就要考虑采用单轨车辆、直线电机车辆或低速磁浮车辆。

5.1.3　城市轨道交通车辆选型的基本原则

（1）以工程的主要技术条件（线路条件、供电电压）为依据，技术指标满足客运量及行车组织要求。

（2）车辆应适应当地的环境和气候，考虑车辆降噪措施。

（3）车辆的主要部件和设备应采用先进、成熟、安全、可靠且检修方便的产品。

（4）在外形和色彩方面与城市环境统一和谐。

（5）严格坚持车辆国产化的原则和有关政策。

5.1.4 列车编组

车辆在运营时一般采用动车拖车组合、固定编组的形式，也可以采用全动车形式的固定编组形式，形成电动列车组。每列车的首车和尾车必须带有司机室。

列车编组主要考虑车辆形式、编组辆数、动拖比三个要素。上海城市轨道交通 3 号线 AC–3 型列车有无司机室带受电弓的动车、无司机室不带受电弓的动车和带司机室的拖车三种车型，采用贯通式结构，以 Tc*Mp*M 三节车厢为一个单元。当采用六节编组时，排列为：–Tc*Mp*M=M*Mp*Tc–，采用八节编组时，排列为：–Tc*Mp*M=*Mp*M=M*Mp*Tc–。

城轨中可以采用全动车编组，摘编方便，编组灵活。"–"为自动车钩，"="为半自动车钩，"*"为半永久牵引杆。图 5–1～图 5–5 所示分别表示不同城市轨道交通列车的编组情况，仅供参考。

图 5–1 长春轻轨 3 号线轻轨列车编组

Mc—带司机室的动车；T—拖车；

Mpc—受电弓及司机室的动车

图 5–2 武汉轻轨列车编组

Tc—带司机室的拖车

M—不带受电弓的动车；Mp—带受电弓的动车；

图 5–3 天津滨海快线列车编组

T—拖车；Mpc—带受电弓及司机室的动车

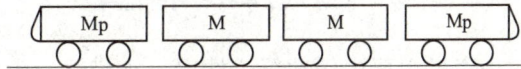

图 5–4 重庆单轨列车编组

M—不带集电靴的动车；Mp—带集电靴的动车

图 5–5 广州地铁 2 号线、上海地铁 1 号线列车编组

Tc—带司机室的拖车；M—不带受电弓的动车；Mp—带受电弓的动车

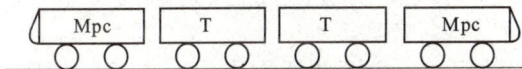

✿ 任务 5.2 城市轨道交通车辆机械系统

城市轨道交通车辆主要由车体、车门、车钩缓冲装置、转向架、制动装置、空调通风装置、车辆贯通装置组成，如图 5–6 所示。

5.2.1 车体

车体是车辆的重要部件，支承在转向架上，车体底架下部及车顶上部安装大量机电设备，构成车辆的主体，是城市轨道交通司机工作、乘客乘坐的场所。

1. 车体的构成

车体主要由底架、车顶、侧墙（左右各一）、端墙（前后各一）、车门及车窗组成的封闭式筒形承载结构，图 5–7 所示为北京地铁车辆的内部结构，图 5–8 所示为长春轻轨车辆的内部结构。

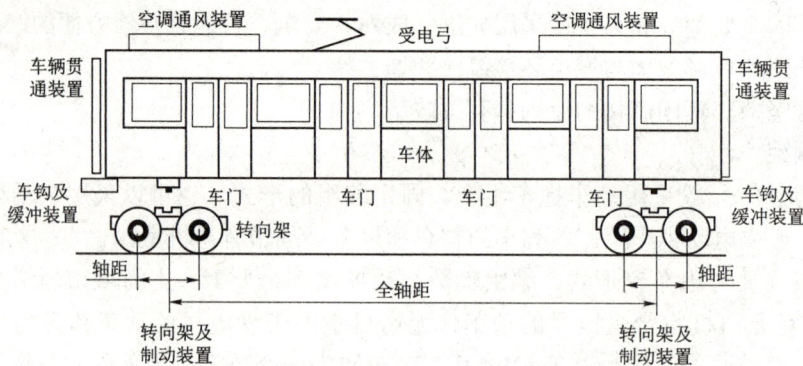

图 5-6 城市轨道交通车辆的组成

图 5-7 北京地铁车辆的内部结构

图 5-8 长春轻轨车辆的内部结构

底架主要由缓冲梁、枕梁、小横梁、大横梁等组成，主要侧梁作用体现在两个方面：一是承受车底上部荷载并传递给整个车体；二是承受各种原因引起的横向力和走行部传来的各种振动和冲击。牵引梁用于安装车辆的车钩及缓冲装置，将车辆连接组成列车，在车辆间传递牵引力及制动力。侧墙由上墙板、下墙板和窗间墙板组成。车顶由弯梁和圆弧形顶板组成。端墙由弯梁、车厢贯通道、立柱、墙板组成。车体内部设置照明、通信、空调、车门开闭装置、座椅、扶手或拉杆、拉手等。

车体的整体结构如图 5-9 所示。

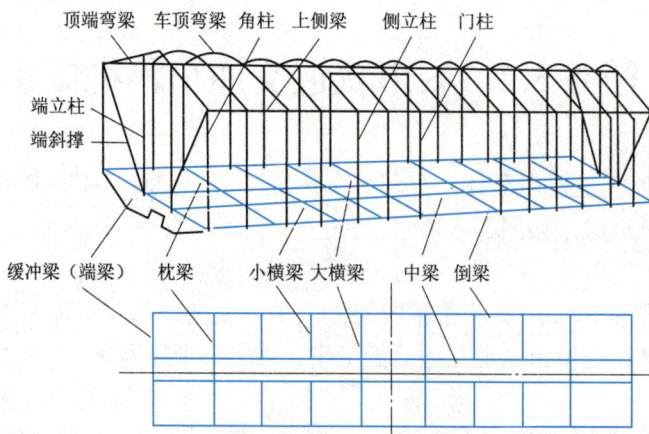

图 5-9 车体的整体结构

车辆在编组时，可采用贯通式或非贯通式的连接方式。贯通式车辆能有效调节车辆载客拥挤度，便于乘客疏散。

2. 车体材料

目前，轨道交通车辆的车体材料主要为不锈钢和铝合金两种，早期为碳素钢车体。例如北京地铁 10 号线车辆采用不锈钢车体，如图 5-10 所示；深圳地铁采用铝合金 A 型车，如图 5-11 所示。城市轨道交通车辆的车体材料选材，是关系到运营的"安全、可靠、快速、轻量、经济、适用"的重大因素之一。车体的强度、刚度，关系到运行安全可靠性和舒适性，车体结构形式、性能和技术经济指标主要取决于车体材料。

图 5-10　北京地铁 10 号线不锈钢 B 型车辆

图 5-11　深圳地铁铝合金 A 型车辆

3. 车体的制造工艺

车体的制造工艺一般采用铆接工艺和焊接工艺。车体组装的工艺就是：先做好六大模块，如图 5-12 所示；然后把车顶板、车顶边梁、车顶弯梁、端部面板模块、底板、中部面板模块铆接在一起，组成铝合金铆接车体。目前，铝合金车体多以搅拌摩擦焊为主，不锈钢车体多采用激光焊接、等离子弧焊接及冷金属过渡焊接。

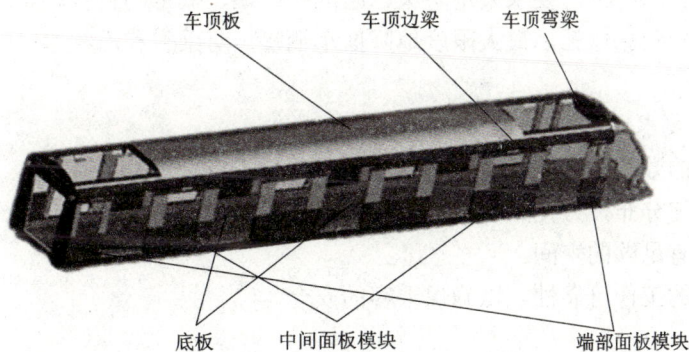

图 5-12　车体组装工艺模块

4. 车体的承载方式

车体的承载方式有整体承载和底架承载两种方式。地铁车辆由底架、侧墙、车顶、端墙共同组成的筒形结构共同承载，即采用整体承载方式。图 5-13 所示为钢制车体整体承载结构，图 5-14 所示为钢制车体底架承载结构。

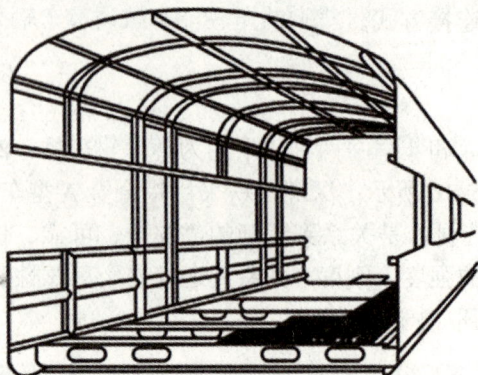
图 5-13 钢制车体整体承载结构

图 5-14 钢制车体底架承载结构

5. 车体的防撞设计

带司机室的动车或拖车底架前端设有撞击能量耗散区，其上开有数排椭圆孔，当车辆受到意外撞击时，产生形变，吸收纵向缓冲能量，起到保护驾驶员、乘客和车体的作用。驾驶室前端安装的防爬装置，采用铝合金、高强度钢制造，可以承受 100 kN 任一方向垂直力与 1 000 kN 水平力的合力，具有吸收能量的作用。

6. 车体的特征

（1）车体外观、色彩与城市市容规划协调统一。

（2）车体内部座位少、车门多，车门开度大。

（3）车体采用轻量化设计，辅助设施尽量用轻型高科技新材料；车体的质量，则影响车辆的能耗大小、加减速度、载客能力、乘客舒适度乃至列车编组形式。其材料选型不仅牵涉车辆本身的投资大小、车重、安全性、美观性，还影响车辆供货商的选择、投入运营后的运营维修费用、乘客乘坐的舒适度、环境等，是控制车辆投资、提高服务水平及运营成本的重要因素。

（4）车体防火要求严格，要求采用防火、阻燃、低烟、低毒的材料。

（5）具有隔音和减噪设施，最大限度地降低车辆噪声对乘客和沿线居民的影响。

5.2.2 车门

1. 车门的基本要求

（1）具有足够的数量和有效长度。

（2）车门要均匀分布，方便乘客上、下车。

（3）车门附近有足够的空间。

（4）具有较高的工作可靠性，以确保乘客的安全。

2. 车门的分类

1）按驱动系统动力来源的不同分

车门按驱动系统动力来源的不同可分为电动式车门和气动式车门。

2）按车门的运动轨迹以及与车体的安装方式分

按车门的运动轨迹以及与车体的安装方式可分为内藏门、外挂门和塞拉门。

（1）内藏门：内藏门如图 5-15 所示。车门开或关时，门扇在车辆的外墙板与内饰板之间的夹层内移动，是地铁和轻轨普遍采用的一种车门系统。传动系统设于车厢内侧车门的顶部，装有导轮的门扇可在导轨上移动。内藏门具有以下优点：

① 结构简单、可靠，占用车辆空间小。

② 对车辆与站台之间的距离要求低，有利于降低车站建设成本。

③ 具有较高的抗乘客挤压能力。

④ 维护成本相对较低。

（2）外挂门：外挂门如图 5-16 所示。门扇和悬挂机构设置在轨道车辆的车外侧，门扇通过移动机构挂在外部导轨上。外挂门传动机构原理与内藏式车门完全相同，具有以下优点：

图 5-15　内藏门

图 5-16　外挂门

① 结构简单、可靠，占用车辆空间小。

② 密封性好，提高了乘客的舒适度。

③ 最大限度地保证乘客在拥挤的状态下实现正常开、关门功能。

（3）塞拉门：塞拉门如图 5-17 所示。车门在开启状态时，门叶贴靠在侧墙的外侧，车门在关闭状态时门叶外表面与车体外墙成一平面。塞拉门系统具有以下优点：

① 密封性良好，降低噪声，节约能耗。

② 有利于减少空气阻力。

③ 外观平滑，整体和谐美观。

图 5-17　塞拉门

5.2.3　转向架

转向架是支承车体并负担车辆沿着轨道走行的支承走行装置。它安装在车体与轨道之间，如图 5-18 所示。为了便于通过曲线，在车体和转向架之间设有心盘。转向架是车辆的一个独立部件，因而便于互换、制造和维修。

1. 转向架的作用

（1）增加车辆的载重、长度与容积。

（2）支承车体，承受并传递从车体至轮轨的各种载荷及作用力，使各轴轴重均匀分配。

（3）转向架相对车体可自由回转，使较长的车辆能自由通过小半径曲线，减少运行阻力与噪声，提高运行

图 5-18　转向架

速度。

（4）便于安装制动装置，传递制动力，满足运行要求。

（5）便于安装弹簧减振装置，保证车辆具有良好的动力性能和运行品质。

（6）便于安装牵引电机及减速装置，驱动轮对（或车轮），使车辆沿着轨道运行，此时转向架还传递牵引力。

2. 转向架的构成

转向架一般分为动车转向架和拖车转向架，其基本结构相同，部件具有互换性。动车转向架主要由构架、轮对轴箱装置（轮对、轴箱、轴连节）、弹性悬挂装置（横向减振器、垂向减振器）、制动系统、牵引电动机与齿轮箱等构成，如图 5-19 所示。

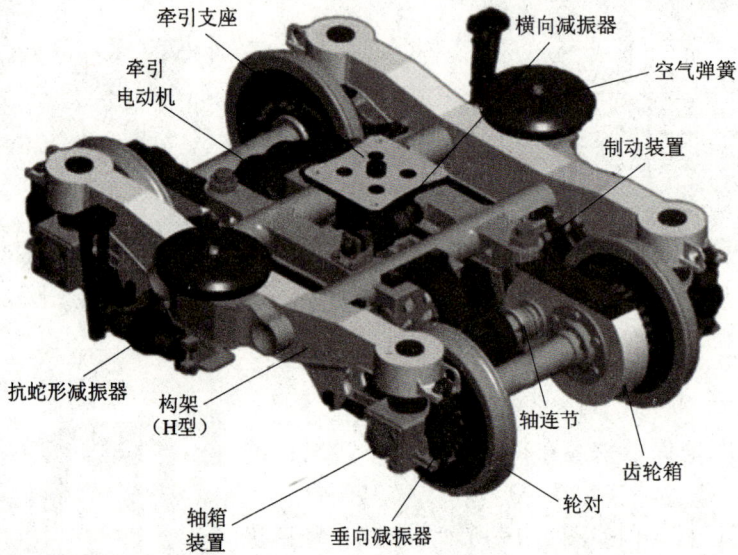

牵引支座　　牵引电动机　　横向减振器　　空气弹簧　　制动装置　　抗蛇形减振器　　构架（H型）　　轴箱装置　　垂向减振器　　轴连节　　齿轮箱　　轮对

图 5-19　动车转向架

1）构架

构架是转向架的基础，把转向架各个零部件组成一个整体，如图 5-20 所示。它不仅承受、传递各种载荷及作用力，而且它的结构、形状和尺寸都应该满足各零部件组装的要求。

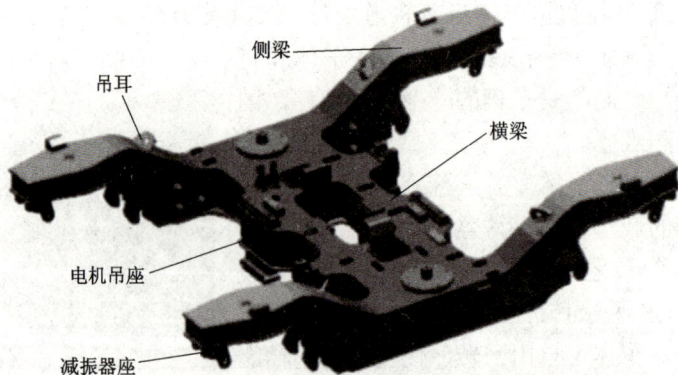

吊耳　　侧梁　　横梁　　电机吊座　　减振器座

图 5-20　转向架构架

2）轮对轴箱装置

轴承和轴箱装置是联系构架和轮对的活动关节，使轮对的滚动转化为车体沿着轨道的平动，如图 5-21 所示。轮对沿钢轨的滚动，除传递车辆的质量外，还传递轮轨之间的各种作用力。

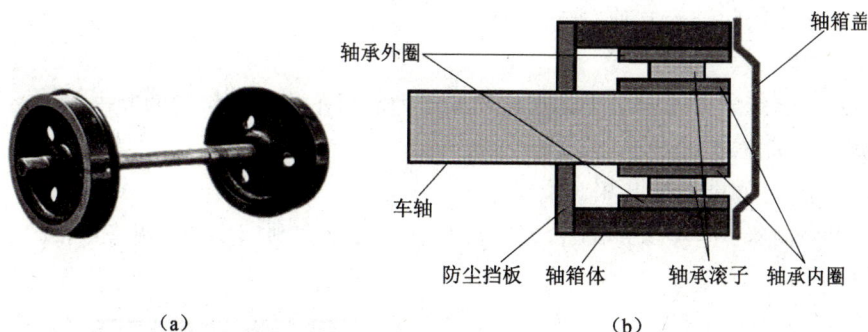

图 5-21　轮对和轴箱装置
（a）轮对；（b）轴箱装置

3）弹性悬挂装置

为减少线路不平顺和轮对运动对车体各种动态的影响，转向架在轮对与构架或构架与车体（摇枕）之间，设有弹性悬挂装置。前者称为轴箱悬挂装置，后者称摇枕（或中央）悬挂装置，也可称一系悬挂装置和二系悬挂装置。弹性悬挂装置包括弹簧、减振、定位装置。

弹性悬挂装置的作用主要表现在以下几个方面：

① 缓和并减少车辆行驶时的振动和冲击。

② 控制车体的侧滚运动。

③ 控制车体地板面与轨道的高度，以提高车辆运行的平稳性和舒适性，降低噪声。

4）支承车体装置

车体与转向架连接部分的结构应能满足安全可靠地支承车体，并传递各种荷载和作用力，同时车体与转向架之间应能绕不变的旋转中心相对转动，以使车辆顺利通过曲线。

5）制动装置

为使运行中的车辆在规定的距离范围内停车，必须安装制动装置，其作用是传递和放大制动缸的制动力，使闸瓦与轮对之间的转向架内摩擦力转换为轮轨之间的外摩擦力，产生制动效果。

6）牵引电机与齿轮变速传动装置

牵引电机与齿轮变速传动装置主要由牵引电机、联轴器、齿轮箱、齿轮箱悬挂装置及动力轮对组成，使牵引电机的扭矩转化为轮对或车轮上的转矩，利用轮轨之间的黏着作用，驱动车辆沿着钢轨运行；能提供牵引力和制动力。

5.2.4　车钩缓冲装置

城市轨道交通车辆是由车钩连接编组形成的列车。车钩轨道是车辆最基本的，也是最重要的部件之一。它用来连接列车各车辆，实现车辆之间机械、电气和气路的连接，并且传递与缓解列车在运行中或在调车时所产生的纵向力或冲击力。

1. 车钩缓冲装置的作用

1）连接作用

使车辆和车辆能够联挂和解钩，并保持一定的距离。

2）牵引作用

把动车的牵引力传递给其他车辆。

3）缓冲作用

缓和与衰减运行中由于牵引力的变化和制动力前后不一致而引起的冲击和振动。

2. 车辆缓冲装置的分类

1）按两车钩之间能否彼此相对位移分

车钩缓冲装置按两车钩之间能否彼此相对位移可分为刚性车钩（见图5-22）和非刚性车钩（见图5-23）。

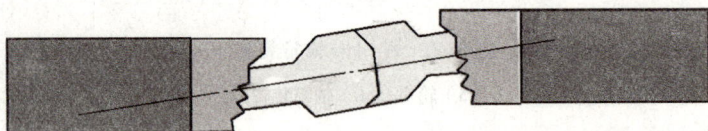

图 5-22　刚性车钩

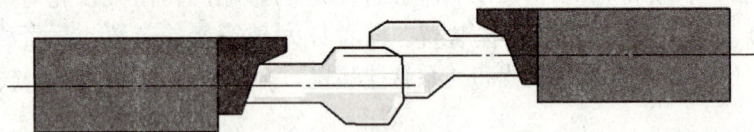

图 5-23　非刚性车钩

刚性车钩和非刚性车钩的主要区别在于：非刚性车钩允许两个连接的车钩钩体在垂直方向上有相对位移，发生连挂的车钩各自保持在各自的水平位置，成阶梯状，车钩钩体尾端相当于销接。刚性车钩不允许两连挂车钩在垂直方向存在相对位移，车钩钩体尾端具有完全的铰接，见图5-22。刚性车钩与非刚性车钩相比，具有以下优点：

（1）连接间隙小，减少磨耗，降低了列车中的纵向力。

（2）改善了自动车钩零件的工作条件。

（3）减小了由于两边挂车钩相互冲击而产生的噪声。

（4）避免发生撞车事故时车辆爬到前一车辆上的危险。

刚性车钩用于轻轨、地铁及高铁车辆。非刚性车钩主要用于铁路客车和货车。

2）按连接方法不同分

车钩按连接方法不同可分为全自动车钩、半自动车钩和半永久牵引杆。

全自动车钩可以实现机械、气路和电路的完全自动连挂、解钩或人工解钩，如图5-24所示。全自动车钩位于A车的前端，一般用于列车与列车间的相互联挂，主要是为了方便故障列车的救援及库内调车。

半自动车钩的机械和气路连接机构与作用原理基本与全自动车钩相同，可以实现自动连挂、解钩或人工解钩，电路必须靠人工连挂和解钩，以方便检修作业，如图5-25所示。半自动车钩一般用于列车C-C车或B-C车之间的连接。

图 5-24 全自动车钩

图 5-25 半自动车钩

半永久牵引杆的机械、气路和电路的连接与解钩都需要人工操作，一般只有在架修以上的作业才进行分解，半永久牵引杆及连接状态如图 5-26、图 5-27 所示。半永久车钩主要为了实现 A–B 车、B–C 车能组成一个固定的单元。

图 5-26 半永久牵引杆

图 5-27 半永久牵引杆连接状态

3. 缓冲装置

缓冲装置（橡胶缓冲器）能够保证缓冲和牵引装置的缓冲效果。车钩装有吸能装置，当吸能装置受到强烈冲击时就会压溃，从而可保护底架免受破坏。车钩还装有过载保护装置，当超过了橡胶缓冲器和吸能装置的吸收能力时，过载保护装置就释放了，一旦释放，车钩就与车辆分开，过载力就不会施加在车辆底架上。

车钩能量吸收过程分为三级：

第一级：当速度小于 8 km/h 时，缓冲器吸收全部能量，产生可恢复变形。

第二级：当速度大于 8 km/h 而小于 15 km/h 时，压溃管吸收能量产生不可恢复变形。

第三级：当速度大于 15 km/h 时，全自动车钩的过载保护装置产生不可恢复的变形，拉断连接螺栓，车辆前端的车钩被剪切掉（1 100 kN），使车辆前端产生可控变形。

5.2.5 制动装置

制动装置是列车的重要组成部分之一，其作用是使列车减速，以致在规定的距离内停车，保证列车行车安全和提高铁路通过能力。

1. 制动装置应具备的条件

（1）操纵灵活，制动减速度大，作用灵敏可靠，车组前后车辆制动、缓解作用一致。

（2）具有足够的制动能力，保证车组在规定的制动距离内停车。

（3）尽量发挥电制动能力，减少对城市环境的污染和降低运行成本。

（4）制动装置应保证列车在长大下坡道制动时，其制动力不会衰减。

（5）电动车组中所有车辆的制动能力应尽可能一致，制动系统应根据乘客量的变化，具有空重车调整能力，减少制动时的纵向冲动。

（6）具有紧急制动能力。遇到紧急情况时，能在规定距离内安全停车。紧急制动作用除可由司机操纵外，必要时还可由行车人员利用紧急按钮进行操纵。

（7）城市轨道交通列车在运行中发生诸如列车分离、制动系统故障等危及行车安全的事故时，应能自动起紧急制动作用。

2. 制动方式

制动方式按动能的转移方式可以分为摩擦制动和动力制动两类。

1）摩擦制动

动能通过摩擦转变为热能，然后消散于大气中。城市轨道交通采用的摩擦制动即空气制动，是以压缩空气为动力源，通过闸瓦和车轮踏面摩擦而产生的制动力。

空气制动加大了车辆的维修工作量、增加了运营成本，并且压缩空气释放产生大量的粉尘，造成环境污染。

2）动力制动

动力制动是把动能通过发电机转化为电能，然后将电能从车上转移出去。动力制动也就是电制动，包括电阻制动和再生制动。

电阻制动产生大量的热量，使地铁隧道内的温度升高，增加了站内空调通风装置的负担，并使城市轨道交通建设费用和运行费用增加。

再生制动是利用机电能量转换原理将动能转换掉，只将制动中产生的电能反馈到直流供电网中去加以利用，节约电能，是城市轨道交通车辆优先采用的制动方式。

5.2.6 空调通风装置

空调通风装置主要由压缩机、蒸发机、冷凝器、冷凝风机等组成。根据城市的自然条件和列车的运行环境，一些车辆还需要设置采暖装置，采暖一般采用电热器，安装在车厢的座椅或侧墙下方。人体感到舒适的空气条件如表 5-2 所示。城市轨道交通车辆内的空气参数标准如表 5-3 所示。

表 5-2　人体感到舒适的空气条件

程度	夏季温度/℃	冬季温度/℃	相对湿度/%	新鲜空气流量/ （m³·h⁻¹）	风速/（m·s⁻¹）
舒适	22～28	15～21	30～70	>20	0～0.2
适应	27～43	0～15	15～30	8～20	0.2～0.4
有害	>43	<0	<15，>70	<8	>0.4

表 5-3　城市轨道交通车辆内的空气参数标准

空气参数	标　准	
	夏季	冬季
温度/℃	24～28	18～20
相对湿度/%	≤65	≥45

空气参数	标　准	
	夏季	冬季
风速/（m · s^{-1}）	0.15～0.25	0.15～0.20
新风量/（m^3 · h^{-1} · 人$^{-1}$）	≥10	≥10
CO_2体积分数/%	≤0.15	≤0.15
含尘量/（mg · m^{-3}）	≤1	≤1

5.2.7　车辆贯通装置

车辆贯通装置位于两节车厢的连接处，是连接两个车辆通道的重要组成部分。由波浪折棚、连接框、连接顶板、移动侧墙、滑动支承、锁紧装置、内饰板、连接框侧渡板组成，如图 5-28 所示。其主要作用体现在以下几个方面：

（1）车辆贯通装置使乘客可以在车厢之间流动，为乘客提供一个安全舒适的通道，从而使乘客均匀分布。

（2）通过车辆贯通装置可以实现车辆之间的柔性连接，可以让相邻的两个车厢相对运动，是车辆通过曲线时的关节部。

（3）车辆贯通装置具有良好的防雨、防风、防尘、隔音、隔热等功能。

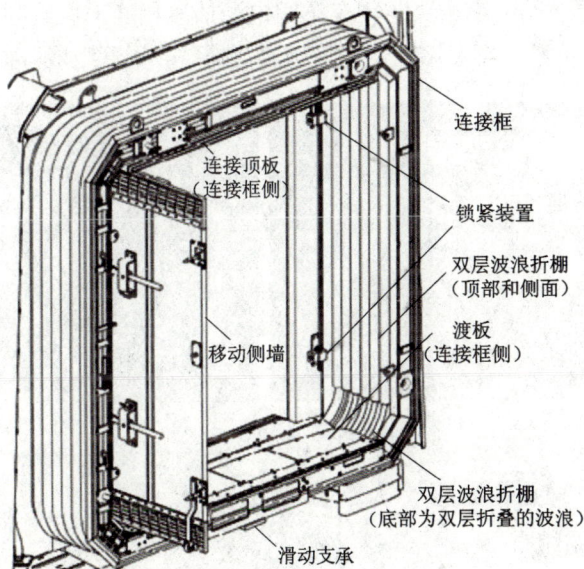

连接框
锁紧装置
双层波浪折棚
（顶部和侧面）
渡板
（连接框侧）
双层波浪折棚
（底部为双层折叠的波浪）
连接顶板
（连接框侧）
移动侧墙
滑动支承

图 5-28　车辆贯通装置

❄ 任务 5.3　城市轨道交通车辆电气系统

城市轨道交通车辆电气系统主要包括电气牵引传动系统、辅助供电系统、列车控制和管理系统。

5.3.1 车辆电气牵引传动系统

1. 受流器

受流器是将外部电源引入车辆电源系统的重要设备，根据供电方式不同，可以分为集电靴和受电弓两种形式。集电靴主要用于第三轨供电线路，如图 5-29 所示。受电弓主要用于架空接触网供电的线路，如图 5-30 所示。

图 5-29　集电靴

图 5-30　受电弓

车间电源是列车辅助的受流装置，主要应用于列车检修库内整车调试或部分设备需有电检查时使用。外部电源通过电缆插头与列车车间电源插座相连，供给列车电源系统。车间电源系统由电源插座盖、电源插座、熔断器、接触器及隔离二极管组成，如图 5-31 所示。

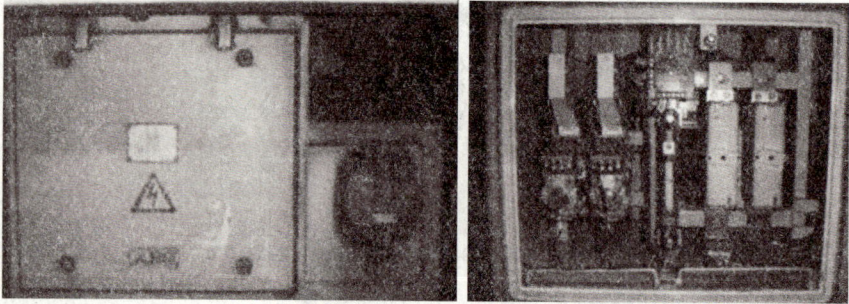

图 5-31　车间电源

2. 电气牵引设备及其控制电路

1) 直流电气牵引系统

直流电动机的调速性能适合于牵引的要求。车辆起动时需要很大的牵引力，以获得必要的加速度；随着车速的提高牵引力相应减小，其变化范围相当大，直流电动机的性能完全能够满足这样的要求。但是存在结构复杂、体积大、价格高、关键部分的换向器和电刷装置易损伤的缺点。

直流电动机采用变阻控制，其调速原理为：车辆启动时，加在电动机两端的电压要随着转速的提高由小变大逐渐增加，以保证稳定的启动电流。

控制方法：用电阻器与电动机串联，通过改变电阻器的阻值来调节电动机的端电压，从而达到调速的目的。

变阻控制的缺点：电阻调节分级进行，调速过程稳定性差；电阻调节使用的接触器需要定期维修保养；电阻器不可避免地损耗电能，还需要采取措施为电阻散热。

2）交流电气牵引系统

交流电气牵引系统的控制方式是采用微机控制的交流调频调压技术。牵引逆变器主要由输入滤波器、三相逆变线路、制动斩波线路和控制线路组成。交流调频调压变速控制的优点是：采用交流异步牵引电动机、VVVF 无接点控制，维修量大大减少；电气牵引系统小型化、轻量化；黏着性能好，提高了黏着能力。

5.3.2 辅助供电系统

1. 辅助供电系统的功能

辅助供电系统为空调、照明、空压机、旅客信息系统、列车控制系统、车门驱动系统、蓄电池充电器等车载辅助设施供电。

2. 辅助供电系统的供电方案

1）旋转式电动发电机组供电

电动机从受电装置获取直流电源，发电机输出三相交流电压向负载供电；对于直流 DC110 V 和 DC24 V 部分的用电设备，仍需通过三相变压器和整流装置变换后提供电源。

特点：机组设备体积大、输出容量小、效率低，而且电源易受直流发电机组工况变化的影响，输出电压波动大，可靠性较差。

应用车型：传统的城市轨道交通车辆上常采用此供电方案。

2）静止式辅助逆变电源供电

直接从城市轨道交通车辆受流装置受电，经 DC/DC 斩波变换后向三相逆变器提供稳定的输入电压，VVVF 变频调压控制，逆变器输出三相交流电压。

特点：输出电压的品质因数好、电源使用效率高、工作性能安全可靠。

应用车型：近年京、沪、广等城市引进的城市轨道交通车辆上采用。

3. 辅助供电系统的结构组成

1）辅助逆变器

辅助逆变器又称静止逆变器，是一种将直流电压变换为三相 50 Hz、380 V/220 V 交流电源的能量变换设备，主要负载包括空调设备、空气压缩机、通风机、挡风玻璃除霜器、方便插座、客室照明及刮雨器等。

2）直流电源

采用直流 DC110 V 电源，是车辆上控制电路的供电电源。同时兼作蓄电池的充电器，在正常工作时对蓄电池充电。

3）隔离变压器

隔离变压器是保证电气设备及操作人员的安全，将高压用电设备与低压用电设备，尤其是需要人工操作的设备，进行电气隔离。通过设计不同的匝数比来满足不同的电压等级。

4）蓄电池

由 5 个单节 / 格 ×16 格，共 80 节蓄电池串联而成的蓄电池组组成，如图 5-32 所示。安装在 A 车下的蓄电池箱内。采用纤维结构电极的镍镉碱性蓄电池，标称电压为 1.23 V/ 节。蓄电池组容量为 120 A·h，工作寿命为 20 年，是车辆辅助供电系统的直流备用电源。

图 5-32　蓄电池

4. 辅助供电系统设备的供电方式

1）分散供电

每单元配备多个静止逆变器供电方式，如图 5-33 所示。每单元配置 2 台静止逆变器，容量为 120 kV·A/ 台，且每台含有 DC110 V 电源，功率为 12 kW。分散供电冗余度大，均衡轴重好配置，但造价大些，且总重也高些。

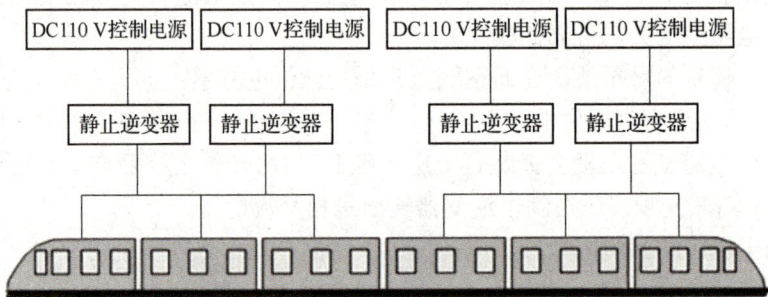

图 5-33　分散供电

2）集中供电

每单元配备一个静止逆变器的供电方式，如图 5-34 所示。每单元配置一台静止逆变器，容量 250 kV·A/ 台，且每台含有 DC110 V 电源，功率为 25 kW。

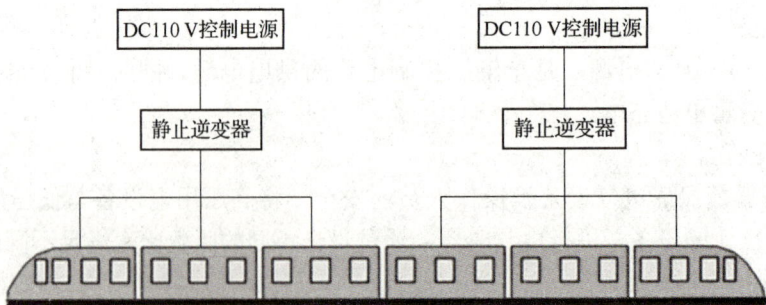

图 5-34　集中供电

集中供电冗余度小，每轴配重难以一致，但相对而言，总重和成本低些。因此从冗余度与轴重均衡方面衡量，分散供电方式在地铁车辆中较常见。

5.3.3 列车控制与管理系统

列车控制与管理系统（TCMS）是以计算机为核心，集自动检测、智能显示和自动控制于一体的高度自动化系统。

1. 系统构成

采用现场总线连接起来的分布式控制系统，能尽量缩短电缆的连接。系统的重要部分采用冗余设计，提高了系统的可靠性，TCMS 系统采用动态设置，支持多个列车单元连挂和分解。

TCMS 系统分为三层，分别是列车总线（WTB）、多功能车辆总线（MVB）及牵引多功能车辆总线（PMVB）。在三种数据总线上挂有大量的计算机控制单元、控制模块、基本输入输出接口等。

TCMS 系统包括牵引系统、制动系统、列车信息控制系统及辅助控制系统。各子系统独立构成闭环控制系统，通过列车信息控制系统传递控制命令协调工作。

2. 系统功能

TCMS 系统接收司机的指令信息，经转换与运算后发给主回路电器系统执行实施能量转换过程，控制列车运行。正确控制检测列车安全运行，按司机操纵和行车指挥命令协调工作。

TCMS 系统检测列车运行的实际状态信息，对该状态信息进行处理和判断：一方面是让司机、乘务人员和维护人员了解列车运行情况；另一方面对出现的异常情况进行报警和应急处理。

情境小结

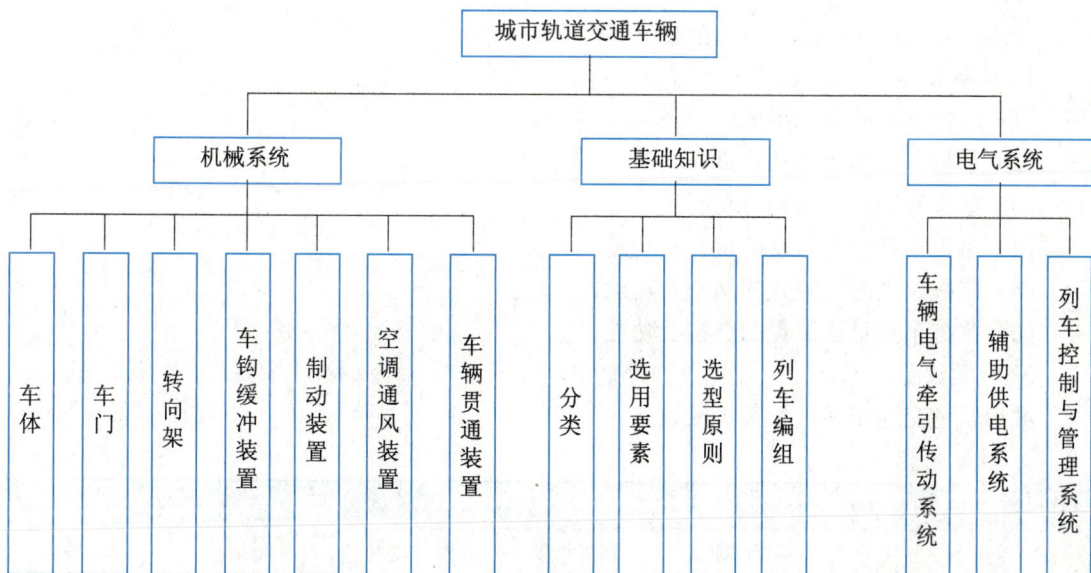

相关岗位分析

序号	职业领域	就业岗位		职业资格证书
		首岗	发展岗位群	
1	城市轨道交通车辆车体、车门、车钩缓冲装置、转向架、空调通风系统、制动装置、贯通装置的维护与检修	车辆机械系统维修工	1. 技术员 2. 车辆段调度员 3. 技术及生产管理岗位	1. 电力机车钳工 2. 电工特种作业操作证（低压电工作业证） 3. 车辆检车员
2	城市轨道交通车辆受电弓、集电靴、牵引电机、辅助供电系统、列车控制与管理系统的维护与检修	车辆电气系统维修工		
3	城市轨道交通车辆的运用与检修管理	车辆管理技术员		

情境训练

情境训练1　认识城市轨道交通车辆的机械系统

授课地点：城市轨道交通车辆检修基地或车辆系统实训室。

授课形式：分组教学。

授课教师：校内专任教师、企业车辆检修技术员。

1. 教学目标

（1）掌握车体的基本组成。

（2）掌握车门的类型及特点。

（3）掌握转向架的结构及功能。

（4）掌握车钩缓冲装置的位置及功能。

（5）掌握空调通风装置的结构及功能。

（6）掌握车辆贯通装置的结构及功能。

2. 教学设备

城市轨道交通车辆及相关机械设备。

3. 教学内容

序号	内容	形　式				
1	车体	列车编号	列车长度	列车宽度	车型	编组形式
2	车门	车门高度	车门宽度	车门类型	特点	

续表

序号	内容	形　式		
3	转向架	分类	结构组成	功能
		动车转向架		
		拖车转向架		
4	车钩缓冲装置	分类	位置	功能
		全自动车钩		
		半自动车钩		
		半永久牵引杆		
5	空调通风装置	结构	功能	
6	车辆贯通装置	结构	功能	

情境训练 2　认识城市轨道交通车辆的电气系统

授课地点：城市轨道交通车辆检修基地或车辆系统实训室。

授课形式：分组教学。

授课教师：校内专任教师、企业车辆检修技术员。

1. 教学目标

（1）掌握受电弓（集电靴）的结构组成及功能。

（2）掌握辅助供电系统主要设备的功能。

（3）掌握列车控制与管理系统的组成与功能。

2. 教学设备

城市轨道交通车辆及相关电气系统设备。

3. 教学内容

序号	内容	形　式				
1	受流器	名称	数量	位置	结构	功能
		受电弓				
		集电靴				
2	辅助供电系统	名称	数量	位置	结构	功能
		辅助逆变器				
		直流电源				
		隔离变压器				
		蓄电池				
3	列车控制与管理系统	结构	功能			

学习情境 6
城市轨道交通供电系统

情境描述

　　城市轨道交通供电系统主要由变电所、牵引供电系统、供配电系统及电力监控（Supervisory Control and Data Acquisition，SCADA）系统组成，是城市轨道交通的动力源泉，在为线路上运行的机车提供所需要的牵引负荷的同时，为车站、区间、车辆段、控制中心等其他建筑物提供所需要的动力照明电能。

教学导航

　　（1）了解城市轨道交通供电系统的组成。
　　（2）掌握城市轨道交通供电系统的功能。
　　（3）了解变电所主要电气设备。
　　（4）掌握电气主接线的基本组成形式。
　　（5）掌握牵引供电系统的组成及供电形式。
　　（6）掌握供配电系统的安装方式及负荷等级。
　　（7）掌握电力监控（SCADA）系统的组成及功能。

✷ 任务 6.1　城市轨道交通供电概述

6.1.1　供电系统的组成

　　供电系统主要由高压供电系统（城市电网、主变电所）、牵引供电系统、供配电系统、电力监控系统组成。

　　城市轨道交通电能由国家统一电网供给，其电源系统如图 6-1 所示。

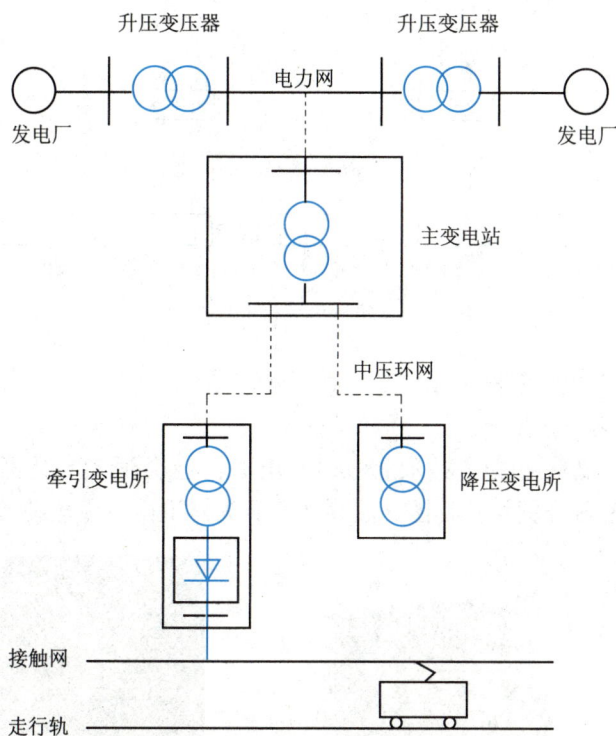

图 6-1　电源系统

从主降压变电站（当它不属于电力部门时）及其以后的部分可分为两部分，即以牵引变电所为主的"**牵引供电系统**"和以降压变电所为主的"**动力照明供电系统**"。

6.1.2　供电系统的功能

1. 主变电站的功能

城市轨道交通供电系统中，主变电所将城市电网的高压 110 kV（或 220 kV）电能降压后以 35 kV 或 10 kV 的中压电后供给中压供电网络（中压环网），再由中压供电网络分别供给牵引变电所和降压变电所。为保证供电的可靠性，城市轨道交通线路通常设置两座或两座以上主变电所，当任一座主变电站退出运行时，其他主变电站能够承担其一、二级负荷的供电。任一座牵引变电所和降压变电所至少有两座主变电站为其供电，实现相互之间的支援供电。

每座主变电站由两路独立的电源进线供电，其中至少有一路是独立电源，内部设置 2 台相同的主变压器。根据牵引负荷和动力负荷的不同情况，主变压器可采用三相三绕组的有载调压变压器或双绕组的变压器。采用有载调压变压器在电源进线电压波动时二次侧电压维持在正常值范围内。在正常情况下，两台主变压器并列运行。当一路电源停电或一台主变压器退出运行时，另一路电源能保证牵引负荷和动力照明一、二级负荷的供电。

2. 开闭所的功能

分散供电时开闭所将城网 10 kV 或农网 35 kV 的中压电直接引入到城市轨道交通的中压供电网络，一般与牵引降压混合变电所或降压变电所合建。开闭所中压供电网示意图如图 6-2 所示。

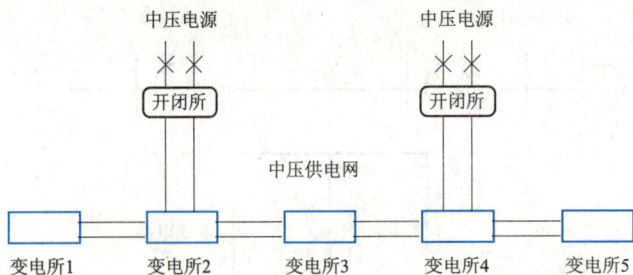

图 6-2　开闭所中压供电网示意图

分散供电时，电源电压等级为 10 kV，供电电压较低，为保证供电质量，一条城市轨道交通线路一般会设置多个开闭所。

集中供电时，本线从主变电站取得 35 kV 电源，也会适当设置开闭所以方便供电。图 6-3 所示为 35 kV GIS 开关柜实物图，图 6-4 所示为隧道内电缆敷设示意图。

图 6-3　35 kV GIS 开关柜实物图

图 6-4　隧道内电缆敷设示意图

3. 中压供电网络的功能

中压供电网络又称为中压环网，是城市轨道交通供电系统中主变电所站（或电源开闭所）与牵引供电系统、动力照明系统间相互连接的重要环节。其电压等级的确定，直接影响城市轨道交通供电系统的供电质量。

中压供电网络是由两条以上与轨道交通线路平行敷设的电缆线路构成的，我国现行中压配电标准电压等级有：66 kV、35 kV、10 kV。北京地铁，天津地铁，长春轻轨 3 号线、4 号线中压网为 10 kV；上海地铁 1/2 号线、明珠线的牵引网络采用 33 kV，动力照明网络采用 10 kV。

它负责将主变电站或开闭所输出的电能传输到各个牵引变电所和降压变电所，在纵向连接主变电站与牵引变电所、降压变电所，横向连接各个牵引、降压变电所。中压供电网络采用冗余设置，分成若干供电分区，每一供电分区由两路电源和双回路电缆构成环形供电方式。供电分区的划分考虑与运行线路的结合，最大限度地满足车辆的运行，不因网络局部故障造成全线列车停运。

4. 牵引变电所的功能

牵引变电所的电源一般来自电力系统的区域变电所，牵引变电所的任务就是将电力系统提供的三相工频交流电变为牵引所用的电能。根据牵引制式的不同，牵引变电所又分为直流牵引变电所和交流牵引变电所。根据不同的牵引制式，变电所内完成相应的变压、变相、变流作用。目前我国的牵引变电所主要有电气化铁路的单相工频交流制牵引变电所和城市轨道交通系统（地铁、轻轨）的直流牵引变电所。

5. 降压变电所的功能

降压变电所将主变电站或开闭所送来的中压电降成 380 V/220 V 低压电，向城市轨道交通车站、区间的动力、照明负荷和其他设施的动力照明负荷供电。

当车站规模较大时，为了减少低压供电电缆和满足供电质量的要求，可能需要增设一座或两座降压变电所。车辆段与综合基地、停车场一般需要设跟随所，离车站降压变电所有一定的距离的区间风井需要设跟随所。

6. 牵引网的功能

牵引网的功能是将牵引变电所的直流电能传输到线路上跑动的轨道交通车辆上。牵引网包括馈电线、接触网、钢轨和回流线。

7. 动力照明系统的功能

动力照明配电系统给车站、区间、车辆段与综合基地、停车场、控制中心等的动力和照明负荷配电。配电系统采用 380 V/220 V 电压，采用 TN-S 接地保护方式。

动力照明负荷按用途的重要性分为三级供电方式。

8. 电力监控系统的功能

电力监控（SCADA）系统对全线的主变电所或开闭所、牵引降压混合变电所、降压变电所、跟随式降压变电所、牵引网等主要设备的运行状态进行实时监视、控制和数据采集，实现供电设备的自动化调度管理。

6.1.3 供电系统的供电制式与供电方式

1. 供电系统的供电制式

轨道交通供电制式是指供电系统向电动车辆或电力机车供电所采用的电流和电压制式，如直流或交流制、电压等级、交流制中的频率及交流制中的单相或三相等。

城市轨道交通采用直流供电。国际电工委员会拟定的电压标准为：DC750 V、DC1500 V、DC3000 V，如表 6-1 所示。我国国家标准采用 DC750 V 和 DC1500 V 两种。北京、长春轨道交通采用 DC750 V 供电电压，上海、广州、南京、深圳等城市采用 DC1500 V 供电电压。

表 6-1 国际电工委员会拟订的电压标准

	电压 / V		
	标准	最低	最高
直流系统	750	500	900
	1 500	1 000	1 800
	3 000	2 000	3 600

2. 供电系统的供电方式

1）集中供电方式

供电系统设置主变电站，从城市电网引入 110 kV（220 kV、66 kV）电源，通过主变电站降压成中压电源，再通过中压供电网络把电能传输到城市轨道交通各个牵引、降压变电所。对于交会或邻近的城市轨道交通线路，可将它们的受电点合并，形成较大的受电点，即一座主变电站同时向两条或多条线路供电。集中供电中压网示意图如图 6-5 所示。

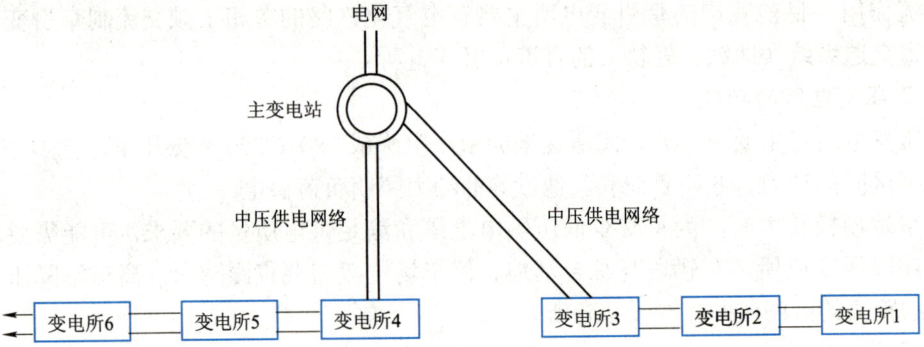

图 6-5　集中供电中压网示意图

集中供电方式的特点：

（1）与城市电网接口少，城市电网改造工程量小。

（2）进线电压等级高，进线数量少，电源可靠性高，供电质量好。

（3）便于调度管理、运营维护等。

（4）自建主变电站，较分散供电方式投资费用较高。

我国广州、上海、南京、武汉、昆明、深圳等城市，均采用集中供电方式。

2）分散供电方式

采用分散供电方式时，城市轨道交通系统各牵引变电所或降压变电所直接（或通过开闭所）从城市电网或农网引入两路相互独立的 10 kV 或 35 kV 电源。

分散供电方式的特点：

（1）供电距离短，投资省。

（2）与城市电网接口多，管理不便。

（3）谐波对电网影响相对较大。

建设中的沈阳地铁、长春轻轨、大连轻轨、北京城铁、北京八通线、北京地铁 5 号线等均采用分散供电方式，市郊线路如果有较好的中压电源条件也宜采用分散供电方式。

3）混合供电方式

混合供电方式以集中式供电为主，分散供电方式为辅，即个别地段引入城市电网电源作为集中式供电的补充，使供电系统更加完善和可靠，并且避免集中供电方式投资较大的缺点。在满足供电可靠性的前提下，有效降低工程投资。

北京地铁 1 号线、建设中的武汉轨道交通工程、青岛地铁南北线工程等即为混合式供电方案。

✳ 任务 6.2　城市轨道交通变电所

变电所一般沿轨道交通线路设置，可建在地面或地下。装设有自动消防报警系统、防火门和防火墙等隔离设施和有效的灭火系统。变电所是由不同用途的电气设备按照一定的电气主接线连接构成。按照其功能不同可分为高压主变电站、牵引变电所和降压变电所。

6.2.1　主要电气设备

变电所内的电气设备按所属电路性质分为两大类：一次高压电路中所有的电气设备，

即为一次设备；二次控制、信号和测量电路中的所有电气设备即为二次设备。

一次设备按其在一次电路中的功用又可分为变换设备、控制设备、保护设备、补偿设备和成套设备等类型。

变换设备是用以变换电能电压或电流的设备，如电力变压器、整流器、电压互感器、电流互感器等。

控制设备是用以控制电路通断的设备，如各种高、低压开关设备。

保护设备是用以防护电路过电流或过电压的设备，如高、低压熔断器和避雷器等。

补偿设备是用以补偿电路的无功功率，以提高系统功率因数的设备，如高、低压电容器，静止无功补偿装置等设备。

成套设备是按一定的线路方案将有关一次、二次设备组合而成的设备，如高压开关柜，低压配电屏，高、低压电容器柜和成套变电站等。

1. 变压器

变压器是变电所最主要的设备之一，其作用是将交流电源的电压进行升高或降低。变压器按功能分为升压变压器、降压变压器；按绝缘方式分为干式、浇注式、油浸式变压器等。图6-6所示为树脂浇注式干式整流变压器，图6-7所示为敞开式干式变压器，图6-8所示为油浸式干式变压器。

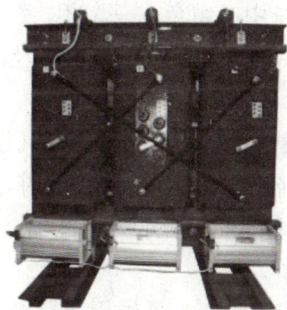

图6-6 树脂浇注式干式变压器

图6-7 敞开式干式变压器

2. 断路器

断路器是一种对电路进行控制（开断、关合）和保护的高压电器开关，用于自动切断负载电流和短路电路。按绝缘方式和吸弧介质分为油断路器、六氟化硫断路器、真空断路器、空气断路器等。图6-9所示为万能真空断路器。

图6-8 油浸式干式变压器

图6-9 万能真空断路器

3. 隔离开关

隔离开关是一种没有熄弧装置的高压电器开关。不能切断负载电流和短路电流,但可在无负荷电流时接通和断开电路。在断开状态,能起到隔离电压的作用。为运行、操作和检修提供方便和安全条件,电路停电时应断开断路器,然后拉开隔离开关;送电时则先合上隔离开关,再闭合断路器,图6-10所示为户外高压隔离开关。

图6-10 户外高压隔离开关

(a)三相交流电隔离开关;(b)直流馈线隔离开关

4. 母线

母线是一种汇合和分配电能的导线。室外常用软质母线,如钢芯铝绞线;室内则采用硬质母线,如铝排。母线常用颜色标记识别,在三相交流系统中:黄色——A相,绿色——B相,红色——C相。在直流系统中:红色——正极,蓝色——负极,黑色——零线及接地线。

5. 熔断器

熔断器是一种利用过负荷或短路电流导致熔体发热熔断原理设计的保护电气设备,低压熔断器一般采用插入式纤维管瓷管熔断器。熔断器在电流超过最小熔断电流时,熔断时间随电流的增大而缩短,一旦熔体熔断,须停电更换熔体。图6-11所示为熔断器。

6. 电压互感器

电压互感器是一种用于测量、控制和保护回路用的变压器。主要作用是隔离高电压,把高电压变为低电压,供继电保护、自动装置和测量仪器获取一次侧电压信息。其一次绕组并联在一次电路中,二次绕组则并联仪表、继电器的电压线圈。由于二次仪表、继电器的电压线圈阻抗很大,所以电压互感器工作时二次回路接近于空载状态。二次绕组的电压一般为10 V。电压互感器分为双绕组电压互感器和三绕组电压互感器,单相电压互感器和三相电压互感器,干式电压互感器、油浸式电压互感器和浇注式电压互感器,室内型电压互感器和室外型电压互感器。图6-12所示为气体绝缘电压互感器。

图6-11 熔断器

图6-12 气体绝缘电压互感器

7. 电流互感器

电流互感器是一种电气测量、控制和保护回路用的变流器。将其一次侧线圈串连在一次回路中，二次侧线圈与仪表、继电器等的电流线圈串连，形成闭合回路。图 6-13 所示分别为干式、六氟化硫（SF_6）、油浸式电流互感器。

（a）　　　　　　　　　（b）　　　　　　　　　（c）

图 6-13　电流互感器

（a）干式；（b）六氟化硫（SF_6）；（c）油浸式

8. 避雷器

避雷器是一种防止从线路浸入的雷电波损坏电气设备的绝缘保护电器，一般有保护间隙型（角型）避雷器、管型避雷器、阀型避雷器等。一个完整的防雷设备一般由接闪器、避雷器、引下线和接地装置等三个部分组成。现多使用氧化锌避雷器，如图 6-14 所示。

9. 整流器

整流器是一种与牵引变压器组合成变压整流机组的电流变换设备。通过整流器将牵引变压器输出的交流电变为一定电压等级的直流电流，当牵引变压器是多相变压器时，整流器变换成的直流电较为平滑，即直流电中含有的交流成分少。图 6-15 所示为牵引变电所整流机组。

图 6-14　氧化锌避雷器

图 6-15　牵引变电所整流机组

6.2.2　电气主接线

1. 电气主接线的组成与功能

变电所的电气主接线是指由变压器、断路器、开关设备、母线等及其连接导线所组成的接收和分配电能的电路。电气主接线反映了变电所的基本结构和功能，在运行中，它能标明电能的输送和分配的关系以及变电所一次设备的运行方式，成为实际运行操作的依据。电气主接线需要具备可靠性、灵活性、安全性、经济性等特征。

2. 电气主接线的基本形式

1）单母线型主接线

图 6-16 所示为单母线及改进型主接线。

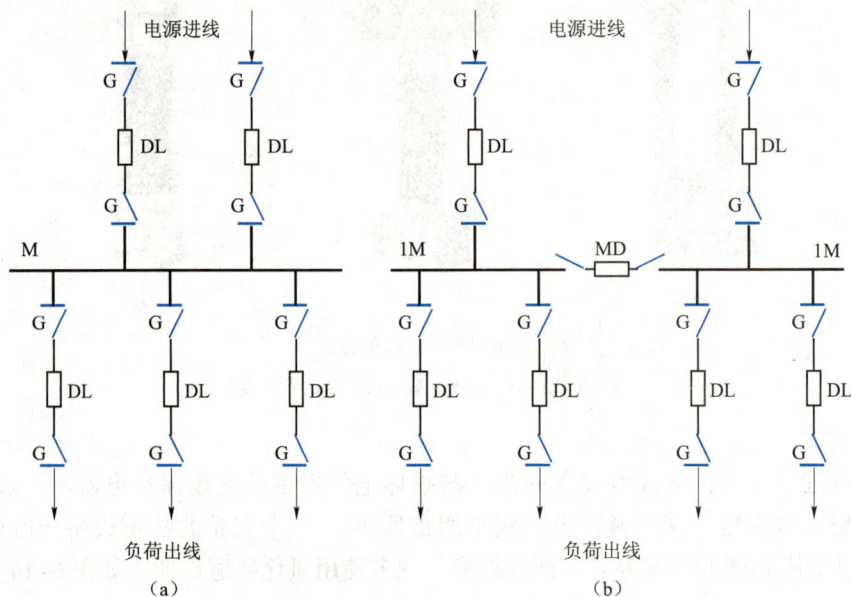

图 6-16 单母线及改进型主接线

（a）单母线型主接线；（b）改进型主接线

单母线不分段主接线的特点如下：

（1）接线简单，设备少，配电装置费用低，经济性好，并能满足一定的可靠性。

（2）每个回路由断路器切断负荷电流和故障电流，在检修断路器时，可用两侧隔离开关使断路器与电压隔离，保证检修人员的安全。

（3）任一用电回路可从任何电源回路取得电能。

（4）当检修任一回路及其断路器时，仅该回路停电，其他回路不受影响；但在检修母线和与母线相连接的隔离开关时，将造成全部停电。

（5）当母线发生故障时，将使全部电源回路断电，待修复后才能恢复供电。

在母线中加装一个母线断路器（MD）或隔离开关，将母线分段，提高供电检修的灵活性，称为单母线分段主接线。分段断路器 MD 正常时闭合，使两段母线并联运行，电源回路和同一负荷的馈电回路应交错连接在不同的分段母线上。这样，当母线检修时，停电范围缩小一半，若母线发生故障，分段断路器 MD 由于保护动作而自动跳闸，将故障段母线断开，非故障段母线及与其相连接的线路仍照常工作，仅使故障段母线连接的电源线路与馈电回路停电，用隔离开关分段的接线可靠性稍差一些。在母线发生故障时，将短时全部停电，打开分段隔离开关后，非故障段母线即可恢复供电。

2）双母线型主接线

如图 6-17 所示，设有两套母线，即工作母线 1M 和备用母线 2M，两套母线通过母线断路器 MD 连接起来，每条电源线路和馈电线路经断路器后用两只隔离。开关分别与两条母线连接，正常运行时，仅母线 1M 工作，所有与 1M 相连接的隔离开关闭合，而与 2M 连接的隔离开关断开，母线断路器 MD 打开。

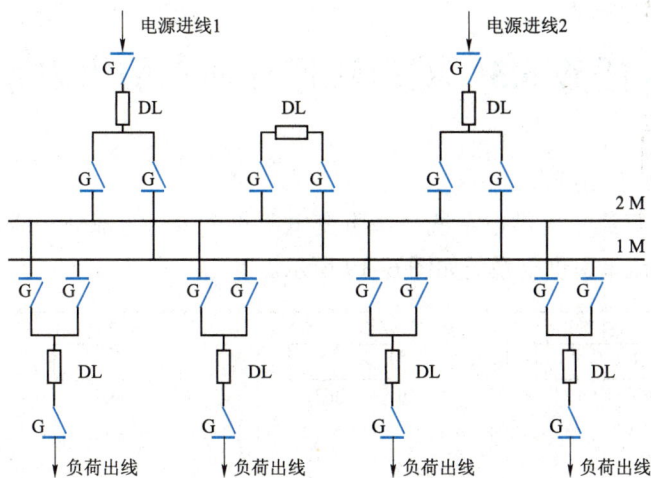

图 6-17 双母线型主接线

故当工作母线发生故障时，可将全部回路迅速转换到由备用母线供电，缩短停电时间。检修母线时可倒换到由另一套母线供电而不中断供电，在检修任一回路的隔离开关时，只需使本回路停电。双母线接线的缺点是隔离开关的数量多，配电装置结构复杂。转换步骤较烦琐，且一次费用和占地面积都相应增大。

3）桥型主接线

采用两条电源进线和两台变压器，在电源进线间用横向母线及断路器或隔离开关连接。

如果桥接母线在变压器外侧，进线断路器在内侧时称为内桥接线；桥接母线在进线断路器外侧的是外桥接线；如图 6-18 所示。

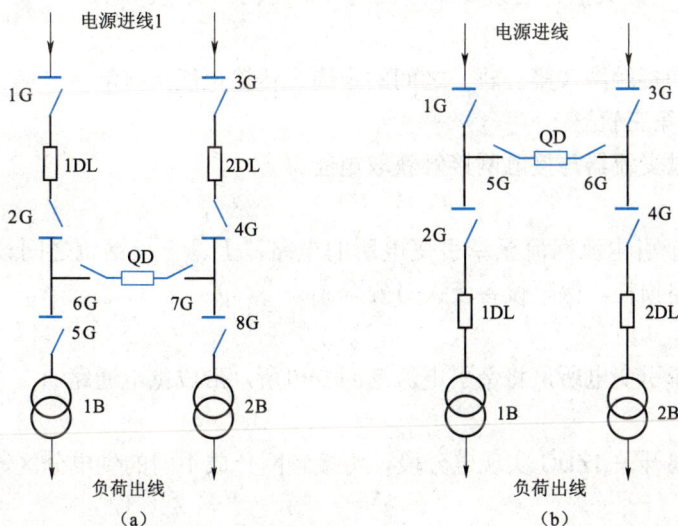

图 6-18 桥型主接线

（a）内桥；（b）外桥

正常运行时，两台变压器并列运行，桥接母线断路器或隔离开关全部闭合；当两台变压器分别工作时，则母线断路器或隔离开关断开。当一路发生故障时，可切换线路，使两台变压器均由正常工作的一路提供电源。

❊ 任务 6.3　城市轨道交通牵引供电系统

6.3.1　牵引供电系统的组成

城市轨道交通直流牵引供电系统由牵引变电所和牵引网两部分构成，在运行中相互协调、统一调度。直流牵引供电系统如图 6-19 所示。

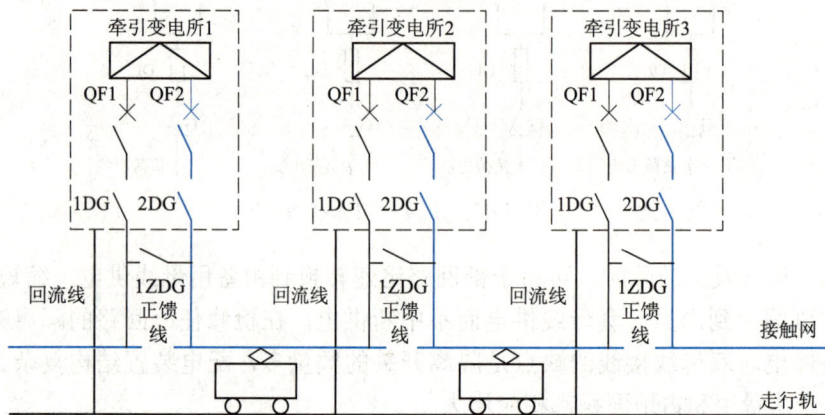

图 6-19　直流牵引供电系统（双边供电）

1）牵引变电所

引自主变电所来的中压电压经过变压器、整流器变为 DC1500 V（750 V），再经过 DC1500 V（750 V）开关柜、正馈线向接触网（第三轨）供电。

2）正馈线

牵引变电所和接触网（第三轨）之间的电缆，传输电能至接触网（第三轨）。

3）接触网（第三轨）

电动列车通过受流器与接触网接触获取电能。

4）走行轨

走行轨作为牵引电流回流至牵引变电所的电路，上、下行钢轨之间设置均流线，以减少钢轨电阻和线路损耗，保障设备及人身安全。

5）回流线

连接钢轨与牵引变电所，将牵引电流返回变电所，形成供电通路。

6）电分段

利用纵向隔离开关 1ZDG 实现电分段，将接触网分成不同的供电分区，便于检修和缩小事故范围。

6.3.2　牵引供电系统的运行方式

牵引供电系统中重要的作用是保证线路列车正常运行，其运行方式有以下几种：

1. 双边供电

1）双牵引整流机组双边供电

双边供电方式见图6-19。牵引变电所两套牵引整流机组均应投入使用，直流馈线断路器、隔离开关闭合，纵向越区供电隔离开关打开，形成双边供电。

特点：双牵引整流机组供电方式牵引网电压质量好，继电保护灵敏且损耗最低，对弥留防护有利，是最优的运行方式。

2）单牵引整流机组供电

当牵引变电所一套整流机组故障退出时，另外一组整流机组可以短时单机运行为接触网提供电能，成为降级供电方式。

特点：牵引网电压质量低，谐波含量增加，可以在两小时内承担150%过负荷供电，需要电力调度严格监视，出现异常立即改变供电方式。

2. 单边供电

单某一牵引变电所出现故障时，列车只从另一侧牵引变电所取得电源，作为运行时可能采取的临时供电方式。单边供电示意图如图6-20所示。

特点：牵引网电压质量差，电能损耗大，不能作为直流牵引系统经常运行的方式。

3. 越区供电

（1）通过直流母线构成的越区供电方式，如图6-21所示。

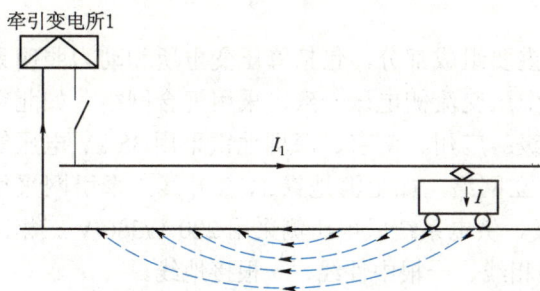

图 6-20　单边供电示意图

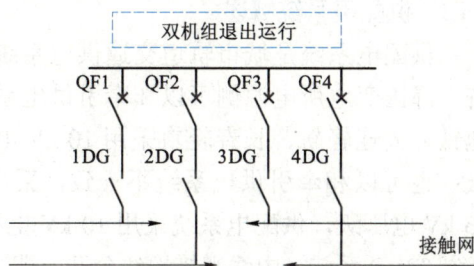

图 6-21　通过直流母线构成的越区供电（大双边）

利用故障变电所直流母线将上下行接触网并联起来。

条件：牵引变电所只有两套机组退出运行；直流母线、上下行4路馈线开关机二次回路完好无损且能正常运行。

优点：提高了牵引网电压质量。

缺点：直流馈线开关之间无连跳功能，使用时必须明确直流正母线、馈线开关、隔离开关、馈线回路无故障，一般很少使用。

（2）通过纵向隔离开关构成的越区供电方式，如图6-22所示。图中两隔离开关1ZDG、2DZG处于合闸状态。

优点：操作简单，一旦越区供电范围内的接触网发生故障，可以向该区供电的两个馈线开关之间发出连跳信号，及时切断故障线路。

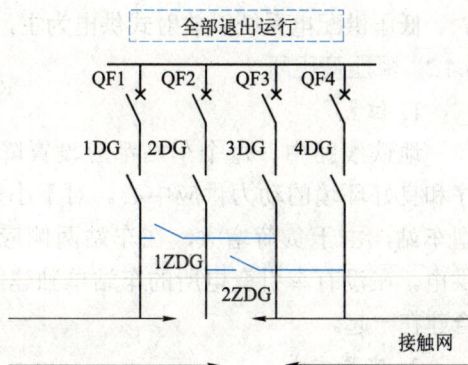

图 6-22　通过纵向隔离开关构成的越区供电（大双边）

缺点：越区隔离开关不能够带负荷操作，必须先对线路停电，对线路运营有短时影响。

6.3.3　牵引网

牵引网作为沿线路敷设为电动列车提供电源的设备，由正极接触网供电和负极走行轨回流。走行轨回流的优点是工程简单、可靠，缺点是需要防护杂散电流。采用回流线回流的优点是回流轨绝缘安装，无杂散电流；缺点是要专门敷设回流接触轨，造价高。

牵引网的标称电压为 DC750 V，允许电压波动的范围为 500 ～ 900 V；标称电压为 DC1500 V，允许电压波动的范围为 1 000 ～ 1 800 V。

接触网按其结构可分为接触轨式和架空式两大类。接触轨式是沿着走行轨平行铺设的附加第三轨，轨道交通列车侧面或底部射出的受流器与第三轨接触取得电能。接触轨分为上磨式、下磨式、侧面接触式三种。架空式接触网是架设在轨道上部的接触网，电动列车上部受电弓与之接触取得电能。架空式接触网又分为架空柔性接触网和架空刚性接触网两种。地面线路或高架线路通常采用架空柔性接触网，地下线路通常采用架空刚性接触网或第三轨形式，但在车辆段、停车场通常采用架空柔性接触网。

❋ 任务 6.4　城市轨道交通供配电系统

6.4.1　供配电系统概述

供配电系统是城市轨道交通供电系统的重要组成部分，包括降压变电所和动力照明系统。降压变电所电源侧可以和牵引供电系统中压交流侧电压一致，采用混合网络，如北京地铁、大连轻轨、长春轻轨采用 10 kV 电压级；广州、南京、深圳地铁采用 35 kV 电压等级；也可以和牵引供电系统不一致，采用独立网络，如上海地铁 1、2 号线，牵引网采用 33 kV 电压级，供配电系统采用 10 kV 电压级。供电系统低电压侧采用 220 V/380 V 三相四线制 TN–S 系统，中线和接地线分开，即三根相线、一根中性线、一根接地线。

动力照明负荷分为三级：

一级为双电源双电缆（双回路），负荷末端自动切换，来电自动恢复。

二级负荷为双电源单电缆（单回路），电源处自动切换。

三级负荷为单电源单电缆（单回路），当变压器故障时，自动断电。

低压供配电系统以放射式供电为主，以树干式为辅，末端小负荷采用链式供电。

6.4.2　降压变电所

1. 位置

地铁线路中，每个车站都应设置降压变电所，用以保证旅客旅行过程中有良好的秩序和良好环境的动力供应中心。对于小型车站，每个车站可设置一座降压变电所；对于大型车站，由于负荷增大，在车站两侧应分别设置一座降压变电所，负责相邻半个区间的供电。在没有牵引变电所的车站单独建降压变电所，在有牵引变电所的车站与牵引变电所合建在一起。

2. 安装方式

1）下出线安装方式

下出线安装方式适用于地面变电所。变电所下设有电缆夹层或通道，电缆夹层或通道高度不小于 1 900 mm。如降压变电所位于地下车站站台层，电缆夹层或通道高度可以适当降低。

2）上出线安装方式

变电所下不能设置电缆夹层或通道时采用的安装方式，高、低压开关柜皆为向上出线，开关柜上方敷设电缆架桥的高度。

3. 电源

设有两路中压电源，可以来自主变电所或城市电网，也可来自相邻车站牵引变电所或降压变电所。

4. 操作电源

可采用直流操作或交流操作电源，直流操作电源采用不产生有害气体的蓄电池为宜，地面降压变电所可采用交流操作电源。

5. 应急电源

应急电源采用碱性或免维护酸性蓄电池组，容量选择满足当变电所双路失压时，能够供给车站及区间不少于 60 min 的应急照明用电，以便旅客能安全撤出到地面上。

6.4.3　动力照明系统

1. 低压负荷分为三级

1）一级负荷

一级负荷包括排烟风机、消防泵、排水泵、自动售（检）票机、屏蔽门、电力监控、变电所操作电源、防灾报警、通信信号、人防系统、地下车站站台、站厅照明及应急照明等。

2）二级负荷

二级负荷包括局部通风机、普通风机、排污泵、自动扶梯及电梯等。

3）三级负荷

三级负荷包括空调、冷冻机、热风幕、广告照明、维修电源等。

2. 配电室设置

站台及站厅两侧宜分别设置一个配电室，站台站厅配电室上下相对，以利于电线、电缆敷设，便于对用电设备供电及管理。

✲ 任务 6.5　城市轨道交通电力监控系统

6.5.1　电力监控系统的作用

电力监控系统保证调度人员在控制中心对供电系统中主变电所、牵引变电所及供配电系统的供电设备运行状态进行监视、控制和数据采集，直观地运行设备的工作情况，使供电系统安全、可靠地运行。

6.5.2　电力监控系统的构成

电力监控系统主要由控制中心主站设备（调度端）、设置在变电所内的综合自动化系统（执行端）和信息通道三部分构成。

1. 控制中心主站设备

控制中心主站设备采用客户／服务器网络结构，通过以太网形成计算机监控网络，配置专用服务器，采用双机冗余工作方式，具有软件、硬件故障诊断功能。

控制中心设置一套电力调度模拟屏，如图6-23所示。用于实时显示供电系统的运行状态和供电设备的运行状态。同时设置调度员工作站、维护工作站、系统用终端、供电系统管理计算机、图像监控计算机、打印机等设备。设置不间断电源（UPS），以保证监控设备的不间断供电。

2. 变电所综合自动化系统

1）系统结构

变电所综合自动化系统采用全分布开放式系统结构，各子控制单元均可接入变电所网络。由变电所综合控制屏内的主控制单元和对应于开关柜内监控单元及实时通信网络连接构成。

变电所内每台主要供电设备对应一个子监控单元，用于设备的控制、保护、监视和测量。变电所内继电保护装置动作和运行不受通信网络和变电所主监控单元运行情况的制约。

底层结构按供电设备精心设计，监控装置安装在开关柜上，监控装置与主控单元之间通过电缆或双绞线进行通信联络。一般有总线型和星型两种通信连接方式。图6-24所示为星型结构，图6-25所示为总线型结构。

星型结构的特点：各个监控单元与主控单元单独通信，互不影响，可靠性高。可采用串行通信实现互联，线路简单。但连线多、施工复杂、效率低。

总线型结构的特点：用一条总线将所有分散布置的监控单元与控制单元连接，克服了星型结构的接线复杂、效率低的缺点。

变电所SCADA系统宜采用混合型结构，即成套电气设备采用总线型结构，配套电气设备采用混合型结构，如图6-26所示。

2）综合控制屏

综合控制屏具有信号显示功能，由主控单元和液晶显示屏组成。主控单元由通信控制器和CPU组成，与显示器、键盘共同实现变电综合自动化系统的各种信息的显示和调用。

3）子监控单元

子监控单元直接与电气设备的控制回路、测量回路和保护回路相连，实现遥控、遥测、遥调和远方定值修改工作。

4）摄像头、监视器

摄像头为彩色，具有较高的分辨率和较好的可靠性及稳定性。监视器具有抗过压、抗电磁干扰和防污等功能。

5）通信网络

通信网络连接变电所综合控制盘内的主监控单元与子监控装置，采用总线型结构。

6）综合自动化维护设备

计算机、操作模拟器等综合自动化维护设备用于实现变电所综合自动化系统软件、硬件的维护。

3. 信息通道

信息通道是SCADA系统控制中心设备与变电所之间的通信通道，一般采用光缆，具有主、备双通道，能实现自动切换。

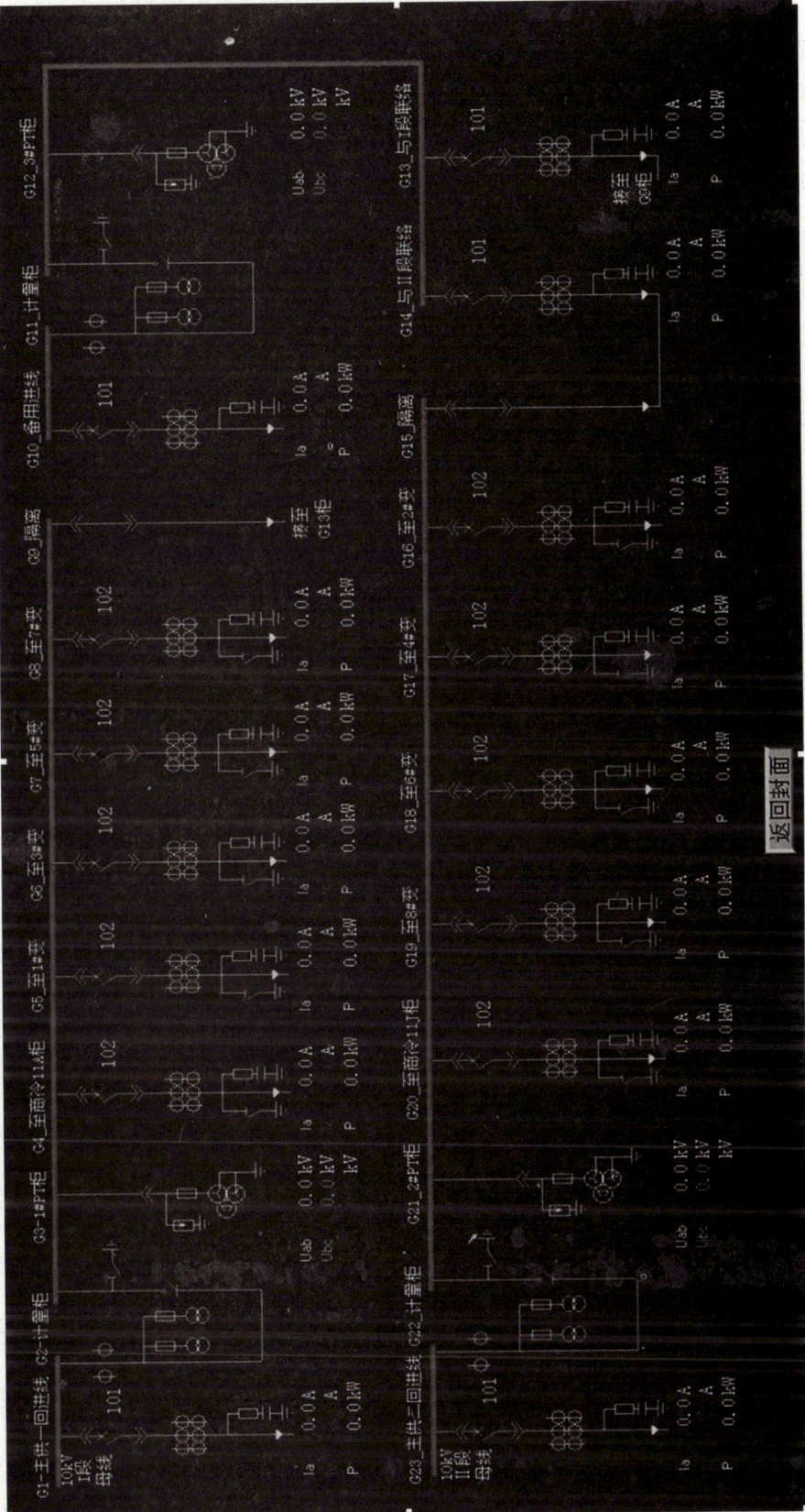

图6-23 电力调度模拟屏（背投式大屏幕显示系统）

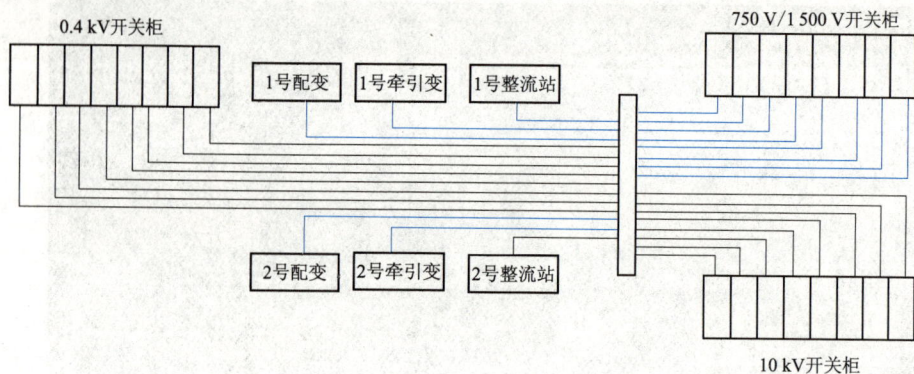

图 6-24　星型结构

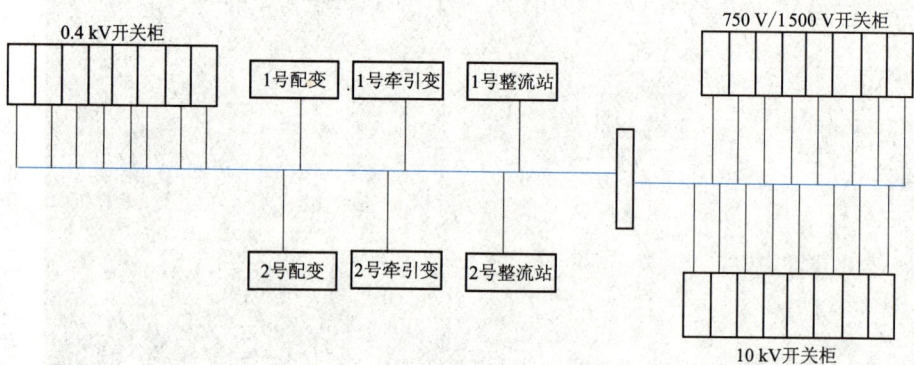

图 6-25　总线型结构

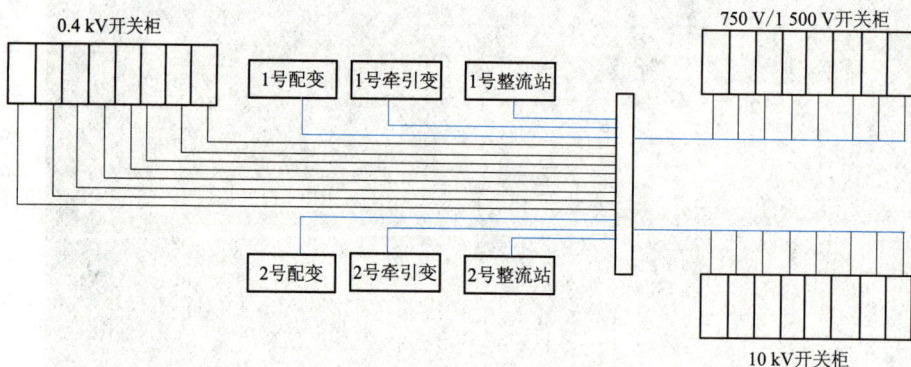

图 6-26　混合型结构

6.5.3　SCADA 系统的功能

1）遥控功能

调度端对被监控的各种断路器和主要开关的远距离控制。

2）遥测功能

对变电所各种量值进行遥测，遥测对象包括交直流电压、电流、有功功率、无功功率、电能等。

3）遥信功能

变电所的各种实时信息、开关位置、保护信号和预告信号通过网络传输到控制中心，在模拟屏上发出声光信号，调度员可以通过选择提示，得到文字、图像的帮助信息，提示调度员如何处理故障，尽快恢复运行。

4）显示功能

显示供电系统图、变电所主接线图、SCADA系统图、各种程控表、操作记录清单、事故记录、报警记录、系统配置图、电流电压曲线、接触网示意图、各种统计报表等。同时，SCADA系统还具有事故追忆及自检功能、数据处理功能、打印功能、培训功能等。

情境小结

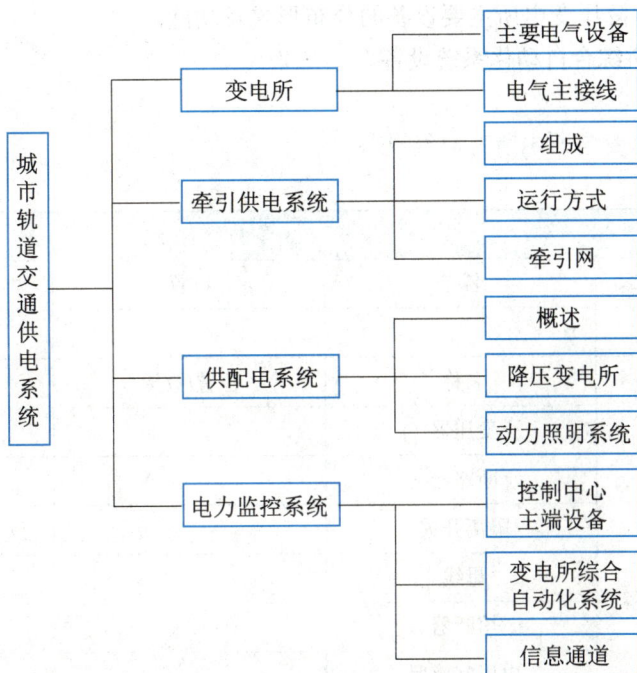

相关岗位分析

序号	职业领域	就业岗位		职业资格证书
		首岗	发展岗位群	
1	变电所供电运行与检修	变配电所值班员、变电检修工、运行电工、变电检查员、供电技术员、供电实验员	1. 供电检修班组长 2. 供电段段长、副段长 3. 变电所值班长、总值班长 4. 供电调度员 5. 技术及生产管理岗位	1. 电工进网作业许可证（高压） 2. 特种作业操作证（低压作业） 3. 接触网工证
2	接触网运行与检修	接触网工		
3	电力系统监控	电力监控（SCADA）系统值班员		

情境训练

情境训练 1　认识牵引/降压混合变电所设备

授课地点：本地城市轨道交通线路某一牵引/降压混合变电所设备。

授课形式：分组教学。

授课教师：校内专任教师、企业变配电所检修技术员。

1. 教学目标

（1）掌握牵引/降压变电所设置原则。

（2）掌握牵引/降压变电所主要设备的分布形式及功能。

（3）认识变电所综合自动化系统设备。

2. 教学设备

牵引/降压混合变电所中所有电气设备。

3. 教学内容

序号	内容	形　式		
1	牵引/降压混合变电所	名称	位置	布置图
2	主要电气设备	名称	位置/数量	作用
		变压器		
		断路器		
		隔离开关		
		母线		
		熔断器		
		电压互感器		
		电流互感器		
		避雷器		
		整流器		
3	降压变电所	安装方式		
4	变电所综合自动化系统	系统结构		
5	接触网	供电方式		

情境训练 2　认识控制中心电力监控（SCADA）系统设备

授课地点：本地城市轨道交通线路控制中心。

授课形式：分组教学。

授课教师：校内专任教师、企业控制中心电力监控（SCADA）系统技术员。

1. 教学目标

（1）掌握控制中心主站设备的组成。

（2）了解主站主要设备的功能。

（3）掌握 SCADA 系统功能。

2. 教学设备

控制中心 SCADA 系统。

3. 教学内容

序号	内容	形　式		
		名称	位置/数量	作用
1	主要设备	电力调度模拟屏		
		调度员工作站		
		维护工作站		
		系统用终端		
		供电系统管理计算机		
		图像监控计算机		
		打印机		
		UPS电源		
2	系统功能			

学习情境 7
城市轨道交通通信与信号

情境描述

通信与信号系统是城市轨道交通重要的基础设备。

城市轨道交通通信系统是为传输服务、给旅客提供信息、保证对车站进行高层次控制而建立的视听链路网。除为旅客提供服务外，通信系统还为控制中心、车站、车辆段及沿线的运营、管理及维修人员提供语音传输、数据传输和图像传输服务。通信系统包括电话系统、无线调度系统、闭路电视系统、广播系统、时钟系统等，这些子系统协调工作，保证通信系统可靠工作。

城市轨道交通信号系统主要包括信号基础设备、计算机连锁系统及自动控制系统。信号系统的结构性能直接关系到项目建设投资、系统运量、运行能耗及运行维修成本，主要作用是保障列车运行安全，提高行车效率。

教学导航

（1）了解城市轨道交通通信传输系统的结构特点。
（2）掌握城市轨道交通通信传输系统各组成部分的功能。
（3）掌握城市轨道交通信号设备的特点及功能。
（4）掌握城市轨道交通连锁系统的组成及功能。
（5）掌握城市轨道交通列车自动控制系统的组成及功能。

❋ 任务 7.1　城市轨道交通通信系统

7.1.1　通信传输系统

1. 通信传输系统的组成

通信传输系统一般由光纤、网络节点、网络接口卡等组成，如图 7-1 所示。

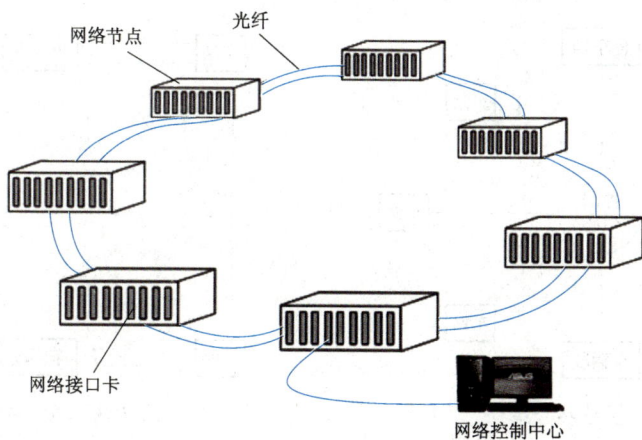

图 7-1　通信传输系统的组成

1）光纤

节点间的连接可以采用电缆或光纤，电缆一般用于短距离连接。光纤一般选用多模 50/125 光纤、多模 62.5/125 光纤及单模 9/125 光纤。

短距离连接一般采用多模光纤及成本较便宜的 LED 光源；长距离连接只能选用多模光纤，保证信息传输的可靠性。传输系统可提供 820 nm、1 300 nm 及 1 500 nm 等波长的光发送接收器，光源可以选用 LED 光源或者激光光源。

2）网络节点

网络节点是用户得以访问网络、使用网络资源的必需途径。各种类型的用户卡安装在节点上，节点为用户卡提供工作用电源，实现用户与网络间的信息交换。

3）网络接口卡

城市轨道交通用户根据自身的运行参数，选用相应的用户卡接口，并做好相应设置。通信传输系统提供 RS-422 接口卡、RS-485 接口卡、语音卡、以太网卡、E1/T1 接口卡来满足用户在数据、语音、视频及 LAN 等各种类型应用的要求。

2. 网络拓扑结构

城市轨道交通通信网的拓扑结构必须与城市轨道交通系统本身的构成方式相适应。根据城市轨道交通系统控制中心及各车站地理位置分布及线路构成情况，存在以下几种网络拓扑结构。

1）星型拓扑结构

以中心节点（控制中心）为中心，其他节点（车站、停车场、车辆段）用光缆（电缆）以放射状与中心节点相连，如图 7-2 所示。星型拓扑结构便于集中控制，网络延迟时间较小，系统的可靠性较高，易于检修维护；中央节点要与多机连接，线路较为复杂。

2）环型拓扑结构

环型拓扑结构安装所需要的光缆（电缆）较星型拓扑结构要少，如图 7-3 所示。采用双环型结构的环形网络在故障发生时会自动在两环路中选择路由完整的路径传送信息流。

3）总线型拓扑结构

控制中心节点设置在线路的一端，各车站（停车场、车辆段）节点分布在总线上，如图 7-4 所示。总线型拓扑结构使用光缆（电缆）长度最短，有一定的负载能力。

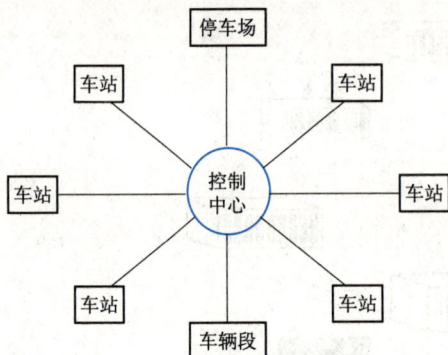

图 7-2 星型拓扑结构

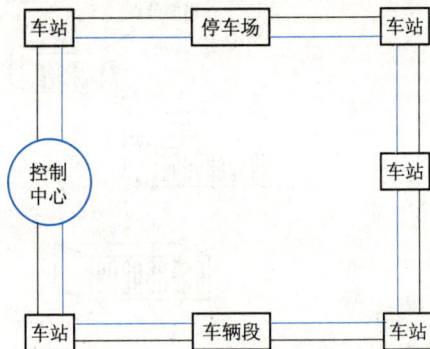

图 7-3 环型拓扑结构

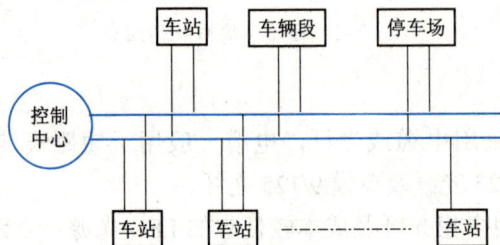

图 7-4 总线型拓扑结构

当城市轨道交通线路在两条以上时通常会采用星型—总线型结构，如图 7-5 所示。

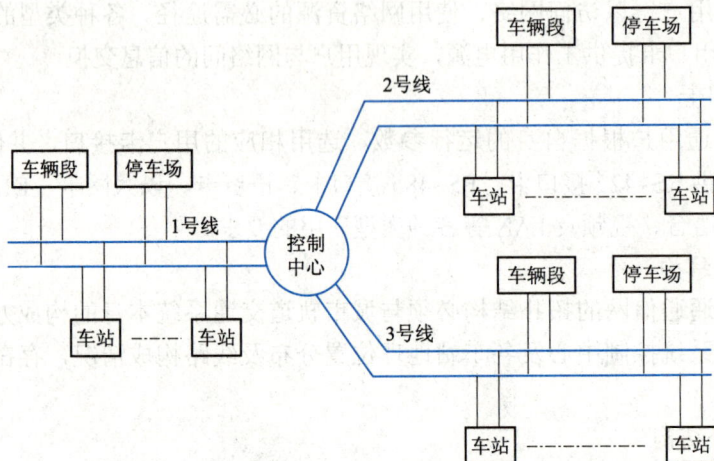

图 7-5 星型—总线型拓扑结构

3. 城市轨道交通通信网

城市轨道交通专用通信系统一般由传输、公务电话、调度电话、闭路电视系统、广播系统、时钟系统、旅客信息引导系统、UPS 不间断电源等组成。根据城市轨道交通对通信的要求，在控制中心和各个车站均配置相应的设备。按总线型方式构成的通信网设备如图7-6 所示。其中 B 为广播设备、C 为闭路电视设备、E 为交换设备，与这些设备相连接的有普通电话机、传真机、数据终端和调度电话。控制中心广播设备 B 通过光纤传输线路与车站广播设备相连接，构成广播通信系统；控制中心闭路电视设备 C 通过光纤传输线路与车站闭路电视设备相连接，构成闭路电视系统；控制中心交换设备 E 通过光纤传输线路与车站交换设备相连接，构成电话通信系统。

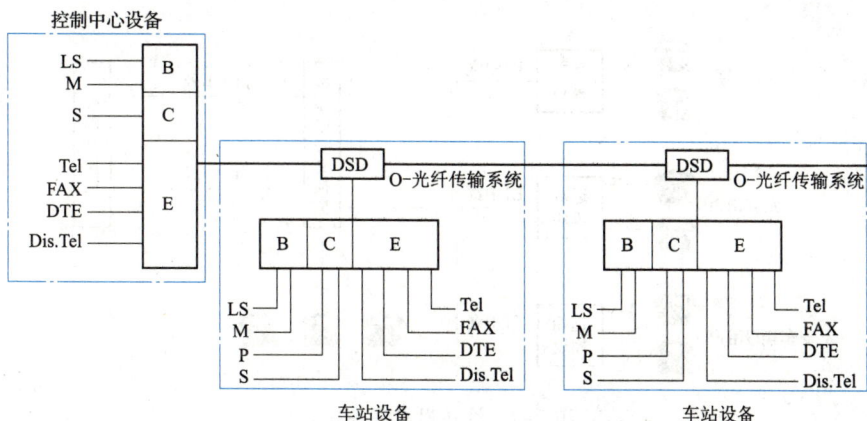

图 7-6　城市轨道交通通信网设备组成

B—广播设备；C—闭路电视设备；E—交换设备；M—话筒；LS—扬声器；P—摄影机；S—监视器；

Tel—电话机；FAX—传真机；DTE—数据终端；Dis.Tel—调度电话；DSD—数字信号分配器

车站设备中的交换设备可以采用与控制中心相同的数字程控交换机，也可以采用附属于控制中心的远端用户模块或用户集中器。

7.1.2　电话系统

电话系统主要为城市轨道交通管理、运营及维修人员提供语音通信。从运用和功能上电话系统可以分为公务电话子系统、调度电话子系统。

1. 公务电话子系统

在城市轨道交通系统中，公务电话子系统作为专网进行网络构建，为城市轨道交通工作人员的信息沟通、运营组织管理、维修组织管理提供高效、便捷的电话语音通信的服务。

1）公务电话子系统功能

缺席用户服务、缩位拨号、热线服务、服务呼出限制、呼出限制、转移呼叫、遇忙回叫、免打扰服务、呼叫等待、三方通话、主叫号码显示。

2）公务电话子系统号码分配方式

一种方式为不与公网联系，号码可根据应用要求自行分配；另一种方式为与外网通过中继连接，需要电信局分配号码段，然后用户内部根据具体要求在此号码段中自行选择分配。

3）公务电话子系统组网模式

（1）通过远端模块与交换机相连模式。城市轨道交通公务电话交换系统服务于整个企业的沿线车站、段厂、控制中心等，覆盖范围一般在几公里到几十公里，各车站（车辆段）一般采用加装远端模块的方式，如图 7-7 所示。通过 E1 中继链路将远端模块与交换机连接，车站电话再与远端模块相连。

（2）通过 OTN 板卡传输连接模式。OTN 系统采用由西门子公司提供的开放式传输模式，包括与交换机连接的电话板卡 P 卡和与用户话机连接的 T 卡。利用这种传输系统车站电话用户直接接入 T 卡，在交换机一侧连接到相应的 P 卡即可实现。此方式维护简单，无须外加其他设备。OTN 系统连接模式如图 7-8 所示。

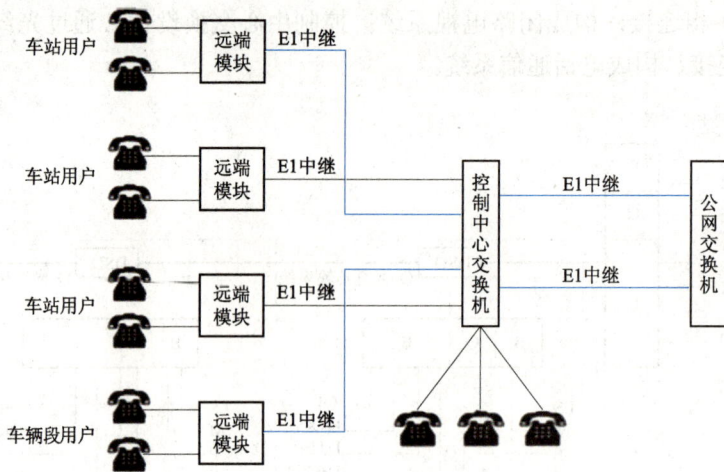

图 7-7　远端用户连接模式

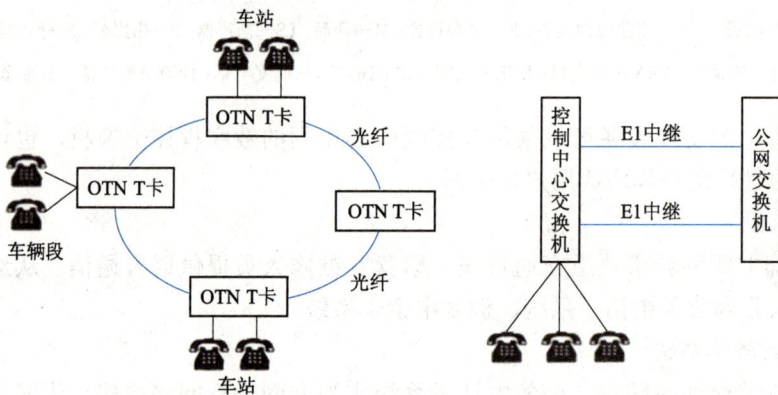

图 7-8　OTN 系统连接模式

2. 调度电话子系统

调度电话子系统主要为轨道交通运营及维修服务，是行车调度员和车站（车辆段）值班员指挥列车运行和维护人员指导使用人员操作设备的重要通信工具，是为列车运营、电力供应、日常维修、防灾救护提供指挥手段的专用有线通信系统。

1）调度电话子系统构成

城市轨道交通调度电话子系统主要有调度总机、调度台、调度分机三部分，并通过传输系统或相应的通信电缆线连接而成，如图 7-9 所示。

（1）调度总机。调度总机是调度电话子系统的核心部分，由具有交换功能的交换机或交换模块组成，可组成 7 个以上独立的调度系统（如行车调度、电力调度、环控调度、维修调度等）。用户线配置一般不小于 200 端口，用户板与传输系统一般以模拟接口对接，配置维护终端一套完成各类维护管理任务。

（2）调度台。调度台设置于中央运营控制中心，是调度业务的操作控制台。

（3）调度分机。调度分机为普通电话机，总机与分机通过传输系统提供的点对点专用音频话路连接。调度台呼叫分机，按热线功能方式，无须拨号。分机对调度台的呼叫分为一般呼叫和紧急呼叫。

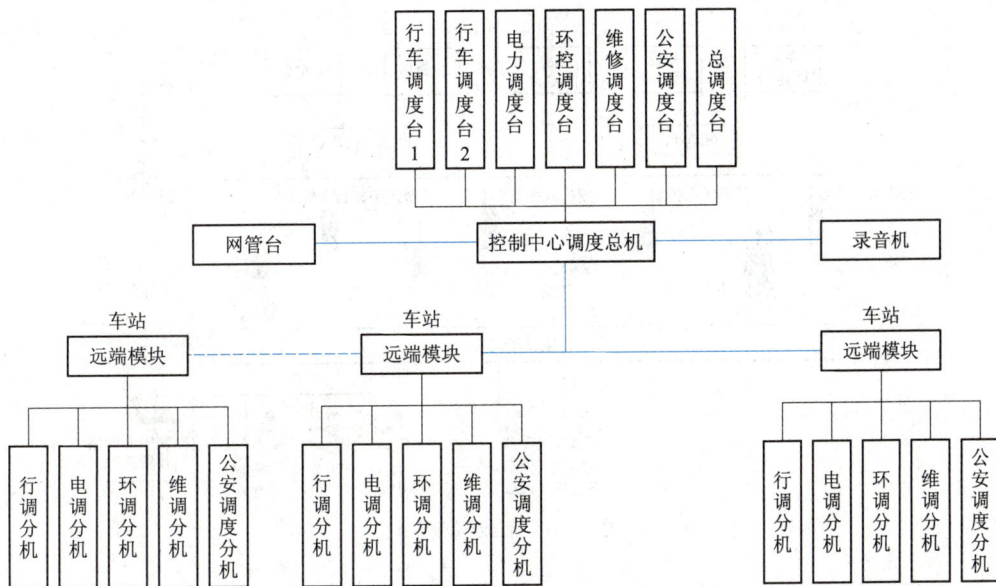

图 7-9　调度电话子系统

2）调度电话子系统功能

城市轨道交通专用电话系统包括调度通信、站场通信、站间通信、区间通信等。系统可为控制中心指挥人员，如行车调度员、维修调度员、电力调度员、环境报警调度员、防灾调度员等提供专用直达通信，并且具有单呼、组呼、全呼、紧急呼叫和录音等功能，同时可为站内各有关部门提供与车站值班员之间的直达通话，并且车站值班员可以呼叫相邻车站的车站值班员。

7.1.3　无线调度系统

城市轨道交通中无线调度系统主要解决固定人员（调度员、值班员）与流动人员（驾驶员、站务、维修人员与列检人员等）及其相互之间的通话及数据传输问题。其网络结构一般为带状网络。

1. 无线调度系统组成

无线调度系统主要由控制中心交换设备、控制中心网络管理终端、调度台、基站、移动设备（便携式手持台、机车台、车站固定台）、传输骨干网等组成，如图 7-10 所示。

城市轨道交通无线调度系统在功能组成上一般分为六个无线通信子系统，分别为其六个不同部门提供服务，既可实现不同通信子系统的相互独立性，使其各自通信操作互不妨碍，又可以实现系统设备和频率资源的共享。这六个无线通信子系统包括行车调度通信子系统、站务通信子系统、车辆段调度通信子系统、维修调度通信子系统、公安调度通信子系统和防灾调度通信子系统。

2. 无线调度系统功能

1）行车调度通信子系统

负责完成正线行车调度员与机车驾驶员的通信联系，传送行车指挥话音和数据指挥命令。呼叫方式采用选号呼叫，行车调度员通过行车调度台完成对机车驾驶员的一对一个别选呼，并可以发送数据指令和接收列车上传来的信息。

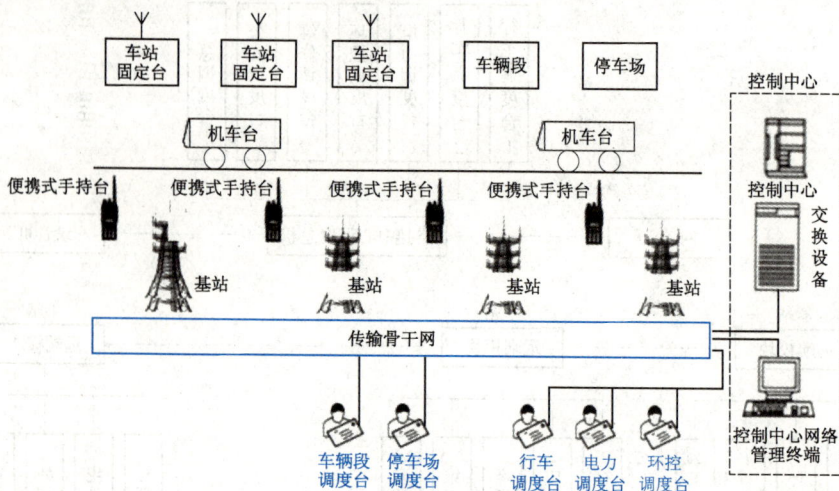

图 7-10 无线调度系统

2）站务通信子系统

负责完成车站内勤人员与车站外勤人员及本站控制范围内列车驾驶员间通话。车站人员与驾驶员间通话由调度派接，在本站采取组呼方式进行通话。

3）车辆段调度通信子系统

负责完成段、厂内的行车调度员与机车驾驶员的通信联系，传送行车指挥话音和数据指挥命令。

4）维修调度通信子系统

提供维修调度、各专业调度员及本专业维修人员的无线调度通信，一般采取组呼方式。不同专业各自分组，专业之间如要进行通话，可由维修调度临时派接。

5）公安调度通信子系统和防灾调度通信子系统

提供公安、防灾调度员，沿线指挥人员和抢险救灾人员之间的调度通信（采用组呼方式）。此系统是在突发事件情况下才启用，由网络调度员通过动态重组功能设置临时通话小组，将应急指挥人员、各专业的抢修人员、车站值班人员等组成一组以适应现场抢险应急需要。

7.1.4 闭路电视系统

在城市轨道交通中，闭路电视系统可对各车站主要生产装置、设施、关键设备及重要部位进行全面直观的实时安全监视，为控制中心调度员、各车站值班员、公安值班人员等提供有关列车运行、旅客疏导、防灾救火、突发事件等现场视频信息，是保证城市轨道交通各车站安全运行的重要手段。

城市轨道交通监控系统采用车站、控制中心两级相互独立的控制方式，平常以车站值班员控制为主进行视频监控，控制中心调度员可以任意选择上调各车站的任一摄像头的画面。在紧急情况下，则转换为以控制中心调度员控制为主进行视频监控。

在一个城市有多条线路的情况下，上层的线网管理中心可以设置为线网闭路电视控制中心，根据需要调看各线路的监控画面，从而形成车站、控制中心和线网管理中心的三级视频监控系统。

1. 系统组成

闭路电视系统是安全技术防范体系中的一个重要组成部分，是一种先进的、防范能力强的综合系统，一般由摄像机、传输部分、控制部分及显示部分组成，如图7-11所示。

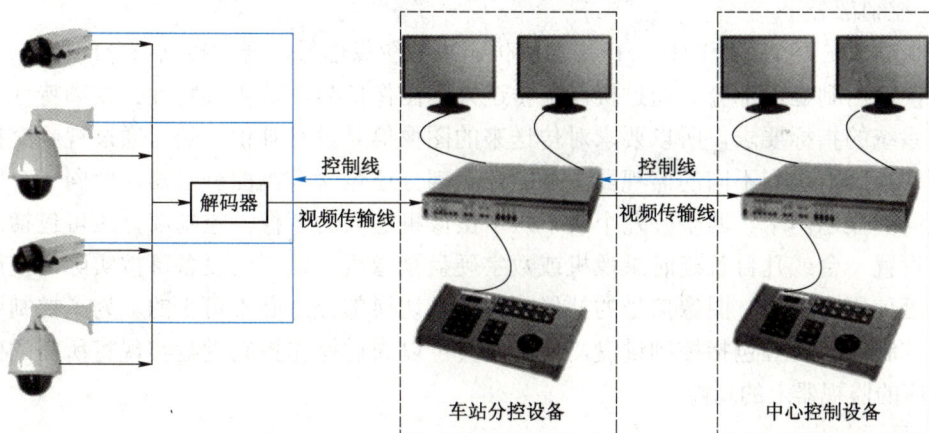

图7-11 闭路电视监控系统的基本组成

1）摄像机

根据车站的使用要求，车站的监视区域可以划分为站厅和站台区。根据站厅大小及监视要求可设置多个摄像机，用于监视售票亭、售票机、闸机出入口和自动扶梯的出入口的客流情况。在每个站台根据站台长度设定 2～4 个固定焦距摄像机，实现对全站台区域的监控。

摄像机是一种视频输入设备，一般采用一体化摄像机。一体化摄像机的摄像头安装在云台上，可上下左右四个方向受控移动，摄像头上的镜头亦能受控调节焦距与光圈。

摄像机一般由摄像头、数字信号处理芯片、云台及防护罩四部分组成。目前所使用的摄像头分为模拟摄像头、数字摄像头和网络摄像头。有带夜视功能的摄像头，也有不带夜视功能的摄像头。数字处理芯片的主要作用是对模拟视频信号进行压缩编码。云台是承载一体化摄像机进行水平和垂直方向转动的装置。防护罩具有降温、升温和防雨等防护功能，保证摄像机正常工作。

摄像机是闭路电视系统的最前端，作为原始的信号源，其产生图像信号的质量将影响整个系统的质量。

2）传输部分

闭路电视系统的图像信号通过传输部分来传输，同时还包括控制信号的传输。

传输部分设备应保证图像信号无失真、无噪声地传输。要求传输系统在衰减方面、引入噪声方面、幅频特性和相频特性方面都具有良好的性能。在摄像机距离控制部分较近的情况下，宜采用视频基带传输方式；在摄像机距离控制部分较远的情况下，可采用射频传输方式或光纤传输方式。传输部分的性能好坏将直接影响整个闭路电视系统的质量。

从车站到控制中心的视频信号传输可考虑采用数字传输方式或者模拟光纤传输方式。

采用模拟光纤传输方式，视频传输设备与传输网络分离，不利于网络的扩展，系统结构复杂，需要耗费大量光纤资源，并且不利于网络的互联及容量的扩充。采用数字传输方式，车站与控制中心的视频和控制信号的传输采用传输网络提供的共享以太网传输通道，系统结构简单。目前数字图像压缩技术日趋成熟，实现数字传输有利于集中网络管理和日后系统的扩充和各线系统之间的互联；虽然投资较高，但随着城市轨道交通的发展，此方案的优越性会逐渐体现出来，所以倾向于使用数字传输方式传输视频图像。

3）控制部分

控制部分是整个系统的核心。摄像机传送来的图像信号，通过控制部分的放大、补偿、切换后，输出到显示部分。通过摄像机传送来的图像信号，其幅频特性、相频特性无法保证符合系统的指标要求，所以要求对传送来的图像信号进行补偿，然后通过视频交换矩阵的控制切换，再送到不同的监视器。有的控制部分还包含有画面分割器，使同一个监视器上可以同时显示两个、四个、九个或十六个摄像机送来的图像。控制部分还可包括录像设备，可设置一台或几台长延时录像机或数字硬盘录像机。以上的设备可按实际的使用需求决定是否使用，但是，图像信号的补偿、放大及切换部分是必不可少的。为了控制图像的切换，控制部分还应包括控制键盘，使用人员可以通过操作控制键盘实现将所需的图像切换到相应的监视器上的功能。

4）显示部分

显示部分由一台或多台监视器组成，功能就是将传送来的图像显示出来。一般的系统，采用摄像机与监视器的数量比例为4：1、8：1或者16：1来配置监视器。监视器的选择应符合系统总的功能和总的技术指标的要求。

2. 系统功能

城市轨道交通闭路电视系统的功能可分为车站级功能和中心级功能，具体如下：

1）车站级功能

（1）图像显示功能：车站工作人员可以对本站的所有图像进行选择显示，包括：可以通过自动循环方式显示已设置的固定部分的图像；可以单一地选择任一副本车站的图像显示在任一监视器上。向站台值班员提供售票亭、自动售票机、闸机出入口、自动扶梯出入口、站台、机房等主要区域的实时图像信息。

（2）录像功能：车站工作人员通过硬盘录像机，可录取车站的所有图像，并可以回放到监视器或通过网络接口远程调取图像观看。

（3）图像汉字叠加功能：车站设备可以在图像上叠加车站名称、摄像机位置及编号、日期及时间等信息，维护人员可以对以上信息进行更改。

（4）对摄像机的遥控功能：车站值班人员通过控制台的操作，可以遥控设置摄像机的光圈、焦距和角度，满足使用要求。

（5）与中心网络的接口：车站级设备设有与中心网络的接口设备，通过传输网络将本站的故障信息等内容传送到中心网络终端，接收中心网络终端传送来的标准时间信息。

（6）司机的监视功能：为了保证乘客上、下车的安全，向列车驾驶员和站台工作人员提供相应站台旅客上、下列车的实时图像信息，以便司机查看车门及屏蔽门的开关情况，防止夹伤乘客。

2）中心级功能

中心级的设备应满足控制中心行车管理人员（包括行调、环调和维调等使用人员）的使用要求，可实现以下功能：

（1）监视功能：控制中心的使用人员可以对全线所有车站的所有监视图像进行选择显

示，也可以采用自动循环方式显示已设置的固定分组的图像。

（2）录像功能：在控制中心设置数字硬盘录像机，可录取调度切换到监视器上的图像，并可通过调度人员的控制将录制的图像回放到监视器上或通过网络远程调看，所录制的图像可以保存一段时间并可以转存到外部存储设备中。

（3）中心网管功能：在控制中心设置中心网络管理终端，完成视频管理及维护功能。中心网管终端能够监测全线各站设备的运行状态，出现故障时能够自动报警，进行故障定位。

（4）与时钟系统的同步：中心级设备可以接收时钟系统传送来的标准时间信息，使闭路电视系统的时间与标准时间同步。

7.1.5 广播系统

目前的广播系统可实现多音源选区的广播方式，即在不同区域可同时选择多音源广播的平行广播功能，音源可选择人工、线路、预存语音等。对乘客的广播区域主要在全线各站的站厅、站台、列车车厢内；对运营人员的广播区域主要在办公区，站台、站厅、车辆段检修主厂房、运用库、段内道岔群附近，广播区域不覆盖站厅和站台以外的部分（如人行道和走廊连接处、地下街道、十字路口、入口等）。

1. 系统组成

广播系统采用模块化设计、总线式结构，根据应用范围和控制级别的不同，广播系统可分为地面广播系统和列车车载广播系统。

1）地面广播系统

地面广播系统又分为车站广播系统和控制中心广播系统。它一般由车站广播设备、传输系统和控制中心广播设备组成，如图 7-12 所示。

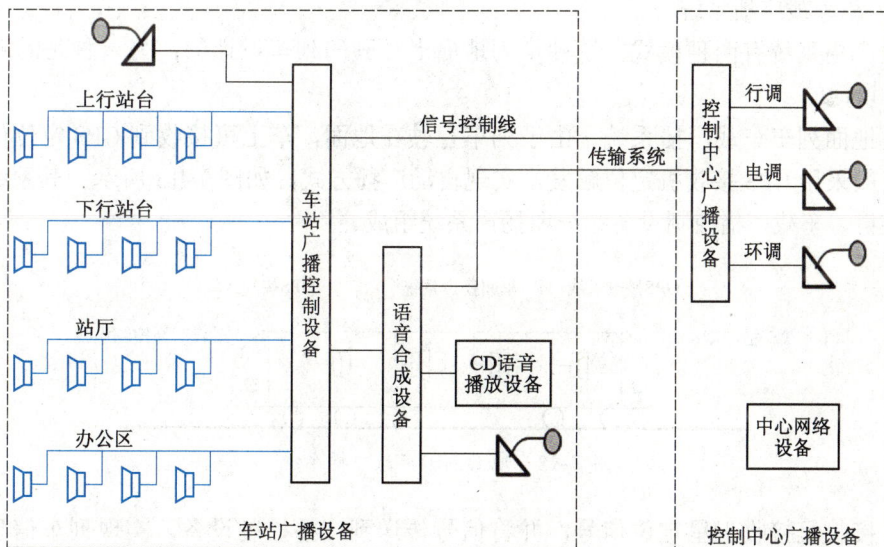

图 7-12 地面广播系统示意图

车站广播系统由车站值班员操作，通过操作车站广播控制台的键盘对信源、广播区、控制模式进行选择，对车站各广播区域定向广播。车站分为上行站台、下行站台、站厅、办公区四个广播区域。

（1）车站广播系统。车站广播系统是由车站广播控制台、站台广播控制台、DVD 机或 CD 播放机、功率放大器、系统控制切换设备、接口装置、扬声器系统组成。

功率放大器对声源信号进行放大处理传送到扬声器。广播系统每个广播区域配置一个功率放大器，而且功率放大器设备一般为模块化，主备冗余配置，即使某一路功放故障，冗余后备功率放大器自动切换，无须人工倒机，提高了系统的可靠性。

系统控制切换装置完成广播系统各部分之间的切换及控制，包括控制台切换声源、控制台切换广播区、噪声检测自动调节播放声音等都是由系统控制切换装置完成的。

接口装置完成各控制模块之间的接口转换，同时将车站广播告警信息传送到控制中心网管设备，接收控制中心发出的声音及控制信息等。

（2）控制中心广播系统。控制中心广播设备主要由调度人员操作，控制中心可对任意一个或多个车站的任意广播区域进行广播，可对车站播放语音进行监听，等等。控制中心广播具有高优先级，广播系统平时运营时以车站广播为主，主要是对乘客进行公告信息广播，在紧急情况（若发生灾难）下，以中心防灾广播为主。

控制中心对各站广播时，中心广播控制台上输出的语音信号和控制信息，经有线传输设备规范的接口设备输出，经光缆传输到各个车站的接口装置；语音信号经由信源转换处理器转换后，根据中心发来的指令，对指定的广播区域进行广播。

控制中心和车站广播采用两级控制的工作方式，控制中心的广播信息通过传输网络提供的语音和数据通道传送到各站，实现中央调度员遥控选择或分组联系各车站的功能，而车站广播只实现本地信息的广播。车辆段和列车的广播则相互独立。此外，广播系统具有优先级，即控制中心调度人员的优先级高于车站值班员，根据运营防灾抢险的需要，控制中心的环控调度员具有最高优先级。

2）列车车载广播系统

车载广播系统有两种模式：一种是为地面上行驶的列车设计的；另一种是为隧道内行驶的列车设计的。

（1）地面列车车载广播系统。由于列车行驶在地面，车上可接收到 GPS 定位信号，车载广播一般采用 GPS 接收机定位触发，实现自动广播方式，如图 7-13 所示。其系统设备由 GPS 接收机、车载广播控制设备、车厢扬声系统组成。

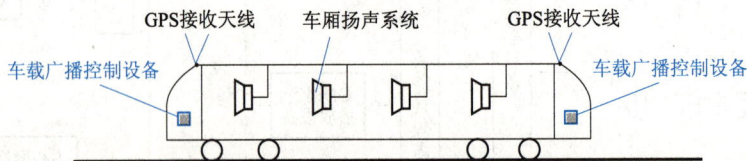

图 7-13　地面列车车载广播系统

GPS 接收机接收卫星定位信号，并将信号传送到广播控制设备，实现列车信息定位的功能。车载广播控制设备接收 GPS 接收机发出的列车定位信号，并判断播发信息的内容，将事先存储的语音信息播发出去。同时具有人工广播的功能，当需要播发紧急信息或 GPS 接收机故障时，驾驶员可通过控制面板上的控制按键人工播发信息。

车厢扬声系统能对列车上的乘客进行广播，一般采取并联方式。

（2）隧道列车车载广播系统。地铁内的列车一般行驶在隧道内，无法接收 GPS 定位信息，需要通过轨道电路触发设备来实现自动播放广播信息的功能，系统结构如图7-14所示。其系统设备由轨道电路触发设备、车载接收设备、车载广播控制设备、车厢扬声系统组成。

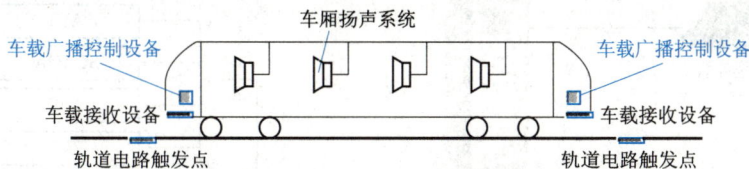

图7-14　隧道列车车载广播系统

轨道电路触发设备安装在列车进出站时需要广播的轨道上，为车载接收设备发送位置信息。车载接收设备接收轨道电路触发设备发送的位置信息，并将信号传送到车载广播控制设备。车载广播控制设备接收车载广播接收设备的位置信息，并判断播放信息内容，其他功能与地面车载广播控制设备相同。

2. 系统功能

地面广播的作用是：对乘客进行广播，通知列车到站和离站的信息，或播放音乐以改善候车环境，或在发生意外情况时疏导乘客。对乘客广播的播音范围主要是站台和站厅区。广播的另一个作用是对工作人员进行广播，其播音范围为办公区域、站台、站厅、隧道及车辆段、停车厂内，以便及时发布与行车有关的信息，使工作人员协同配合工作。地面广播信息可以由控制中心广播台发出，也可由车站值班员发出。

车载广播的主要作用是给乘客发布到站信息以及播放一些背景音乐，同时在紧急情况下可向乘客播放信息。

7.1.6　时钟系统

为保证城市轨道交通列车安全、准时、可靠运行，需要各个部门、各个专业之间相互配合，时钟系统用以保证统一全线设备的标准时间，是城市轨道交通通信系统不可缺少的组成部分。

1. 系统组成

时钟系统由中心母钟、监控终端、二级母钟、子钟、传输通道（信号分路输出接口箱）组成，如图7-15所示。

1）中心母钟

中心母钟也称为一级母钟，主要功能是作为基础主时钟系统。具有故障告警功能，并将故障信息发送给监控计算机。中心母钟主要由标准信号接收单元、主备母钟、自动转换单元、输入输出接口组成。

2）监控终端

监控终端通过数据传输通道实时监测整个时钟系统的运行状态，可实现故障管理、性能管理、配置管理及安全管理、报表统计集中维护，并可向网管系统提供故障信息，实现集中管理与告警。

3）二级母钟

二级母钟设置于车辆段、车站及控制中心等需要提供时钟的场所，用于控制所属子时钟运行。

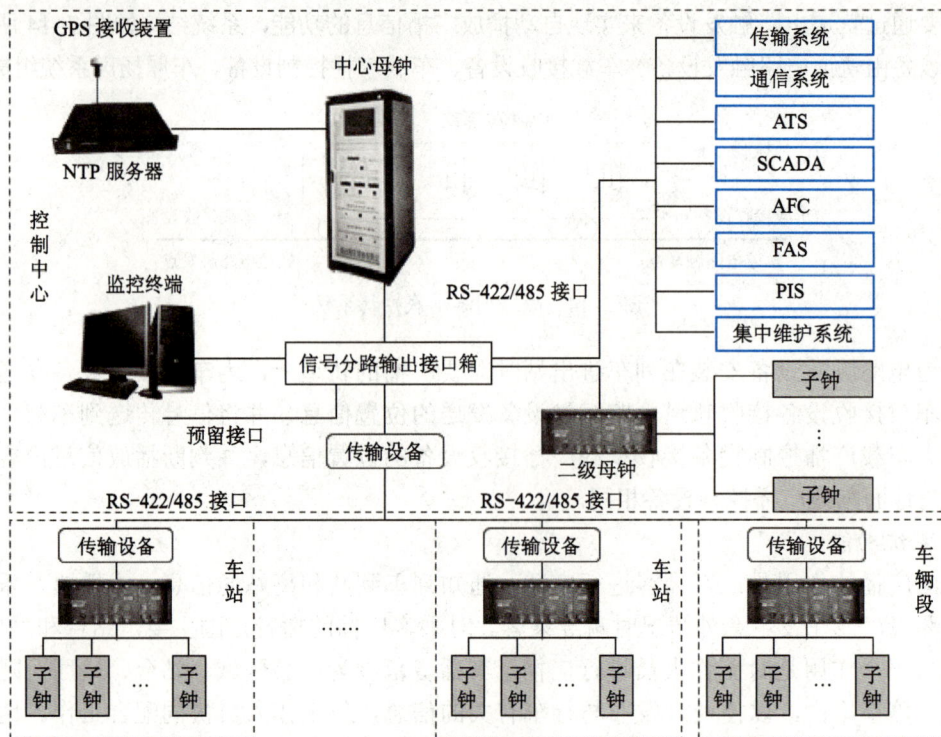

图 7–15　时钟系统

通过标准接口，二级母钟一方面可以接收来自中心母钟经由传输系统发送的标准时间信号，显示年、月、日、星期、时、分、秒等时间信息，并校准自身精度；另一方面可以将标准时间信号发送至所属子钟，使子钟显示标准时间信息，从而达到全线时间的统一。

二级母钟具有独立的晶振，当中心母钟或传输通道发生故障时，二级母钟仍可依靠自身的晶振指挥子钟运行。

4）子钟

子钟接收二级母钟发出的时间驱动信号，进行时间信息显示。子钟可分为数字式及指针式两种。

5）传输通道

控制中心至二级母钟的传输通道利用城市轨道交通专用传输网提供的电路数据传输通道实现。每站占用段两路（一主一备）通道，接口标准为 RS–422 或 RS–485，传输速率为 9 600 bit/s。控制中心母钟、车站（车辆段）二级母钟至子钟的传输通道，采用时钟屏蔽电缆。

2. 系统功能

1）显示统一的时间信息

时钟系统提供全线统一的时间基准，由设置在全线各站、车场的指针式和数字式子钟显示，为乘客和工作人员提供包括年、月、日、星期、时、分、秒等准确的时间信息。

2）向其他系统提供标准时间信号

时钟子系统可向控制中心其他通信子系统、列车自动监控系统（ATS）、电力监控

（SCADA）系统、自动售检票（AFC）系统、防灾报警系统（FAS）、乘客信息系统（PIS）、集中维护系统提供准确、统一的时间信息，在全线执行统一的定时标准，为轨道交通行车指挥、列车运行、设备管理提供时间基准，确保通信系统及其他重要控制系统协调同步。

3. 组网模式

时钟系统的组网模式有单独组网模式和与乘客信息系统混合组网模式两种。

7.1.7 乘客信息系统

乘客信息系统，也称为 PIS（Passenger Information System）系统，就是依托多媒体网络技术，以计算机技术为核心，以车站和车载显示终端为媒介向乘客提供信息服务的系统。

PIS 系统采用模块化设计，遵循先进性、实用性、兼容性、可靠性的原则，综合考虑管理、操作、维护、用户及相关规范等各个层面，通过控制中心子系统、车站子系统实现对乘客所需信息的采集、制作、编辑、管理、发布、传递，最终在显示终端进行信息显示，向乘客提供实时、直观、有效、形象的各种信息，系统总体结构如图 7-16 所示。

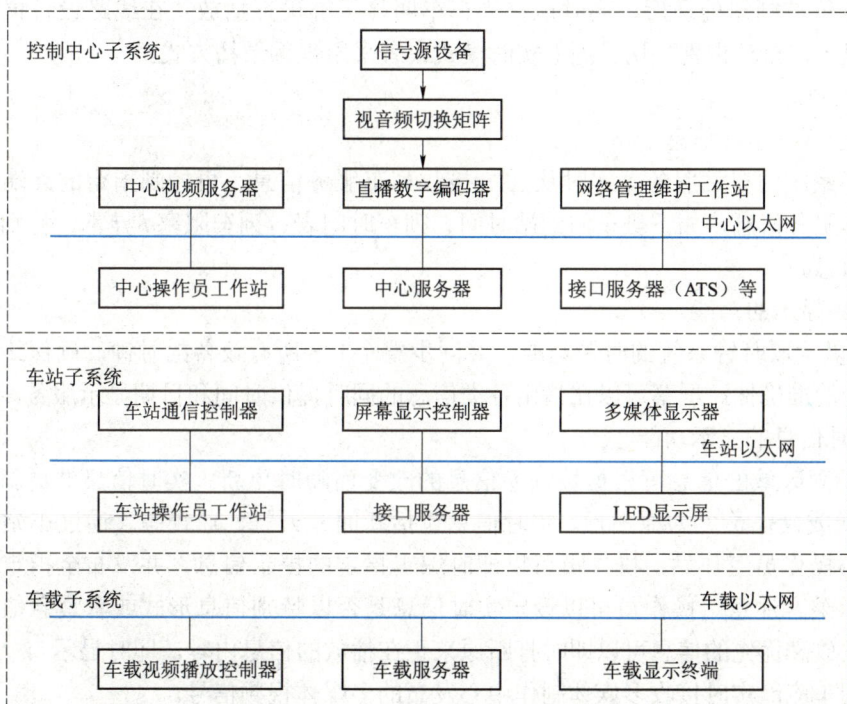

图 7-16　PIS 系统总体结构

1. 系统组成

1）控制中心子系统

控制中心子系统是 PIS 系统数字媒体发布网络平台的核心部分，负责系统及用户数据的存储。访问、管理、备份、更新和维护，可实现乘客信息系统数字媒体数据的定制发布、内容审核、播放管理、系统营运集中管理、设备管理、故障管理、网络管理和性能管理。控制中心控制整个系统下的所有可发布设备的内容发布和状态管理，通过采集外部信息流，经编辑、处理生成内部信息，继而向乘客发布。

2）车站子系统

车站子系统主要由车站通信控制器、车站管理工作站、显示控制器、车站局域网、音视频网络和音视频设备构成。其中车站通信控制器是系统的核心。车站子系统通过有线传输网络连接控制中心，控制中心将数据传送至车站通信控制器中。由车站控制器对所有站内媒体设备进行管理及任务分配。

3）网络子系统

网络子系统由有线网络、无线网络及车载局域网络组成。车站以太网接入交换机通过千兆有线传输网络链路分别连接到控制中心的核心交换机上。无线局域网通过车地无线网络，从地面向列车发送视频电视信号，车载子系统将控制中心发布的数据信息下载到本地显示控制器进行整合播出，包括直播音视频信号、数据信号、控制命令等，实现地面信息与车载信息的一致性。

4）车载子系统

利用无线网络，实现列车与地面之间的双向通信，车载设备通过接收无线传输的信息，经过车载媒体控制器处理后，实时地在列车车厢显示屏进行播放。在线路设备损坏或干扰严重的情况下，自动识别并切换到准实时模式或者采用视频录播方式。

2. 系统功能

1）显示列车服务信息

车站子系统的车站服务器实时从 ATS 接收列车服务信息，再控制指定的终端显示器显示相应列车服务信息，如下班车的到站时间、列车时间表、列车阻塞 / 异常、特别的列车服务安排等信息。

2）时钟显示的功能

PIS 可以读取时钟系统的时钟基准，并同步整个 PIS 所有设备的时钟，确保终端显示屏幕显示时钟的准确性。屏幕可以在播出各类信息的同时提供时间和日期显示服务。

3）实时信息的显示功能

屏幕不同区域的信息可根据数据库信息的改变而随时更新。实时信息的更新可以采用自动的方式或操作员人为地干预。实时信息包括新闻、天气、通告等。通过车站操作员工作站或中心操作员工作站，操作员可以即时编辑指定的提示信息，并发布至指定的终端显示屏，提示乘客注意。操作员可以设定实时信息是否以特别信息形式或者紧急信息形式发放显示，发放高优先的信息可以即时打断原来正在播放的信息内容，即时显示。

移动列车应能实时接收多媒体制作中心发布的多媒体视频信号。

4）广告播出功能

PIS 可为轨道交通引入一个多媒体广告的发布平台，通过广告的播出，为轨道交通带来经营效益。广告可以分为图片广告、文字广告和视频广告。广告可与其他各类信息同步播出，提高系统的工作效率。

5）乘客应急处理辅助

系统在紧急状况时播放临时的通告和警示，引导乘客。在发生重大灾害需要乘客迅速逃离时，该系统可随时中断部分或所有的服务信息，播放紧急处理相关的信息，引导乘客迅速撤离，将损失降到最低。

6）车载监视功能

在列车上设置车载监控系统，从使用上满足中心和列车对相应的管辖区域的监视。主要目的是监视运行列车车厢内的旅客活动情况，保障乘客旅行安全。

控制中心可对所有运营列车的所有车厢进行实时监视，具备自动循环监视等功能。除各种监视功能外，还包括其他功能：预览、录像、回放功能，报警功能，视频回放功能，网络功能，综合控制功能。

7）预置报警功能

PIS 可以预先设定多种紧急灾难报警模式，当发生异常情况时，PIS 自动或人工触发进入报警模式。此时，相应的终端显示屏显示报警信息及人流疏导信息。

8）即时编辑功能

可在多媒体制作中心和车站操作员工作站即时编辑发布紧急灾难告警信息，发布至指定的终端显示屏，对人流进行疏导。

❋ 任务 7.2 城市轨道交通信号系统

信号系统是城市轨道交通的重要基础设施之一，它对确保列车的运行安全和提高行车效率起到必不可少的作用。从 20 世纪中后期开始，随着计算机技术和微电子技术的飞速发展，信号系统因为数字技术和自动化技术的介入，发生了本质上的变化，技术上日趋成熟。国外许多先进国家的轨道交通建设，从 20 世纪 80 年代开始广泛采用先进的数字化信号系统，确保列车运行达到最大的安全和效率目标已经成为可能。

城市轨道交通信号系统被称为列车自动控制系统，通过信息交换网络构成闭环控制系统，实现地面控制与车上控制结合、现地控制与中央控制结合的列车自动控制系统。

我国城市轨道交通 ATC 系统大多采用进口设备，主要来自德国 SIEMENS 公司、美国 US&S 公司、英国 WESTINGHOUSE 公司、法国 ALSTOI 公司。这些公司生产的信号系统占有全世界的大部分市场。

信号系统主要由车辆段信号系统和正线信号系统两部分组成，可以分为车载设备和地面设备，或者基础设备和联锁设备。

城市轨道交通信号系统主要的发展趋势有以下几个方面：

（1）基于无线通信的列车自动控制系统（CBTC）；

（2）全程无人 ATO 系统；

（3）集成的轨道交通综合控制系统。

7.2.1 信号基础设备

1. 信号继电器

继电器是一种电磁开关，能以较小的电信号控制执行电路中的大功率设备，实现自动控制和远程控制。

1）组成

继电器主要由电磁系统和触点系统两部分构成，其中电磁系统由线圈、铁芯、轭铁和可动的衔铁组成，是继电器的感知机构，用来感知和接收输入量。触点系统由动触点和静触点组成，是继电器的执行机构，实现对其他设备的控制。触点的接通情况可以反映继电器的状态，同时用于控制其他设备。直流无级继电器一般有 8 组触点，彼此独立但动作一致，图 7-17 所示为 JXJC-1700 型直流无级继电器。通电时线圈产生磁通，吸引衔铁；断电后线圈失磁，衔铁依靠重力作用可靠释放。

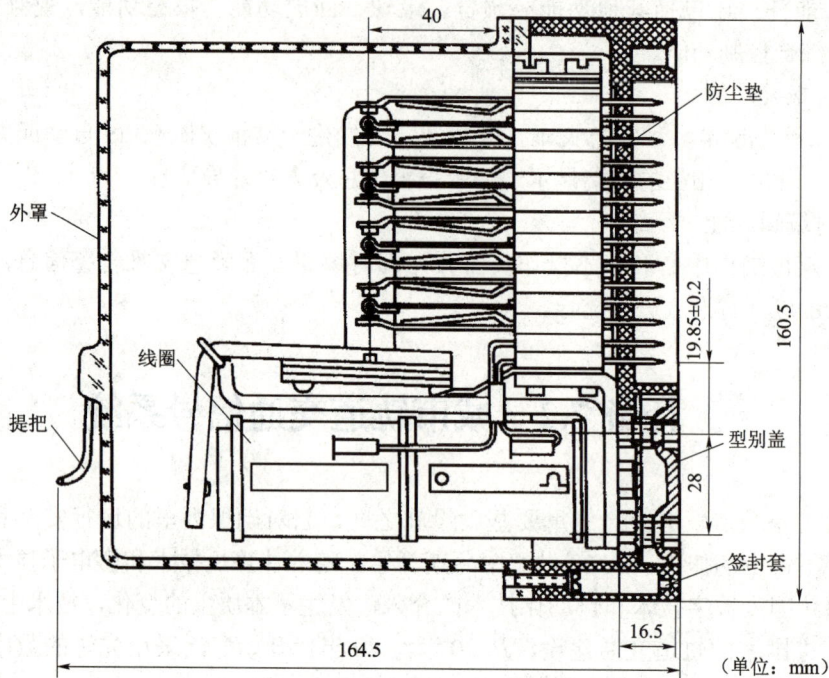

图 7-17 JXJC-1700 型直流无级继电器

2）作用

随着电子技术的迅速发展，电子器件尤其是计算机以其速度快、体积小、容量大、功能强等技术优势，在相当大的程度上逐渐取代了继电器构成自动控制系统和远程控制系统，使技术水准大大提高。但与电子器件相比，信号继电器具有"故障—安全"性能，在计算机联锁设备中，继电器将会作为主机与信号机、轨道电路及转辙机的接口电路使用。信号继电器在使用的过程中具有表示功能、驱动功能，并且能够实现逻辑电路。

2. 信号机

1）信号的颜色及表示意义

（1）基本颜色。

① 红色：停车信号，禁止越过该信号机（信号熄灭或显示不明时，也应视为停车信号）。

② 绿色：允许信号，信号处于正常开放状态，可按规定速度通过该信号机。

③ 黄色：允许信号，信号处于有限开放状态，要求列车注意或减速运行。

（2）辅助颜色。

① 月白色：用于指示调车作业时，表示允许越过该信号机调车；用于指示正线列车作业时，同时显示一个红灯信号，构成引导信号，表示准许列车越过显示红灯的信号机，并随时准备停车。

② 蓝色：用于调车信号机，表示禁止越过该信号机调车。

2）信号分类

（1）视觉信号和听觉信号。

① 视觉信号：以信号灯的颜色、显示数目及灯光状态等表达的信号，如地面信号机、手信号旗、信号牌等。

② 听觉信号：以声音的强度、长短等方式来表示信号意义，如机车鸣笛等。

（2）固定信号和移动信号。

① 固定信号：固定设置在规定位置的信号装置，如地面信号机等。

② 移动信号：根据需要临时设置的信号装置，如实施临时限速时设置的限速告示牌和限速终止标牌等。

一般以固定信号为主要信号，移动信号为辅助信号。

（3）地面信号和车载信号。

① 地面信号：设置在线路附近供驾驶员辨识的信号。

② 车载信号：通过传输设备，将地面信号或其他方式传输的信号直接引入车辆，并能显示的信号。

城市轨道交通一般采用"地面信号显示与车载信号系统相结合、以车载信号系统为主"的运用方式，列车的运行速度不取决于地面信号机的显示，地面信号只起辅助作用。

3）信号机设置

信号机通常设置于列车运行方向的右侧，在存车库线中间尽头设置阻挡信号机，为红色单显示结构，在车辆段出入口处设有出段信号机和入段信号机，为三显示结构，自上而下依次为黄色、绿色、红色，在库线中间设置调车信号机，为白色、蓝色双显示结构。

在正线道岔区段、降级运行时的列车进路始终端、其他需防护的特殊位置（如从车辆段进入正线 ATC 控制范围入口等处）以及为满足后备模式下间隔要求，设置防护信号机，其余地点原则上不设置地面信号机。为减少维修工作量、提高设备的可靠性和可用性，正线信号机一般采用发光二极管 LED 铝合金信号机。

4）信号机分类

（1）防护信号机：城市轨道交通系统中有的只有正线，有的还有道岔。防护信号机设于正线有道岔的地方，主要起防护正线上的道岔的作用。防护信号机以 F 表示，并在右下角缀以方向，下行方向编为单号，上行方向编为双号，从站外向站内顺序编号。

防护信号机采用三显示机构，自上而下灯位为黄、绿、红。

（2）进站信号机：进站信号机主要用来防护车站，具体来说，就是用来防护接车进路。进站信号机的显示明确了列车应该站外停车还是通过车站，是站内正线停车还是站内侧线停车。信号开放前检查进路上的道岔位置正确，进路上无车，没有建立敌对进路，所以能保证进路安全。

进站信号机的具体设置，应在距列车进站时遇到的第一个道岔尖轨尖端（顺向时为警冲标）大于 50 m 的地点，若因调车作业或制动距离的需要，可以更大些，但不得超过 400 m；若因信号显示不良而需要外移，最大不宜超过 600 m。

进站信号机的命名是按列车运行方向进行的，上行用 S 表示，下行用 X 表示。若在车站一端有多个方向的线路接入，则在 S 或 X 的右下角加上该信号机所属线路名的汉语拼音字头，如东郊方面的下行进站信号机编为 X_D。若在同一方向有几条线路引入，出现并置的进站信号机时，则应加缀区间线路名称（单方向可不加）或顺序号。如山海关方面的上行进站信号机编为 S_{S2}、S_{S4}，北京方面的下行进站信号机编为 X_{B1}、X_{B3}，上行用双数，下行用单数。

（3）出站信号机：出站信号机主要是为了指示列车可否占用站外的第一个闭塞分区（包括发车进路）。在进路和第一闭塞分区空闲，没有建立敌对进路的情况下，允许占用。

出站信号机设置于车站的每一发车线的警冲标内方（对向道岔为尖轨尖端外方）适当的地点。在编组站，必要时也可设置出站信号机。

出站信号机按列车运行方向命名，上行用 S 表示，下行用 X 表示，在名称的右下角加股道号，如 S_1、X_3 等。线群出站信号机应加所属线群的股道号，如 S_{5-8}。当有数个车场时，则在右下角先加车场号（用罗马数字表示），再缀以股道号，如 S_{I2}、X_{II3}。

（4）通过信号机：在城市轨道交通中由于列车在正线上运行时以车载信号为主体信号，因此通过信号机以绿灯作为定位。当信号系统发生故障进行降级控制时，通过信号机作为站间闭塞的地面信号参与到列车运行控制中。

若区间设置通过信号机，一般为三显示机构，自上而下灯位为黄、绿、红。

（5）阻挡信号机：阻挡信号机设于线路的终点，起阻挡列车的作用。

阻挡信号机以 Z 表示，并在右下角缀以方向，下行方向编为单号，上行方向编为双号，从站外向站内顺序编号。阻挡信号机采用单显示机构，为一个红灯。

（6）复示信号机：出站及发车进路信号机，因受地形、地物影响，达不到规定的显示距离时，应设置复示信号机。当复示信号机显示一个绿色灯光时，表示出站或发车进路信号机在开放状态，复示信号机采用方形背板，以区别一般信号机。进站及接车进路信号机均不设置复示信号机。

复示信号机的编号，第一个字母是 F，后缀以主体信号机的编号，如进站复示信号机 FX，出站复示信号机 FS_{II}，调车复示信号机 FD_{103}。

复示信号机的灯光配列与主信号机的灯光配列相同。

（7）进段信号机：进段信号机用来指示列车从正线进段，设于车辆段的入口处。

进段信号机的命名上行用 S 表示，下行用 X 表示，再组合以 J 或 JD。编号方法：下行方向编为单号，上行方向编为双号，从段外向段内顺序编号。

进段信号机灯光配列可同防护信号机。

（8）出段信号机：出段信号机用来防护正线，指示列车从车辆段进入正线，设于车辆出口处。

进段信号机的命名上行用 S 表示，下行用 X 表示，再组合以 C 或 CD。下缀编号方法：下行方向编为单号，上行方向编为双号，从段外向段内顺序编号。

（9）调车信号机：为保证列车在站内的行车安全，凡影响列车作业的调车进路，均应设置调车信号机，调车信号机要根据调车作业的实际需要设置。

调车信号机一般为矮型信号机，蓝灯表示禁止调车，白灯表示允许调车。

调车信号机以 D 表示，在其右下角缀以顺序号。从列车到达方向顺序编号，上行咽喉区用双号，如 D_2、D_4 等，下行咽喉区用单号，如 D_1、D_3 等。

调车信号机采用二显示机构，自上而下灯位为白、红（或蓝）。

5）列车速度信号

列车速度信号（速度表）设置于司机室内便于司机确认的合适位置，是一种双指针数字速度计。其中红指针所指表示最高允许速度（带警示功能），黄指针所指表示列车即时实际运行速度。

6）信号表示器

信号表示器反映信号设备位置的装置，自身并没有信号意义。

（1）警冲标：警冲标设在两会合线路间距离为 4 m 的中间。线间距离不足 4 m 时，设在两线路中心线最大间距的起点处。警冲标用来指示机车车辆的停留位置，防止机车车辆侧面冲突，如图 7-18 所示。

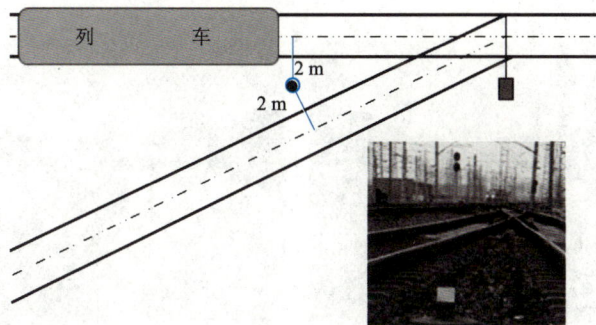

图 7-18　警冲标

（2）进路表示器：通常装在连接两个或三个运行方向的出站信号机上，用以指示发车进路的开通方向，如图 7-19 所示。

（3）发车表示器：设置在车站站台上列车发车始端位置，向司机表示关车门及发车的时间。平时不亮灯，列车停靠后其灯光显示如下：白色闪光表示离发车还有 5 s，提示司机，如图 7-20 所示。

（4）道岔表示器：设于道岔旁，用来表示道岔的位置及其开通的方向。平时无显示；进行溜放作业时，显示紫色灯光，表示道岔位置开通直向，如图 7-21（a）所示；显示黄色表示道岔位置开通侧向，如图 7-21（b）所示。

图 7-19　进路表示器

图 7-20　发车表示器

（a）

（b）

图 7-21　道岔表示器

3. 轨道电路

轨道电路是由钢轨线路，钢轨绝缘及送、受电设备构成的电路。用于自动、连续检测轨道区段是否被机车车辆占用、控制信号装置或转辙装置、传输 ATP 信息，保证列车运行的安全性和可靠性，提高运输效率。

1）轨道电路的组成

轨道电路由钢轨线路（钢轨、钢轨绝缘、钢轨接续线）、轨道电源、轨道电阻（限流设备）、引接线及轨道继电器组成。其中钢轨线路是由钢轨和钢轨端部的导接线和两端的连接导线组成。钢轨绝缘是钢轨线路两端的绝缘装置，在轨道的轨距板、轨距保持杆、尖轨连接杆等处都安装有绝缘装置。电源常用直流电源、交流电源、脉冲电源等。轨道电路如图 7-22 所示。

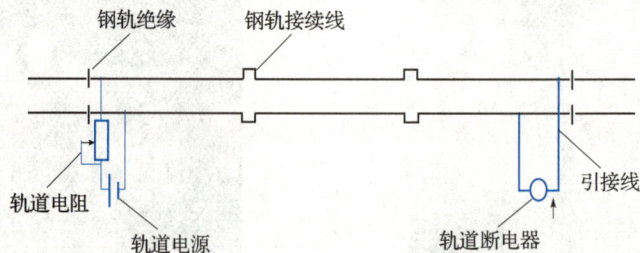

图 7-22　轨道电路

2）轨道电路的基本工作原理

轨道区段完好且无车占用时，轨道电流从电源正极经钢轨、轨道继电器线圈回到负极构成回路，轨道继电器处于励磁吸起状态，此时被称为轨道电路的调整状态。

轨道区段有车占用时，轨道电路被轮对分路，流经轨道继电器线圈的电流很小，不足以使衔铁保持吸起，继电器失磁落下，此时被称为轨道电路的分路状态。

轨道区段发生断轨或断线故障时，流经轨道继电器线圈的电流中断，使之失磁落下，此时被称为轨道电路的断轨状态。

3）轨道电路的作用

（1）监督列车占用：利用轨道电路监督列车在正线或车辆段等线路的占用状态。轨道区段空闲时，为开放信号、建立进路或构成闭塞提供依据；轨道区段被占用时，信号处于禁止状态，实现信号系统的自动控制。

（2）传输行车信息：数字编码式音频轨道电路中传送的行车信息，为ATC系统直接提供控制列车运行所需要的前行列车位置、运行前方信号机状态和线路条件等有关信息，以确定列车运行的目标速度，控制列车在当前运行速度下是否停车或减速。

4）轨道电路的分类

（1）按传输电流特性不同轨道电路，轨道电路可分为工频连续式轨道电路和音频轨道电路。

（2）按轨道绝缘不同轨道电路，轨道电路可分为有绝缘轨道电路和无绝缘轨道电路。

（3）按使用地点不同轨道电路，轨道电路可分为区间轨道电路和车辆段内轨道电路。

（4）按是否包含道岔，轨道电路可分为无岔区段轨道电路和道岔区段的轨道电路。

4. 转辙机

转辙机是重要的信号基础设备，用于实现对道岔的转换和锁闭，是直接关系行车安全的设备，对于保证行车安全，提高运输效率，起着非常重要的作用。

1）转辙机的作用

在集中联锁设备中，转辙机的作用是接收到命令后带动道岔转换，如图7-23所示，其主要功能为转换道岔、锁闭道岔尖轨、表示道岔所在位置。

图 7-23　转辙机

（1）根据操作要求，将道岔转换至定位或反位。

（2）道岔转换至规定位置而且密贴后，自动实行机械锁闭，防止外力改变道岔位置。

（3）当道岔尖轨与基本轨密贴后，正确反映道岔位置，并给出相应表示。

（4）发生挤岔以及道岔长时间处于"四开"位置（尖轨与基本轨不密贴）时，及时发出报警。

2）转辙机的分类

（1）**按动作能源和传动方式不同，转辙机可分为电动转辙机和电动液压转辙机。** 电动转辙机由电动机提供动力，采用机械传动方式。ZD6 系列、S700K 型转辙机都属于电动转辙机。电动液压转辙机由电动机提供动力，采用液压传动方式，简称电液转辙机。

（2）**按供电电源方式不同，转辙机可分为直流转辙机和交流转辙机。** 直流转辙机采用直流电动机，目前使用较多的 ZD6 系列电动转辙机就是直流转辙机。交流转辙机采用三相交流电源，电动机为三相异步电动机。一些地铁公司采用的 S700K 型转辙机即为交流转辙机。交流电动机没有换向器和电刷，故障率低，单芯电缆控制距离远。

（3）**按锁闭方式不同，转辙机可分为内锁闭转辙机和外锁闭转辙机。** 内锁闭转辙机锁闭机构设置在转辙机内部，尖轨通过锁闭杆与锁闭装置连接。ZD6 等系列电动转辙机大多采用内锁闭方式。ZD（J）9 型转辙机及 S700K 型转辙机为外锁闭方式。

7.2.2 联锁系统

城市轨道交通车站大多数仅有列车到达、停靠、上下乘客、出发等作业，没有调车作业。因而，在车站线路设置方面也较简单，仅需两条运行线，无须配备其他线路。但在部分需要折返作业的车站（如终点站、区间站等），或需进行其他调车作业的车站（如配置出入车辆基地线路的车站，联络线出岔处车站，设有渡线可供转线的车站等），以及在车辆段、停车场等需要调车作业的部门则设有较多的线路；为了保证调车作业的安全，不致形成冲撞、追尾等可能，轨道交通系统采用联锁的办法进行防护保障。

城市轨道交通信号系统中应用的联锁系统主要有继电集中联锁系统（又称电气集中联锁）和计算机联锁系统两大类。其中，6502 电气集中联锁是电气集中联锁设备最为突出的代表，是我国大铁路系统中应用最广的联锁设备。计算机联锁系统以其良好的信号逻辑关系性能及快速的数据处理能力成为我国城市轨道交通系统中广泛使用的联锁系统。

1. 联锁的基本概念

联锁是指车站信号设备之间的制约关系，实质信号设备与相关因素的制约关系，是信号、道岔、进路之间的制约关系。

进路是指列车或调车车列在站内运行时所经由的路径，所有进路都有起点和终点。终点通常为下一个信号机、终点站、车辆段等。城市轨道交通系统一般运用地面信号与车载信号结合的方式。办理进路就是将有关道岔转换到进路要求的位置后锁闭，并开放防护进路的信号。进路可分为列车在车站到达、出发、通过的作业进路，调车进路和敌对进路。

到达进路：始端，进站信号机；终端，出站信号机。

出发进路：始端，出站信号机；终端，站界点或进站信号机。

通过进路：到达与出发进路叠加。始端，入口端进站信号机；终端，出口端站界点或出站信号机。

调车进路是指列车调车作业通过的路径。始端：调车信号机（可用出站信号机替代）；终端：阻挡信号机、调车信号机。

敌对进路：如果同时建立会造成列车或调车车列冲突的危险，这样的进路互为敌对进路，防护这两条进路的信号互为敌对信号。

2．联锁的基本内容

1）不允许建立会导致列车、机车车辆冲突的进路

防护进路的信号开放前，须检查其敌对信号处于关闭状态；信号开放后，应将其敌对信号锁闭在关闭状态，不允许办理与之相敌对的进路。

2）进路上的道岔必须被锁闭在与所办理进路相符合的位置

车辆段联锁设备通过按压控制台按钮或者利用鼠标单击计算机屏幕上的有关按钮办理进路，当有关道岔转换至开通进路的位置并锁闭后，才能开放信号。

3）信号机的显示必须与进路的开通状态相符合

车辆段中，调车信号机的显示不表示道岔开通方向，但有些信号机，例如进段信号机的显示，须指示所防护进路中道岔开通方向。

4）防护进路的信号开放应满足的技术条件

进路上各区段空闲、有关道岔在规定位置、敌对信号关闭时，是防护进路的信号开放应满足的技术条件。

3．联锁技术及主要设备

1）进路空闲的检测技术

检查进路空闲是保证行车安全的重要条件之一，目前主要是利用轨道电路实现这一任务的。

2）道岔控制技术

道岔是进路上的可动部分，如果对它控制不当，有可能造成列车或车列脱轨，或者造成列车或车列驶入停有车辆的线路而发生撞车事故。

3）信号控制技术

只有在安全条件确认满足时才允许信号机开放，否则信号机必须在关闭状态。控制信号机的开放与关闭直接关系到行车的安全。

4）联锁技术

联锁技术是防止失误，且在失误的情况下仍能保证行车安全的技术。

5）故障—安全技术

对轨道交通信号系统来说，必须考虑在发生故障后，其后果不应危及行车安全。

4．联锁的种类

1）电锁器联锁

电锁器联锁就是道岔靠人力通过机械转换，信号机由有关人员通过电气或机械操纵，用电锁器完成联锁关系。

电锁器联锁的基本原理：分别在道岔和信号机握柄上装设电锁器，通过道岔或信号机电锁器的接点的闭合和断开，控制相关信号或道岔电锁器电磁锁的电路，以实现信号机和道岔间及信号机和信号机之间的联锁。

信号机由车站值班员控制台上的信号按钮或手柄集中控制，道岔由扳道员现场转换。如图7-24所示。

2）继电集中联锁

用电气方法通过信号楼内的控制台操纵车站内的色灯信号机和电动转辙机，使信号机、进路和道岔实现联锁并能监督列车运行和线路占用情况，这就是继电集中联锁。实现联锁的主要原件是继电器，20世纪50年代以后，继电集中联锁主要采用电磁继电器，以逻辑电路实现联锁，全站的信号机和道岔由信号楼集中控制。

图 7-24 扳道员现场转换

继电集中联锁的工作原理：信号操纵人员通过控制台将控制信号机和电动转辙机开放或关闭的指令，通过连接继电器室内电缆传送到继电器组合架上，继电器接收指令后衔铁动作，其动作信号再由电缆传送到相应信号机和控制相应道岔动作的电动转辙机，使信号处于开放或关闭的状态，从而使进路上的信号机、道岔和相应的进路实现联锁。

继电器联锁由室内、室外两部分组成。室内有控制台、继电器组合及组合架，分线盘和电源屏等；室外有色灯信号机、转辙机、轨道电路及电缆线等。

3）计算机联锁

计算机联锁是以微型计算机取代了传统的电气集中电路构成了车站自动控制系统。计算机对信号值班员的操作命令和现场状态信息按规定的联锁逻辑进行分析和处理，实现对信号终端设备的控制。使用合理的技术措施来提高运输效率，改善劳动条件。

计算机联锁与电气集中联锁的区别在于：计算机联锁保留了电气集中联锁的室外设备、电源屏；室内保留了分线盘，道岔启动电路、信号灯信号、轨道电路、联锁网络、选岔网络均由微机联锁取代。逻辑联锁完全由计算机完成，只在执行环节保留了部分继电器。全电子化的计算机联锁完全取代继电器，由故障—安全的电子电路直接控制室外的信号机和转辙机。操作上，控制台小型化、智能化，对操作有清晰的汉字提示，操作方法也多样化。

计算机联锁的优越性有以下几点：

（1）体积小，可靠性高，可实现无维修，为信号技术结构的改革创造了条件。

（2）功能更加完善。

（3）便于实现系统自身的现代化管理，利用自诊断、自检测功能及远距离联网，实现远距离诊断。

（4）更适合与其他行车管理系统协调工作，信息量大为丰富，利用当前的各种网络手段可与其他行车调度指挥系统、列车控制系统联网，提供及交换各种信息，以便协调工作。

（5）随着大规模集成电路的发展，计算机联锁的投资将越来越低。

7.2.3 闭塞装置

为了确保列车在区间内的运行安全，列车由车站向区间发车时，必须确认区间内没有列车，并需遵循一定的规律组织行车，以免发生列车正面冲突或追尾等事故。这种按照一定规律组织列车在区间内运行的方法，叫作行车闭塞法（简称闭塞）。办理闭塞所用的设备叫作闭塞设备。

1. 组织行车的基本方法

1）时间间隔法

列车按照事先规定好的时间由车站发车，使前行列车和追踪列车之间必须保持一定时间的行车方法。时间间隔法是最早采用的行车方法。

2）空间间隔法

把铁路线路划分为若干个段落（区间或闭塞分区），在每个线段内同时只准许一列列车运行，使前行列车和追踪列车之间必须保持一定距离的行车方法。我国目前采用空间间隔法，严格地把列车分隔在两个空间，能有效地防止列车追尾的发生。

2. 站间闭塞

站间闭塞是指两个车站只能运行一列列车。闭塞区间为两站之间的距离，运行效率较差。站间闭塞有以下闭塞手段和技术：路签闭塞、路牌闭塞、电话闭塞、半自动闭塞和自动站间闭塞。

路签和路牌闭塞是指以路签或路牌作为列车占用区间的凭证，由接车站值班员检查区间是否空闲。这种方法在交接凭证和检查区间状态方面都要依靠人来完成，也称为人工闭塞，目前这种闭塞方法在我国已经很少采用。

半自动闭塞是指人工办理闭塞手续，列车凭信号显示发车后，出站信号机自动关闭的闭塞方法。发车站值班员必须在办理好闭塞手续后才能开放出站信号，列车出发后出站信号机自动关闭，在没有检测区间是否留有车辆的设备时，还需由接车站值班员确认列车的完全到达，办理解除闭塞手续。

自动站间闭塞是在区间占用检查的条件下，自动办理闭塞手续，列车凭信号显示发车后，出站信号机自动关闭的闭塞方法。其特征为：有区间占用检查设备；站间或所有区间只准行走一列列车；办理发车进路时自动办理闭塞手续；自动确认列车到达和自动恢复闭塞。

3. 自动闭塞

将站间区间划分为若干个闭塞分区，并设置通过信号机进行防护。由车站出站信号机和区间内通过信号机的显示共同作为列车占用区间的行车凭证，而且出站信号机的关闭与通过信号机的信号显示变化，均由行进中的列车来自动完成，故称之为自动闭塞。自动闭塞区间可有多个列车同时占用，同时还能对区间内是否有列车占用的信息进行检查监督，是列车运行自动化控制的基础。

从闭塞制式的角度来看，装备列车运行自动控制的自动闭塞可分为固定闭塞、准移动闭塞和移动闭塞。

1）固定闭塞

前行列车与追踪列车之间的最小安全追踪间隔距离预先设定且固定不变的闭塞方式。该种闭塞方式列车间隔较大，不能充分利用线路，使行车间隔较大。

2）准移动闭塞

前行列车与追踪列车之间的最小安全追踪间隔距离单元预先设定且固定不变，并根据前方目标状态设定列车的目标距离和速度，是介于固定闭塞和移动闭塞之间的一种闭塞方式。传统的固定闭塞制式下，系统无法知道列车在分区内的具体位置，因此列车制动的起点和终点总在某一分区的边界。为充分保证安全，必须在两列车间增加一个防护区段，这使列车间的安全间隔较大，影响了线路的使用效率。

准移动闭塞在控制列车的安全间隔上比固定闭塞进了一步。它通过采用报文式轨道电路辅之环线或应答器来判断分区占用并传输信息，信息量大；可以告知追踪列车继续前行的距离，追踪列车可根据这一距离合理地采取减速或制动，列车制动的起点可延伸至保证其安全制动的地点，从而可改善列车速度控制，缩小列车安全间隔，提高线路利用效率。但准移动闭塞中后续列车的最大目标制动点仍必须在先行列车占用分区的外方，因此它并没有完全突破轨道电路的限制。

3）移动闭塞

前行列车与追踪列车之间的最小安全追踪间隔距离单元无须预先设定，并随列车的移动、速度的变化而变化的闭塞方式。该种闭塞方式能充分利用线路实现较小的行车间隔，是地铁中采用较多的闭塞方式。

此想法产生于 20 世纪 60 年代，这项技术是德国最先开发而由加拿大 ALCATEL 公司最终完成的。1982 年开始在试验线上试运行，1985 年在加拿大多伦多 Scarborough 线上商业运行，其后在世界各地 15 个城市的轨道交通中先后应用，近年我国武汉和广州的轨道交通系统建设也已经应用这项技术。

移动闭塞取消了传统的轨道电路，线路上的列车连续不断地把运行的信息，如列车速度、位置、牵引质量等通过通信系统向控制中心传送，经控制中心连续不断地掌握前行列车和追踪列车的间隔距离，当前行列车和追踪列车的间隔等于后车的常用制动距离加安全距离时，控制中心向追踪列车发出惰行或制动的命令，使前行列车与追踪列车的间隔距离加大，从而确保列车运行安全。列车的间隔距离不是固定的，而是与列车运行的速度有关。当速度高时，两列车的间隔距离就加大，反之就缩短。这种闭塞方式能够在确保行车安全的条件下，最大限度地增大行车密度，提高运输能力。目前它已成为城市轨道交通信号系统的发展方向。

轨道交通采用移动闭塞的优点如下：

（1）能轻松达到 90 s 的行车间隔要求，且当需求增长而需要调整运营间隔时，无须改变或增加硬件。

（2）可取消区间的信号机、轨道电路等地面设备，降低系统的安装维护费用；利用其精确的控制能力，可以有效地通过在折返区域调整速度曲线来减少在尽端折返线的行走防护距离，从而减少折返站的土建费用。

（3）车上—地面可靠传输的信息量大，便于实现全程无人自动驾驶。全程无人自动驾驶方式是指列车上没有任何驾驶员或工作人员的全自动方式。站停、发车、运行、折返、入库等过程由操作控制中心直接管理。主控中心可以更精确地控制列车按运行图运行，减少了列车在区间不必要的加速、制动，可节省能源，增加旅客舒适度；同时这种方式具备非常高的灵活性，对突然增长的能力需求和不可预见的事件具备敏捷的反应能力。

（4）易于实现列车双向运行。当轨道交通系统因线路、车辆等故障造成运行中断时，可通过组织临时反向载客运行来保持轨道交通系统不间断运作。

7.2.4　列车自动控制系统

列车自动控制（ATC）系统取消了传统的地面信号，将机车信号作为主题信号，信号的含义发生了变化，传递给列车的是具体的速度和距离信息，系统能可靠地防止由司机失误而超速或发生的追尾等事故，确保列车运行安全，实现列车的自动控制。

列车自动控制系统的三个子系统通过信息交换网络构成闭环系统，可以**充分保证行车安全、提高运行效率、缩短行车间隔、促进管理现代化、提高综合运用能力及服务质量**。ATC 系统如图 7-25 所示。

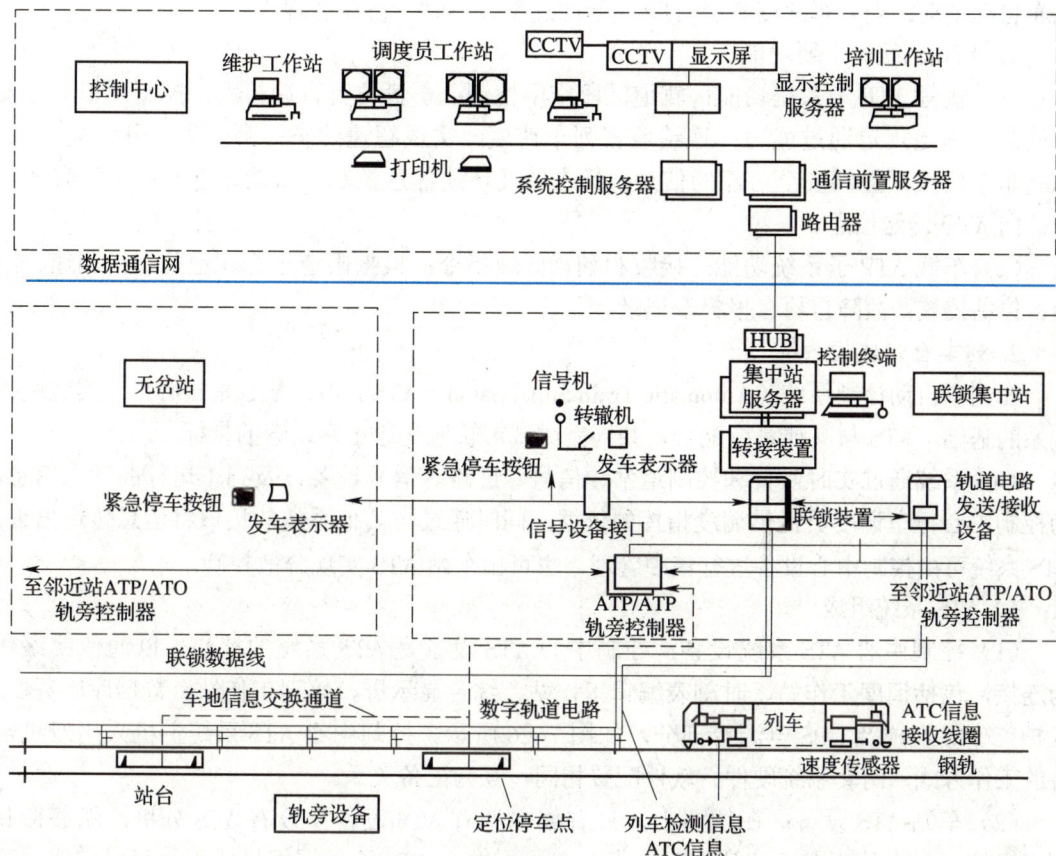

图 7-25　ATC 系统示意图

1. 列车自动防护系统

城市轨道交通的信号控制系统中，列车自动防护系统（Automatic Train Protection，ATP）是信号控制系统非常重要的组成部分，它为列车行驶提供安全保障，有效降低列车驾驶员的劳动强度，提高行车作业效率。如果没有列车自动防护系统，列车的行车安全需要由列车驾驶员人工来保障，这样会造成列车驾驶员过度疲劳，产生安全隐患，对行车作业效率也会带来负面影响。因此在城市轨道交通中，尤其是在运营作业繁忙的线路上，信号控制系统中设置列车自动防护系统是非常必要的，它是行车作业的安全保障和体现。

ATP 系统必须满足故障—安全原则。

1）ATP 系统的组成

ATP 系统主要包括车载设备和地面设备两部分。车载设备主要包括车载主机、驾驶员状态显示单元、速度传感器、列车地面信号接收器、列车接口电路、电源和辅助设备；地面设备根据信号系统的不同制式，可以设置点式应答器或轨道电路，向列车传递有关信息，由安装在列车上的设备接收和处理这些信息。

2）ATP 系统的工作原理

ATP 系统将联锁系统的信息、线路信息、前方目标点距离、允许速度信息等通过轨道电路传至车上，车载设备根据 ATP 所传输的信息计算当前所允许的速度，由测速器测得列车实际的运行速度。如果列车速度大于 ATP 装置指示的速度，ATP 车载设备发出制动指令，列车自动制动；当列车速度降至 ATP 指示的速度以下时，自动缓解。

3）ATP 系统的主要功能

（1）轨旁 ATP 子系统功能：轨道区段空闲检测；车辆位置自动检测；控制列车运行安全间隔，满足规定通过能力；连续监督列车速度，实现超速防护；列车车门开、关控制，为列车车门关闭提供安全可靠的信息；标志器及环线信息控制；目的地选择；停站时间控制；向 ATO 传送信息。

（2）车载 ATP 子系统功能：接收和翻译限速指令；根据限速进行超速防护；测速、测距；停站校核；故障自检、报警及记录。

2. 列车自动监控系统

在列车自动控制系统（Automatic Train Supervision，ATS）中，ATS 是核心，是实现联锁关系的基础。ATS 与其他系统配合，共同完成城市轨道交通正常运营的指标。

ATS 系统通过实时监督和控制道岔、信号、进路等信号设备以及列车运行的动态信息，为控制中心行车调度员提供调度指挥的依据，同时通过与其他系统的接口将信息传递出去。ATS 系统可由控制中心设备进行集中管理，也可由车站 ATS 实现分散控制。

1）ATS 系统组成

（1）控制中心 ATS 系统设备：控制中心 ATS 设备是 ATS 系统的核心，以通信网络作为连接，包括调度工作站、时刻表编辑工作站、综合显示屏、培训工作站、数据库服务器、维护工作站组成及 UPS 电源等部分，如图 7-26 所示。控制中心 ATS 系统主机采用双机热备的工作方式，两套系统硬件、软件配置相同，互为主备关系。

（2）车站 ATS 设备：在线路上，只有集中站有 ATS 设备，设有 ATS 分机，能够接收到来自控制中心的列车运行计划时刻表。在控制中心 ATS 给予授权模式下，可以完成排列或取消对管辖区域范围内列车进路的工作，也可以对管辖区域内的信号机、道岔进行控制。采集所管辖区域行车信息、设备工作状态，并将所采集的信息通过通信网络实时传送给控制中心 ATS 设备。与 ATP/ATO 系统配合，直接控制所管辖区段内的列车。

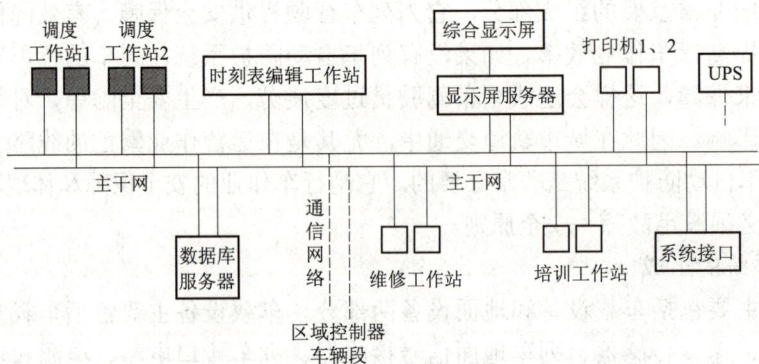

图 7-26　控制中心 ATS 系统设备

（3）车辆段 ATS 设备：车辆段 ATS 设备是完全独立的部分。主要用来采集车辆段内部及进出段处的信号设备状态。根据从通信网络中得到的控制中心发出的列车运行计划数据信息，适时调整车辆段内的车辆状态，为进出段的车辆排列在车辆段内的进路。监控线路内信号设备信息，及时查找线路故障，组织排除。实现对入段列车的跟踪和控制。

2）ATS 系统功能

ATS 系统的主要功能：时刻表的编辑、修改和存储；列车位置的实时监视和列车运行轨迹记录；列车运行图管理；列车运行进路的自动设置，车站联锁状态的监督；列车运行的模拟仿真；事件记录、报告和报表生成、打印及报警功能等。

控制中心 ATS 具有行车调度权限。当控制中心失去了有效的行车调度权限，或者有特殊的需要时，ATS 系统可以启动车站控制权限。

3. 列车自动驾驶系统

列车自动驾驶（Automatic Train Operation，ATO）系统，主要实现"地对车控制"，实现在正常情况下高质量的自动驾驶，提高列车运行效率，提高列车运行舒适度，节省能源。与 ATP 系统为列车运行提供安全保障相比，ATO 是提高城市轨道交通列车运行水平的技术措施。

1）ATO 系统的组成

列车自动驾驶系统是非故障—安全系统，由车载设备和地面设备组成。车载设备包括车载 ATO 模块、ATO 车载天线、人机界面。

车载 ATO 模块如图 7-27 所示，从车载 ATP 子系统获得必要的信息，如列车运行速度和列车位置等，车载 ATO 模块软件对这些数据进行实时处理，计算出列车当前所需的牵引力或制动力，向列车发出请求，列车牵引或制动系统收到请求指令后，对列车施加牵引或制动，对列车进行实时控制。

ATO 车载天线一般安装在列车第一列编组的车体下，用以实现列车自动驾驶系统与列车自动监控系统（ATS）之间的信息交换。

列车驾驶员通过人机界面可以将列车运行的模式选择为"ATO"，起动列车在 ATO 模式下运行，如图 7-28 所示。

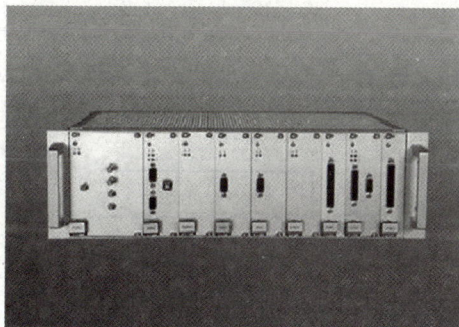

图 7-27　车载 ATO 模块　　　　　图 7-28　人机界面

地面设备由地面信息接收发送设备和轨道环线组成。这些地面设备接收来自列车 ATO 车载天线所发送的信息，并把 ATS 有关信息通过轨道环线发送到线路上，由列车 ATO 车载设备进行接收和处理。地面信息接收发送设备的协调控制部分安装在信号设备室内，轨道环线安装在线路上。ATO 系统数据环路接口柜如图 7-29 所示。辅助轨旁定位系统如图 7-30 所示。

图 7-29　ATO 系统数据环路接口柜

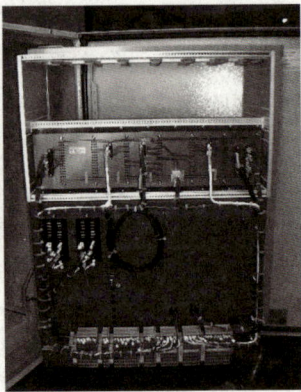

图 7-30　辅助轨旁定位系统

2）ATO 系统的工作原理

列车自动驾驶系统实现列车自动驾驶，它需要 ATP 系统和 ATS 系统提供支持，接收 ATP 系统提供的列车运行速度、线路允许速度、限速和目标速度以及列车所处位置等基本信息，接收 ATS 系统提供的列车运行作业和计划等基本信息，实时计算列车达到目标速度值所需要的牵引力或制动力的大小，通过列车接口电路，由列车的牵引系统或制动系统完成对列车进行加速或减速作业。

列车自动驾驶系统取代驾驶员人工驾驶，实现列车自动驾驶，有效地提高了列车的运营效率，降低了驾驶员的劳动强度，是城市轨道交通运营作业自动化的重要体现。

3）ATO 系统的功能

ATO 系统的功能包括列车运行速度的自动调整、列车车站发车控制、列车区间运行控制、列车精确停站、列车自动折返、跳停、扣车等。

情境小结

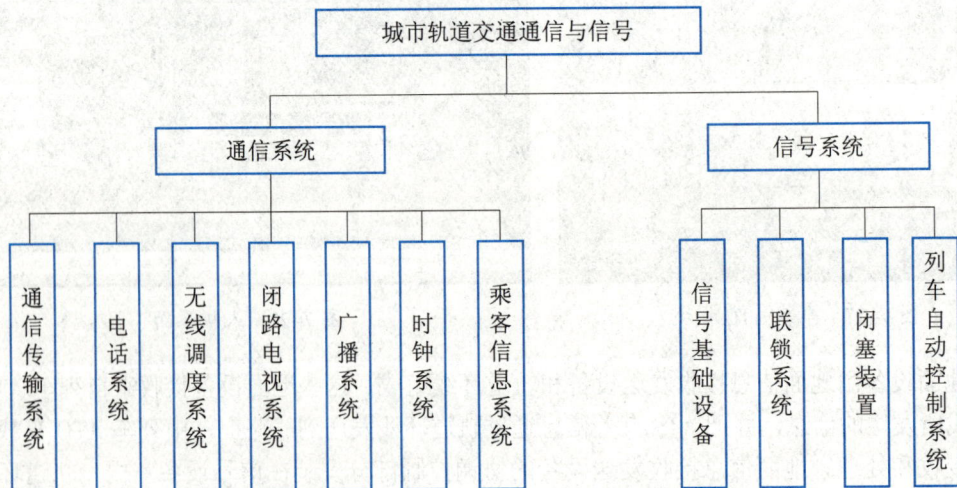

城市轨道交通通信与信号

通信系统
- 通信传输系统
- 电话系统
- 无线调度系统
- 闭路电视系统
- 广播系统
- 时钟系统
- 乘客信息系统

信号系统
- 信号基础设备
- 联锁系统
- 闭塞装置
- 列车自动控制系统

相关岗位分析

序号	职业领域	就业岗位		职业资格证书
		首岗	发展岗位群	
1	信号设备安装、调试、维护与检修	信号段维修工、技术员、安全员、办事员、库管员	信号段组长、副段长、段长、调度中心主任	1. 电工进网作业许可证（高压） 2. 特种作业操作证（低压作业） 3. 通信工证 4. 信号工证
2	专用通信设备安装、调试、维护与检修	通信段维修工、电话保修员、库管员、技术员	通信段组长、副段长、段长、调度中心主任	

情境训练

情境训练1　认识城市轨道交通通信系统

授课地点：城市轨道交通控制中心及车站通信设备机房。

授课形式：分组教学。

授课教师：校内专任教师、企业通信段检修技术员。

1. 教学目标

（1）了解车站通信系统的基本组成。

（2）了解电话系统、无线集群调度系统、闭路电视系统、广播系统、时钟系统、乘客信息系统等的组成及功能。

2. 教学设备

城市轨道交通控制中心及车站通信系统设备。

3. 教学内容

序号	内容	形　　式			
1	电话系统	公务电话子系统			
		组网模式		功能	
		调度电话子系统			
		组成		功能	
2	无线调度系统	组成			
		功能			
3	闭路电视系统	组成			
		功能			
4	广播系统	组成			
		功能			

续表

序号	内容	形　式	
5	时钟系统	组成	
		功能	
6	乘客信息系统	组成	
		功能	

情境训练 2　认识城市轨道交通信号系统

授课地点：城市轨道交通控制中心及车站信号设备机房。

授课形式：分组教学。

授课教师：校内专任教师、企业信号段检修技术员。

1. 教学目标

（1）掌握信号基础设备的组成及功能。

（2）掌握继电集中联锁及计算机联锁设备的组成及功能。

（3）掌握列车自动控制系统的组成及功能。

2. 教学设备

城市轨道交通控制中心及车站信号系统设备。

3. 教学内容

序号	内容	形　式		
1	信号基础设备	名称	分类	特点及功能
		继电器		
		信号机		
		轨道电路		
		转辙机		
2	联锁系统	名称	组成	特点及功能
		继电集中联锁		
		计算机联锁		
3	列车自动控制系统	名称	组成	特点及功能
		ATP 系统		
		ATS 系统		
		ATO 系统		

学习情境 8
城市轨道交通机电设备

情境描述

　　机电设备就是包含电能与其他能量相互转换的电气和机械设备的总称。机电设备包含的范围非常广泛。城市轨道交通的机电设备涉及各个系统，如供电、车辆、信号、通信系统中的很多设备，都属于机电设备。本章介绍的城市轨道交通机电设备主要由 FAS（Fire Alarm System，即火灾自动报警系统）、BAS（Building Automatic System，即环境与设备监控系统）、AFC（Automatic Fare Collection，城市轨道交通自动售检票）系统、电梯系统、屏蔽门系统及门禁系统等组成，对于维持城市轨道交通系统正常的运行环境、提高乘客出行舒适度、保证乘客安全等方面具有至关重要的作用。

教学导航

　　（1）掌握城市轨道交通机电设备的组成。
　　（2）了解城市轨道交通 FAS 设备及组成。
　　（3）了解城市轨道交通 FAS 的功能。
　　（4）了解城市轨道交通 BAS 构成及功能。
　　（5）了解城市轨道交通 AFC 系统内涵及架构。
　　（6）掌握城市轨道交通 AFC 系统的终端设备。
　　（7）掌握城市轨道交通电梯系统的组成及各自特点。
　　（8）了解城市轨道交通屏蔽门系统的分类及组成。
　　（9）了解城市轨道交通门禁系统的构成及功能。

任务 8.1　城市轨道交通 FAS

8.1.1　FAS 概述

1. FAS 的组成

城市轨道交通是一个由站点建筑连接区间隧道形成的大型运输通道，作为市民日常公共的大容量交通工具，每天都要运送成千上万名旅客，在城市公共交通中占有重要的位置。但自从有了轨道交通，安全运营、确保旅客和工作人员的生命安全，就处于整个运营服务的首要位置。

近年来，世界一些国家、地区相继发生轨道交通火灾、爆炸事故，几乎每年都有数起危害严重的轨道交通安全的火灾事故发生，造成了巨大的人员伤亡和经济损失。

FAS 是城市轨道交通系统的一个重要设备，如图 8-1 所示。它是利用该计算机技术、检测技术和电子通信技术，以火灾为监控对象，根据防火要求而设计的。FAS 系统既能对火灾发生进行早期探测和自动报警，又能根据火情位置，及时输出联动灭火信号，启动相应的消防设施进行灭火，将火灾消灭在萌芽状态，最大限度地减少火灾危害。

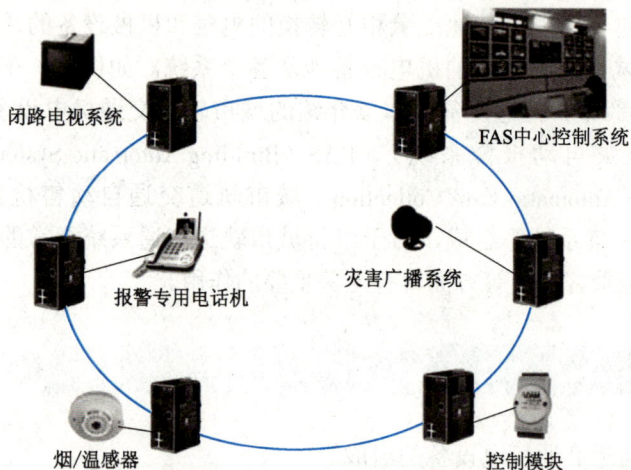

闭路电视系统　　　　　　　　FAS中心控制系统

报警专用电话机　　　灾害广播系统

烟/温感器　　　　　　控制模块

图 8-1　FAS 系统

FAS 按两级管理、三级控制设置。

所谓两级管理，由设置在运营控制中心（OCC）的环调工作站、车辆段的维修工作站和设置在各车站值班室、车辆段和主变电所等地的消防控制室的火灾自动报警系统及联系两系统的通信网络构成。

所谓三级控制，第一级为中央监控管理级，是整个 FAS 集中监控中心，设置于全线控制中心大楼内；第二级为车站监控管理级，是 FAS 的基本结构单元，设置于各车站值班室以及车辆段的消防室；第三级为现场控制级。

1）中央监控管理级

控制中心作为轨道交通消防的指挥和控制中心，用于监视轨道交通全线各车站、区间隧道、控制中心大楼、车辆段、停车场、主变电站等下属所有区域的火灾报警、消防联动和故障情况。中央监控管理级在 OCC 配备防灾报警主机，FAS 主机由两套消防通信机（火灾报警控制器）和 OCC 两台互为热备用的 FAS 监控总站（即操作员工作站）组成。FAS 主机一般通过专用网卡与整个系统 FAS 专网相连，并作为网络的一个结点与各防灾报警分机保持通信。

2）车站监控管理级和现场控制级

车站监控管理级和现场控制级由车站 FAS 分机（火灾报警控制器）、车站 FAS 操作员工作站、打印机、消防联动控制柜和现场的火灾探测器、控制及监视模块等组成。

车站控制室设 FAS 分机（火灾报警控制器），通过总线与现场设备相连组成所辖站点的火灾报警系统，负责车站的火灾报警处理及联动控制，并通过 FAS 网络与其他车站的火灾报警控制器及控制中心操作工作站进行通信，报告火灾报警、系统故障、联动控制及各消防设备的运行状态等信息。

2. 城市轨道交通 FAS 系统的作用

城市轨道交通 FAS 系统的作用是在地铁涉及的空间范围能自动捕捉火灾监测区域内火灾发生时的烟雾或热量，并能发出声光报警，通过输出接点，控制自动灭火系统、事故照明、事故广播、消防给水和排烟等系统，实施对地铁空间的救灾工作，实现监测，报警和灭火的自动化控制。而火灾自动报警系统又是整个地铁所有设施中的一个子系统，但其又在完全脱离其他系统或网络的情况下独立运行和操作，完成自身所具有的防灾和灭火的功能，具有绝对的优先权。

在城市轨道交通系统设置 FAS 系统的目的，是将地铁火灾消灭在萌芽状态，最大限度地减少火灾损失，满足地铁防火安全职能的要求，一旦地铁发生火灾，其火灾自动报警系统就能及时探测、鉴别、判定其信号，并能自动启动消防设施，自动关闭不必要的电力系统，启动防排烟系统，并与车站自动控制系统配合，实现火灾工况联动，同时，又能将火警信息实现联网通信。

8.1.2 城市轨道交通 FAS 设备及组成

1. FAS 系统设备

火灾自动报警系统一般由火灾触发器件、火灾报警控制装置、火灾警报装置以及消防控制装置组成。

1）火灾触发器件

消防规范规定，火灾自动报警系统应设置自动和手动两种触发装置，因此触发器件常划分为自动报警和手动报警两大类。

（1）自动报警装置。自动报警装置通常是指火灾探测器。火灾探测器是组成火灾自动报警系统的重要组件，它是火灾自动报警系统的感觉器官，其作用是监视环境中有没有火灾发生。一旦有火情发生，它自动将火灾燃烧所产生的特征物理量如烟雾浓度、温度、气体、核辐射光强等转换成电信号，并向火灾报警控制器发送及报警。根据被监测环境的火灾特性不同，可选择不同种类的火灾探测器。

（2）手动报警装置。手动报警装置分布在站厅站台公共区、设备区的过道、设备用房等位置，提供人工报警的手段，如图 8-2 所示。

2）火灾报警控制装置

火灾报警控制装置主要担负着整个系统监视、报警、控制、显

图 8-2 手动报警装置

示、信息记录和档案存储等功能。正常运行时，自动监视系统的运行状态和故障诊断报警；有火灾时，接收探测器、手动报警按钮的报警信号，并将其转换成声光报警信号，指示报警部位，记录报警信息，通过自动灭火控制装置启动自动灭火设备和消防联动控制设备。同时火灾报警控制装置还是系统供电转换中心，负责现场设备（探测器、手报、模块）供电。

3）火灾警报装置

火灾警报装置是火灾发生时以声、光、语音等形式给人以警示的一种消防设备，常用的有警铃、警笛、声报警器、光报警器、声光报警器、语音报警器等。随着数字通信技术的发展，声光报警器、语音报警器的录音质量和保存时间都有极大的改善，音响效果更为人性化，更容易被人接受。

4）消防控制设备

消防控制设备是用以对气体灭火设备、水消防设备、防排烟设备、防火卷帘门等消防设施进行联动控制的设备，实现由火灾报警系统（FAS）直接或间接监控管理消防设备和相关非消防设备的控制和切换。主要设备有：功能模块、消防联动控制柜、在火灾警报系统中手动启动重要消防设备的设施（手动联动控制柜）。

2. 城市轨道交通 FAS 的组成

城市轨道交通 FAS 系统是一个以微型计算机为基础的智能系统，其基本结构及原理如图 8-3 所示。系统中火灾探测器、消防控制设备与微处理器间的连接必须通过输入、输出接口来实现。

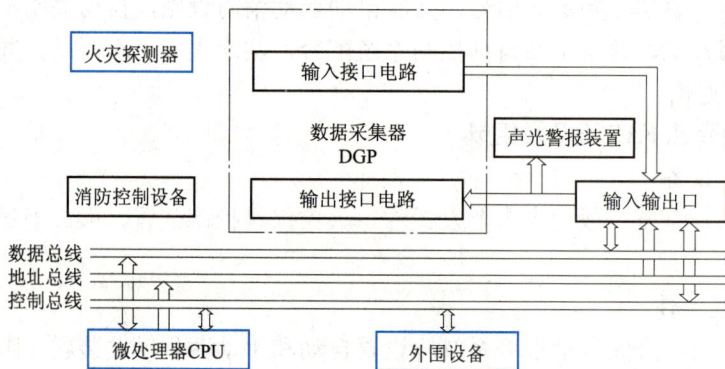

图 8-3 城市轨道交通 FAS 系统基本结构及原理

图 8-3 中，数据采集器一般与微处理器集成于一体，作为主机单元。它一方面接收探测器的信息，经变换后，通过传输系统送进微处理器进行运算处理；另一方面，它又接收微处理器发来的指令信号，经转换后向现场有关的控制装置传送。显然，数据采集器和微处理器是报警系统与现场监控点进行交换的重要设备，也是系统输入输出接口电路部件。

一套完整的地铁火灾自动报警系统一般由中央级设备和车站级设备通过网络形式连接而成。地铁的火灾自动报警系统中央级设备一般安装在控制中心，而车站级设备一般安装各车站的车站控制室。早期的网络媒介是电缆线，而目前大都采用光纤电缆。

1）中央级设备

中央级设备由图形命令中心 GCC、系统主机 NDU、模拟显示器、打印机等设备组成，能实现对地铁线路火灾情况的监控和时钟同步功能。城市轨道交通 FAS 一般采用的网络联网方式如图 8-4 所示。

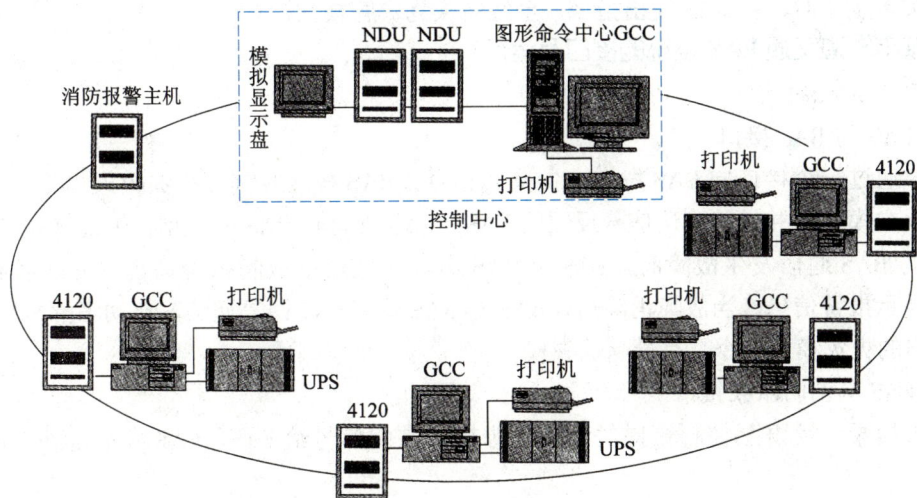

图 8-4　FAS 系统网络联网方式示意图

2）车站级设备

城市轨道交通 FAS 系统车站级设备主要由火灾自动报警主机 4120、显示器 GCC、打印机、不间断电源 UPS 及外围设备组成。

8.1.3　城市轨道交通 FAS 系统的功能

城市轨道交通防灾报警系统的功能也分为中央级功能和车站级功能。

1. FAS 中央级功能

FAS 中央级功能主要是监视轨道交通全线各车站、区间隧道、控制中心大楼、车辆段、停车场、主变电站等下属所有区域的火灾报警、消防联动和故障情况，在火灾发生时承担全线防灾指挥中心功能。除以上功能外，FAS 中央总站必须与其他子系统协调配合。

2. FAS 车站级功能

FAS 的车站级功能主要有实现监视、报警、消防联动及防灾通信功能等。

1）监视模式

在正常情况下，设在各车站的防灾报警分机通过探测器和信号输入模块，对火灾状态和消防设备的运行状态进行实时监测。同时，FAS 系统对其系统内部的部件状态也进行实时监测。所有的监测信息都将传送到控制中心的消防监控工作站，并通过控制中心的综合监控网络形成实时信息，供整个综合监控系统共享。

消防监控工作站上的显示器以平面图的形式显示整个系统各站点内各防火分区、防烟分区的火灾探测器和消防设备的运行状态和火灾信息。设在各站点的火灾报警控制器接收探测器和监视模块的实时报警信号。

2）报警模式

车站 FAS 报警有自动确认模式和人工确认模式两种方式。

3）消防联动模式

系统在火灾确认后，除发出火灾声光报警、火灾信息显示、火灾打印记录等，还将进入消防联动模式。

4）防灾通信模式

当灾害发生时，由 FAS 发出指令，全线转换为灾害模式。

8.1.4 城市轨道交通 FAS 系统的接口及运行

1. FAS 系统的接口

1）FAS 与 BAS 接口

FAS 通过一个接口向 BAS 发出火灾模式指令，BAS 按接收到的火灾模式指令联动执行相应的火灾模式，并将其确认信号反馈给 FAS。FAS 具有与 BAS 的数据传输通道检测功能。当 FAS 与 BAS 通信发生故障时，FAS 及 BAS 均能产生通信故障报警信息，并在各自监控画面上显示报警信息。当故障消除后，BAS 与 FAS 均能自动回复通信，自动消除故障信息。FAS 发出的火灾模式指令具有最高优先权。

2）FAS 与消防水泵接口

消火栓泵、喷淋泵控制箱提供独立无源接点常闭信号给 FAS，FAS 显示自动控制状态信号。

3）FAS 与 AFC 接口

AFC 处于自动控制状态，且 AFC 检票机处于关闭状态时，FAS 发送控制命令至 IBP，IBP 执行控制命令打开相对应的检票机。AFC 检票机处于开启状态时，IBP 将其开启状态信号反馈给 FAS。

4）FAS 与地铁相邻商业 FAS 接口

FAS 提供的火灾信号为独立的无源接点常闭信号，相邻商业 FAS 提供的火灾信号为独立的无源接点常闭信号。FAS 有火情时，将火灾信号发送给相邻商业 FAS；相邻商业 FAS 有火情时，将火灾信号发送给 FAS。相邻商业 FAS 不提供除上述信号外的任何接口信号给 FAS。

5）与综合监控系统接口

如果城市轨道交通监控系统采用综合监控模式，FAS 也集成于综合监控系统，作为综合监控系统下面的一个子系统存在。

2. FAS 系统的运行

地铁设置在各车站的火灾自动报警系统如果已经投入使用，必须 24 h 处于不间断开机工作状态，其运行方式分为正常运行方式和非正常运行方式两种，这两种运行方式均可采用手动和自动两种控制模式。在火灾发生时或火灾初期，由火灾自动报警主机与车站机电设备自动控制系统联合完成系统所设计的对火灾工况各种联动动作，并可通过设置在主控制器上的手动控制盘对触摸按钮开关或双连开关实现对系统的手动 / 自动控制转换。一般要求触摸按钮开关或双连开关设置在自动控制位。

1）正常运行方式

地铁运营制度中明确规定已投用的地铁车站，地铁车站内火灾自动报警系统必须处于自动控制状态，即为正常运行方式。此时，火灾自动报警控制器必须由 UPS 专用电源供电，对车站内的机电设备实施实时监控。火灾自动报警系统监控对象包括手动报警器、烟感探测器、温感探测器、警铃、电话、广播、排烟阀、防火卷帘门、消防泵、喷淋泵、电梯、非消防电源控制柜等设备。当系统在自动控制模式运行下，车站内有火灾报警情况发生时，车站的消防设施会按预置的火灾工况自动进入联动运行。

2）非正常运行方式（交流供电、失电等情况）

地铁火灾自动报警主机处于手动控制时，地铁的运营制度一般规定为非正常运行方式，此时当有火灾报警情况发生时，主控制器能接收到探测设备的报警，并能及时发出报警信息，但不对联动设备发出下一步执行指令，其实是系统等待人工操作，以便做出下一步动作的判断，此时工作人员需对联动设备进行单点，特别是相邻站之间可相互进行火灾报警信息传送、操作，火灾自动报警系统才能执行下一步动作。在手动控制模式下，系统控制方式采用单地址点式控制，监控范围包括有信号连接的各种设备反馈信号、报警信号及故障信号等。

✱ 任务 8.2　城市轨道交通 BAS

8.2.1　BAS 概述

地铁与轻轨的正常运营是通过多种机电设备与各类控制系统来保证的。城市轨道交通的环境与设备监控系统，其英文简写为 EMCS（Environment and Machine Control System），我国规范称其为 BAS（Building Automatic System）。从 BAS 系统的中文名字即可看出，其被控设备从工艺作用方面可划分为两类：环控系统工艺设备和建筑附属其他机电设备。

地铁 BAS 系统是将现代科技的计算机及网络技术结合机电设备自动化控制原理，以专门的地铁环境通风空调及防灾处理等理论为基础的自动化控制系统，利用分布式微机监控系统对地铁车站及区间隧道内的空调通风、给排水、电梯与自动扶梯、照明与导向标识、屏蔽门、人防门、防淹门等机电设备进行全面的运行管理与控制，在发生火灾或列车阻塞等事故情况时，能够及时迅速地进入防灾运行模式，根据火灾报警系统发送的着火点信息或列车自动控制系统发送的阻塞点信息自动调度送风和排风，进行通风排烟，引导人员疏散，极大地提高地铁运营的智能化和安全性。系统以节能为特色，综合考虑列车、客流、车站设备、通风等影响空调通风系统负荷的各种因素，根据地铁热环境变化的规律，对空调通风系统的全年运行方式自动进行调整，不仅可以保障地铁车站机电系统设备的安全可靠运行，创造安全、舒适、高效的乘车环境，而且能降低空调通风系统的运行能耗，减少地铁运营成本。

1. BAS 的设备

1）车站通风空调系统

车站通风空调系统主要包括公共区通风空调系统设备、车站设备与管理用房通风空调系统设备、空调水系统设备及各类传感器、执行器。

2）隧道通风系统

隧道通风系统设备的作用域是隧道，包括区间隧道和车站隧道。它们在正常运营情况下用于排热换气；灾害情况下用于定向排烟、排热和送新风。这些设备的安装位置、数量、功率、运行模式等是经设计单位根据工艺设计、软件仿真而决定的。

3）给排水设备

给排水设备包括电动蝶阀和水泵两类设备。

4）照明与导向指示

照明一般包括工作照明、广告照明、出入口照明、区间照明、事故照明电源及与消防无关的电源等。

5）电梯与自动扶梯

电梯与自动扶梯属于车站公共区的配套设备，一般位于车站公共区和出入口处。

6）屏蔽门

如果环控系统采用屏蔽门制式，屏蔽门控制系统一般纳入 BAS 的监控和管理范围。

屏蔽门安装于站台层、站台和隧道的交界处，用以隔离车站和隧道，当没有列车停靠站台时，屏蔽门处于关闭状态；当有列车停靠时，屏蔽门将随着车厢门同时打开或关闭。屏蔽门自成系统，由专用控制器控制。其控制器通过串口方式接口车站通信控制器，从而接入车站局域网。

7）人防门

人防门一般位于隧道内，平时常开，BAS 通过 I/O 接口对其只监视，不控制。

8）防淹门

一般在过江或湖泊隧道内设有防淹门，同样 BAS 系统将通过 I/O 接口监视其状态。

2. 设备分布特点

BAS 的被控对象与其他系统相比，不仅数量多，且分布极其不规则，几乎遍布整个轨道交通地下工程建筑物的各个地方，这种分布上的客观情况决定了 BAS 系统的实施、调试及维护的难度。解决此难点需分析这些设备的分布特点，找出规律。BAS 所控设备分布特点是：车站两端为环控系统设备的集中安装地，如风机房、冷水机房等，而其他设备除电扶梯、排水设备、站厅站台的空气参数传感器等分布不规律外，基本上都集中在车站两端的不同位置。了解和确定设备分布特点是进行系统设计的前提。

8.2.2　BAS 体系结构及构成

1. BAS 体系结构

BAS 从系统组成角度而言，包括中心 BAS、车辆段 BAS 和车站 BAS。完整的 BAS 或完整的 BAS 功能是一个以骨干网为基础的、地理上分散的、分层分布式系统结构的大型 SCADA 系统。图 8-5 为沈阳轨道交通 BAS 体系结构。

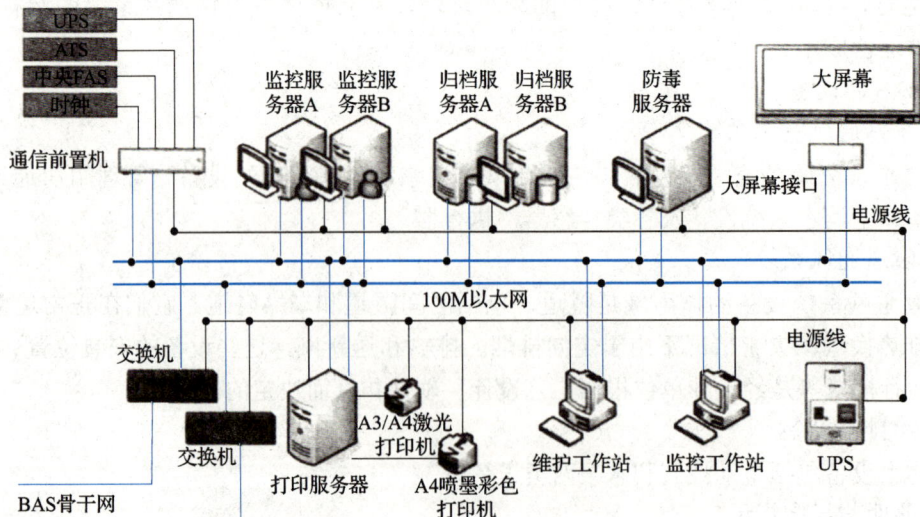

图 8-5　沈阳轨道交通 BAS 体系结构

同时，BAS 在横向又呈分布式的集散型结构，包括两个方面：因为车站沿轨道交通线路在地理上呈分布式结构，因此整个 BAS 也是以车站 BAS 为单位的在地理上呈分散的 SCADA 系统。另外，在车站，根据设计规范的要求，BAS 由多个控制器和统一的监控设备构成一个集散型系统（DCS）。

2. BAS 的构成

环境与设备监控系统通常由中央、车站、就地三级实现对通风空调系统、给排水设备、电梯、屏蔽门、照明等设备的监视和控制。系统主要设备分中央级设备、车站级设备及现场级设备。

1）中央级设备

中央级设备包括工作站及服务器、模拟屏、维修工作站等。

（1）工作站及服务器：配置两台或两台以上的操作工作站，采用并列运行或冗余技术，使工作站处于热备状态，保证故障情况下的自动投入，同时根据系统实际需要选用服务器或小型机对整个系统实现优化控制、管理以及数据备份。

（2）模拟屏：中央级配置背投式液晶等模拟屏，直观显示全线重要设备运行状态、重要报警、主要运行参数等，便于环控调度掌握总体情况，及时发现问题。

（3）维修工作站：为了提高系统运行的可靠性，及时发现并排除故障，减少故障的维修时间，一般在 OCC 设备房及车辆段的系统维修车间分别建立维修工作站。

2）车站级设备

车站级设备包括监控工作站、应急控制盘、与火灾自动报警系统的接口、维修工作站。

3）现场级设备

现场级设备包括现场控制器、现场检测仪表及执行机构。

（1）现场控制器：控制设备可选用 DCS 系统或 PLC 系统，一般主要集中设置在环控电控室内，部分分散设置于现场被监控设备的附近。为提高监控系统的可靠性，现场控制器可采用冗余配置。

现场控制器须具备软件联锁保护设置；控制被控对象设备顺序动作；冗余设备故障切换控制；冗余设备运行时间平衡计算及选择执行。系统各种运行参数的采集及存储等功能可通过一定的计算，来实现优化控制和各种模式控制。对中央级下达的控制指令和控制模式、设定值的更改和其他相关联参数的修正，也由现场控制器处理后执行。

（2）现场检测仪表及执行机构：在公共区站厅/台、上下行线隧道口、新风道、排风道、混合室、送风室及重要设备房分别设置温度、湿度感应器，测量环境中需要重点监测及控制的参数。

在水系统管路上，设置水温、压力、压差、流量、液位传感器，检测水系统重要的监测及控制参量；在冷冻水管路上，设置二通或三通流量调节阀，对冷量进行调节。

8.2.3　BAS 的功能

1. BAS 的主要功能概述

1）环境检测

BAS 通过布置在公共区、有人值班的管理用房及对环境有要求的设备用房的温度和湿度检测设备，实现环境温度和空气湿度的检测。

2）机电设备监控

BAS 实现对全线通风空调、给排水、照明等机电设备的实时或定时监控；监视电梯、屏蔽门的运行状态。紧急情况下，可实现对自动扶梯的紧急停止控制。

3）水位监测及报警

BAS 监视车站和区间各类排水泵房水位，接收水位报警，并具有对废水泵的远程控制功能。

4）优化控制与节能

BAS 通过对环境参数检测以及相关计算，自动将通风空调系统调控在最佳运营状态，一方面提高城市轨道交通系统整体环境的舒适度，另一方面实现节能控制，降低运营成本。

5）防灾救灾

接收车站火灾自动报警系统发出的火灾控制模式指令，执行车站防灾设备的火灾控制模式；在火灾自动报警系统与 BAS 之间通信中断情况下，接收车站综合监控系统车站火灾模式控制指令，执行车站防灾设备的火灾控制模式；接收综合监控系统区间火灾模式控制指令，执行隧道排烟模式；接收区间列车阻塞通风模式控制指令，执行列车区间阻塞通风模式。

6）数据管理

系统具有对受控设备运行参数分类存储、统计报表、自动生成系统设备维护报表和自动打印的功能。

2. 中央级主要功能

1）监控功能

中央级监控系统是整个 BAS 系统的监控核心，其功能设计应面向城市轨道交通运营和维护，突出日常调度和防灾指挥功能，支持全局性的监控和管理，并实现用于调度和运营管理的数据设置、关键设备（隧道风机等）的遥控及模式控制等功能，为环调及维调提供用于运营管理的、全局性的，并且可实现区域性监控操作的各类高效实用的监控手段。

2）维护功能

中央级维护功能一般和 OCC 的监控系统集成在一起实现，但有时需要在车辆段建立独立的维护系统、培训系统等，此时该系统的逻辑级别和 OCC 的监控系统是一致的。OCC 监控系统更注重全局的监控及管理，而车辆段系统则更注重 BAS 系统的维护，同时根据需要，该系统又可作为 OCC 监控系统的后备系统，同样可以实现监控与管理功能。维护功能包括全线 BAS 系统工程管理、监控与维护以及后备监控与操作。

3）下达指令功能

中央级监控系统可向车站级 BAS 下达时间表控制等指令。

3. 车站级主要功能

1）功能概述

（1）监视车站通风空调设备的运行状态，监测、记录车站站厅、站台和管理设备用房的温度、湿度等环境参数。

（2）根据通风空调系统提供的工艺要求，对通风系统设备进行模式控制，包括正常模式、区间阻塞模式、火灾模式控制。

（3）监视全站 BAS 监控下的其他设备的运行状态，接收系统报警，记录各种操作，实现实时数据和历史数据的分类存储、统计报表等。

（4）将本站 BAS 所有信息上传中央级。接收中央级下方的时间表控制信息和模式控制指令。

（5）接收时钟同步信号，具有与中央主时钟同步的功能。

2）主要目的

（1）在正常工况下，提供灵活多样的、全面的监控方式与手段实现对车站通风空调系统及其他机电设备的监控操作、实时控制，并通过先进的、实用的控制算法和策略达到节能与优化控制的目的。

（2）在非正常情况下，提供方便的协调和调度监控手段来满足和应对特殊的工况需求，并根据调度及触发命令完成模式控制。

4. 现场级功能

（1）对单台设备进行现场控制，满足设备的现场调试要求。

（2）实现对现场信号的采集、转换和控制信号的输出。

（3）接收火灾自动报警系统的火灾信息，执行火灾模式控制指令。

（4）主控制器通过现场总线同具有智能通信接口的其他受控设备连接，实现数据通信。

（5）现场级设备具有脱离全线网络系统独立运行的功能，控制器的存储容量满足监控数据的存储需要。

8.2.4　BAS 的设备接口

BAS 是一个集成系统，集成系统的一个特点是要处理各种形式的接口。BAS 需要通过各种接口方式实现对被控对象的监控；同时，BAS 不是一个孤立的系统，它必然要和轨道交通其他专业子系统发生关系，如火灾报警系统（FAS）、低压专业、通信专业、主控系统等。

对于一个集成系统而言，接口形式无外乎三种方式：硬线 I/O 接口、低速率异步串行接口和网络接口。对于 BAS 而言，其接口分布如图 8-6 所示。

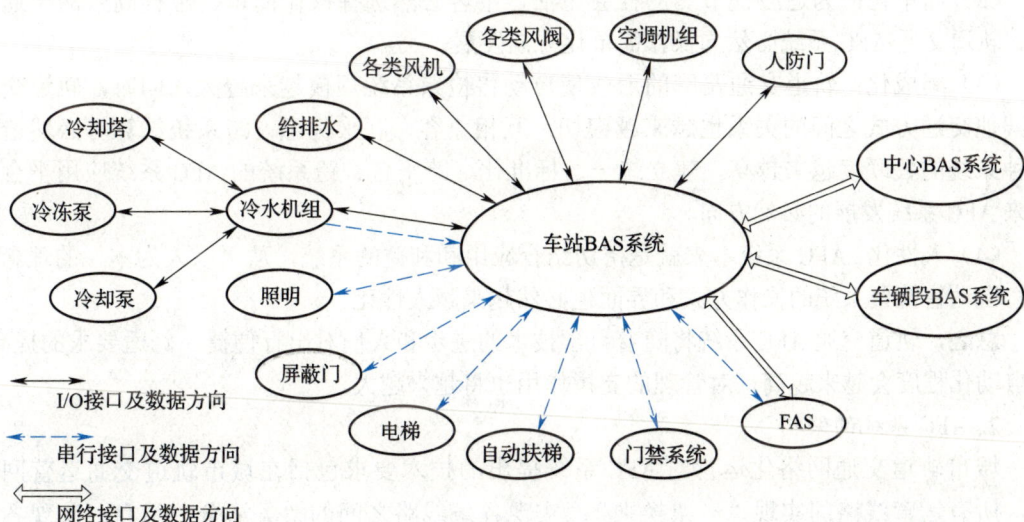

图 8-6　BAS 接口分布总图

✳ 任务 8.3　城市轨道交通 AFC 系统

8.3.1　AFC 系统概述

AFC 系统是城市轨道交通普遍应用的现代化联网收费系统，是基于计算机网络通信、现金自动识别、微电子计算机、机电一体化、嵌入式系统集成和大型数据库管理、自动控制等技术，实现轨道交通售票、检票、计费、收费、统计、清分、管理等全过程的自动化系统。

1. AFC 系统的发展概况及发展方向

1）AFC 系统的发展概况

早期城市轨道交通收费系统采用人工售检票方式，使用纸质车票。人工售检票方式的主要优点是设备投资低，人工售检票方式的缺点是需雇佣大量的检票人员，人工费用高。随着技术的发展，1967 年，世界上第一套自动售检票系统在法国巴黎地铁投入商业运营。

1999 年，上海和广州从美国 CTS 公司引进自动售检票系统，使用磁卡车票。

国内各城市轨道交通自动售检票系统，虽然有所差异，但是，从本质来说大同小异。自动售检票系统主要差异集中在以下两点：

（1）单程车票差异：卡型、筹码型（TOKEN）。

（2）自动检票机通道阻挡装置差异：三杆装置、剪式门装置。

2）AFC 系统的发展方向

随着轨道交通的快速发展、相应技术的进步以及不同政策组合的灵活应用，AFC 系统总的发展趋势是标准化、简单化、集成化和人性化。

（1）标准化：为实现轨道交通 AFC 系统的简捷和大集成，必须制定标准和规范，统一系统设备和终端设备，使系统达到互联互通，采用统一车票媒介，实现不同线路之间的方便换乘。

（2）简单化：为适应快节奏的社会生活，乘客必然选择操作简单、出行高效的交通工具。轨道交通 AFC 系统必然向操作简单化方向发展。

（3）集成化：轨道交通路网的形成使自动售检票系统规模越来越大，同时，轨道交通与其他交通方式之间的关系也越来越密切，互相兼容、联乘优惠、跨系统结算等必然造成各种系统的关联度越来越高。建立统一、标准化、跨平台、跨系统的 AFC 系统应用平台是未来 AFC 系统发展的必然方向。

（4）人性化：AFC 系统本来就是密切结合应用和利益的系统，从"以人为本"的理念出发，自动售检票系统的操作方式和界面也必然越来越人性化。

总之，轨道交通 AFC 系统将随着科学技术的进步和人们对出行便捷、舒适要求的提高，其自动化程度会越来越高，对管理的支撑作用也将越来越大。

2. AFC 系统的架构

城市轨道交通网络化运营对 AFC 系统提出的技术要求包括在城市轨道交通运营网络内，所有运营线路间实现"一票换乘"；实现各条线路之间的票务清分、结算；实现各条线路与城市公共交通卡发行、管理部门的清算。城市轨道交通线网 AFC 系统的五层架构如图 8-7 所示。

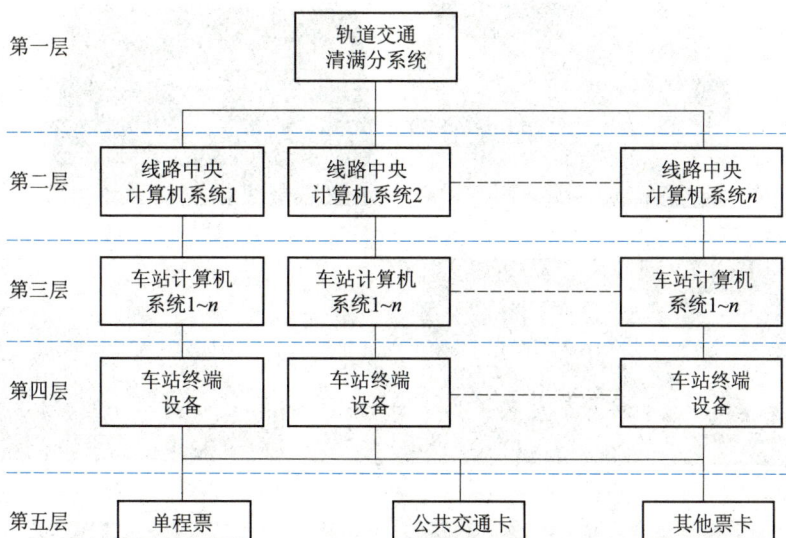

图 8-7 城市轨道交通线网 ACF 系统的五层架构

3. AFC 系统的功能

在城市轨道交通系统中，AFC 系统以其高度的智能化设计，扮演着售票员、检票员、会计、统计、审计等角色，以数据收集和控制系统实现了票务管理的高度自动化。它可以精确记录乘客乘车的起、终点，准确掌握客流时空分布规律，实时统计各线路及各车站的客流量，为地铁运营组织提供基础数据，应对客流变化，及时调整运力，缓解拥挤。它不仅是地铁运营面向乘客的窗口，也是运营收入的现金流，它性能的好坏直接影响到城市公共交通系统的形象，影响到城市畅通工程的顺利实施。

AFC 系统的总体功能主要包括售检票作业、票务管理、运营管理、设备管理、财务管理、清算对账管理、统计查询管理、网络管理、数据管理、安全管理、用户权限管理以及运营模式的监控管理等。

8.3.2 AFC 系统车票媒介

在 AFC 系统中，车票是相当重要的一种中间媒介，为了更方便地服务乘客，轨道交通提供多种类型的车票，例如：单程票、纪念票、一日票、赠票、测试票和轨道交通一卡通，供乘客选用，如图 8-8 所示。

轨道交通的票价体系大致可分成三个阶段：

第一阶段：轨道交通运营初期，采用纸质车票，单一票价。

第二阶段：自动售检票系统的初始阶段，采用计程、计时票价制，车票媒介包括磁卡车票和 IC 卡。

第三阶段：现代化联网收费系统，采用计程、限时票价制，实行收费区内直接换乘和多元收益方的精细清分，使用非接触式 IC 卡作为车票媒介。轨道交通系统内实现"一票通"换乘同时兼容公共交通卡、手机钱包，与市内其他公共交通系统实现"一卡通"联乘优惠结算。"一票通"车票是用于城市轨道交通系统乘行，并能实现不出站换乘不同线路的乘车凭证。"一卡通"车票是用于城市轨道交通、公交、出租汽车、轮渡等乘行的具有储值功能的消费载体，俗称"交通卡"。

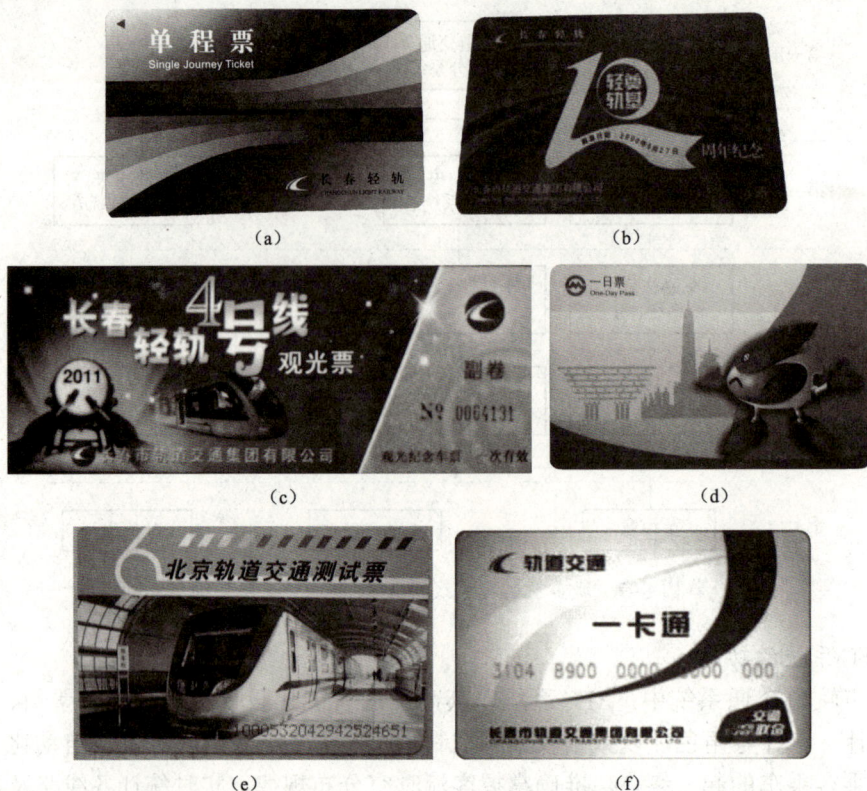

图 8-8　车票类型

（a）单程票；（b）纪念票；（c）赠票；（d）一日票；（e）测试票；（f）轨道交通一卡通

1. 纸质车票

常见的纸质车票有普通纸票和条形码纸票。

（1）普通纸票是将车票的所有信息都直接印刷在车票上，由票务人员视读确认，如图 8-9 所示。

图 8-9　纸质车票

（2）条形码纸票是将车票的相关信息通过条形码编码储存，由条形码扫描仪完成信息识别，标识的信息只供读取而不能改写。

2. 磁卡车票

磁卡车票有塑质磁卡车票和纸质磁卡车票，如图 8-10 所示，二者在基片上设置磁记录区域，通过磁留存、储存有关的信息，由磁卡读写设备获取相关信息，信息是可修改的。

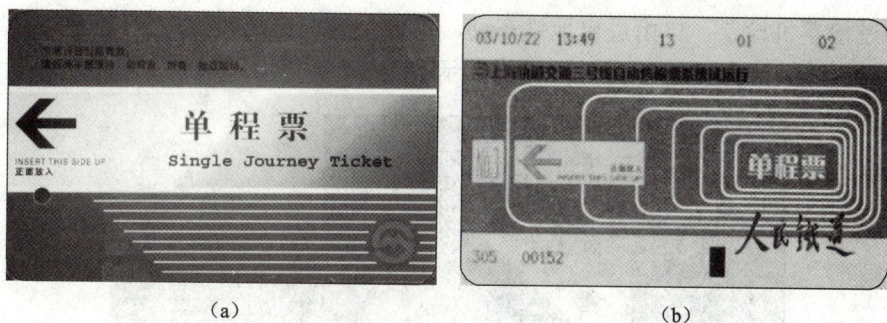

图 8-10　磁卡车票

（a）塑质磁卡车票；（b）纸质磁卡车票

3. IC 卡车票

非接触式 IC 卡是将车票的所有信息储存在车票的集成电路中，用非接触式 IC 卡读写设备获取相关信息。非接触式 IC 卡又分逻辑加密卡和微处理器（CPU）卡两种类型。非接触式 IC 卡车票的特点是信息储存量大，并且可修改。目前，轨道交通使用的非接触式 IC 卡单程车票按外形结构划分，有两种类型：卡型和筹码型（TOKEN）。

1）卡型 IC 车票

卡型塑质非接触式集成电路 IC 卡，简称卡型 IC 卡，使用城市有上海、北京、重庆、大连、成都等。

2）筹码型 IC 车票

筹码型非接触式集成电路（IC）卡，简称筹码（Token）。如图 8-11 所示，使用筹码型（IC）卡的城市有广州、武汉、天津、南京、深圳、印度新得里、韩国光州。

图 8-11　筹码型 IC 车票

筹码型 IC 卡是在直径为 30 mm、厚度为 2.0 mm 的非金属材料圆盘内，嵌装集成电路及天线，通过电感耦合方式与筹码读写器进行信息交互的非接触式 IC 卡。

3）CPU 卡

CPU 卡又称微处理器卡，由一个或多个集成电路芯片组成，封装在便于人们携带的卡片内。在集成电路中有中央处理器（CPU）、随机存储器（RAM）、程序存储器（ROM）、数据存储器（EEPROM）以及片内操作系统（COS）。CPU 卡具有暂时或永久数据存储能力，其内容可供外部读取或供内部处理和判断之用，同时还具有逻辑处理、命令处理和数据安全保护等功能，用于识别和响应外部提供的信息和芯片本身判断路线和指令执行的逻辑功能。

4. 手机钱包

手机钱包采用直接将芯片安装在手机内的方式，手机可以和储值卡一样使用，用手机可直接通过检票机检票，自由进出地铁车站，国内上海、广州和重庆已经开始试点，通过移动支付账户对手机钱包充值，如图 8-12 所示。

图 8-12　地铁手机钱包支付

8.3.3　AFC 系统车站终端设备

车站 AFC 系统主要由车站计算机系统（Station Computer，SC）设备和 AFC 终端设备组成。

车站计算机系统设备主要由交换机、票务工作站、维护工作站、车站计算机、打印机等组成，主要完成数据记录统计、数据核算、终端设备状态监控等工作。

AFC 终端设备主要包括进站检票机、出站检票机、双通道检票机、宽通道检票机、自动售票机、半自动售票和自动验票机，主要完成售票、进站通行检测、出站通行检测、补票和验票等工作。车站 AFC 系统设备构成如图 8-13 所示。

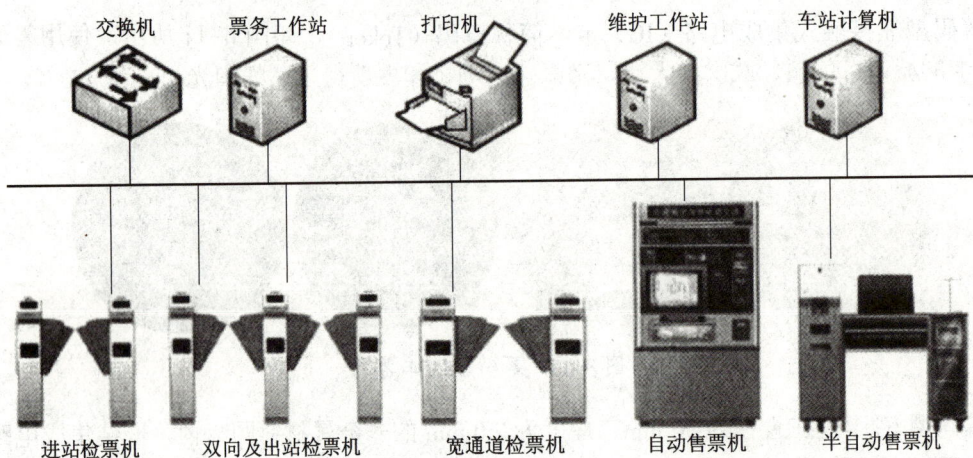

图 8-13　车站 AFC 系统设备构成

1. 自动售票机

自动售票机（Ticket Vending Machine，TVM）安装在车站非付费区内，由乘客采用自助的方式购买单程票或使用现金对储值票充值，如图 8-14 所示。

自动售票机主要由主控单元、触摸屏、乘客显示器、运营状态显示器、车票读写器及天线、纸币处理系统、硬币处理系统、票卡处理系统、银行卡系统（预留）、综合控制器、维护面板 / 移动维护终端接口、单据打印机、电源模块及机壳等部件组成。自动售票机外观如图 8-15 所示。

图 8-14　车站非付费区自动售票机

图 8-15　自动售票机外观

1）自动售票机的特点

自动售票机的主要特点如下：

（1）操作简便：乘客操作位置按人体工程学布局，操作位置醒目；触摸显示屏显示硬币、纸币投币口及找币、票位置；运营状态显示器显示自动售票机的当前运营状态；操作步骤通过显示屏用图形及文字进行明确的操作提示；可以使用单独的英文界面操作设备。

（2）多种购票方式：可以先入币购票；可以先选线路及站点再入币购票；可以直接输入票价购票；可以一次购买多张（可通过参数设置张数）同目的站车票。

（3）多种支付方式：可以全部使用硬币购票，可接受 16 种硬币；可以用纸币购票，设备提供找零；可以用纸币、硬币混合购票；可以用纸币为储值卡充值。

（4）找零功能强大：可以提供两种硬币各多枚的循环找零功能；可以提供两种硬币各多枚的后备找零；提供"原币奉还"功能（未完成交易时如取消购票业务，可返还乘客投入的钱币）。

（5）管理方便：设备具有前后两个维护门，正常使用和维护只需开后门；门的开启角度超过 120°；使用设备内的部件安装轨道可以方便地拉出设备；设备具有照明及备用电源插座。

（6）高安全性：设有现金安全区，日常操作不会接触到钱币；设备的部件具有离位报警功能；进入现金区需要特制的钥匙；钱箱、票箱从设备上取下时需使用专用钥匙；设备的外部无直角，防止行人碰撞受伤。

2）自动售票机的功能

自动售票机发售各种票价的单程票，它接收硬币、纸币、公共交通卡等支付购买单程票，并且能用硬币和纸币找零。

2. 自动检票机

自动检票机（闸机）位于车站的站厅层，安装在车站的付费区和非付费区之间，用于实现自动进出站检票，同时也将车站的站台围成一个封闭的区域。

自动检票机是实现乘客自助进出站检票交易（在非付费区和付费区之间通行）的设备，凡持有效车票的乘客，检票机通道阻挡解除（释放转杆或门扇开启），允许乘客进出站。

1）自动检票机的分类

（1）根据阻挡装置的类型可以分为三杆式检票机（三辊闸），如图8-16（a）所示；隐藏门式检票机（剪式门式检票机），如图8-16（b）所示；拍打门式检票机（摆闸），如图8-16（c）所示。

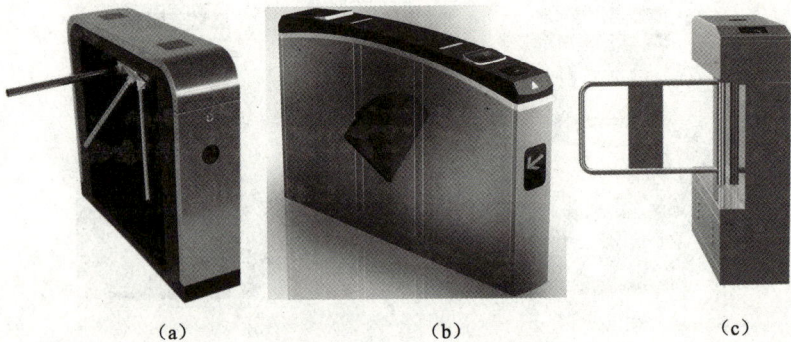

（a）   （b）   （c）

图8-16　不同类型的自动检票机

（a）三杆式；（b）隐藏门式；（c）拍打门式

（2）根据功能可以划分为进站检票机、出站检票机、双向检票机、双向通道检票机。图8-17所示为所示为东京地铁双向通道检票机。

图8-17　东京地铁双向通道检票机

2）自动检票机的功能

自动检票机的基本功能包括设备运营功能、设备审计功能、设备控制功能和设备维护功能。

设备运营功能包括刷卡检测、有效性检查、车票处理、信息提示、异常检测、回收处理、参数下载、黑名单、上传状态、交易数据。

设备审计功能包括审计数据上传、审计数据。

设备控制功能包括接收各种命令、工作模式切换。

设备维护功能包括系统自检、参数设置、设备部件自检。

在进站检票机的进站端、出站检票机的出站端、双向检票机以及宽通道检票机的两端都装有乘客显示器。乘客显示器外观如图 8-18 所示。

乘客显示器通过图形及文字显示的引导信息，向乘客及票务员提供运行状态和车票处理结果。显示屏可显示中、英文及数字组成的信息。在正常模式下，以中、英文同时显示允许通行的信息，按不同的车票类型，显示车票类型、车票余额、扣除金额等信息。

检票机处于设备故障模式、暂停服务模式、维修模式时，以代码或中文显示相应模式的发生原因、检票机状态及模式。

方向指示器用于检票机显示允许或禁止通行的远距离提示，如图 8-19 所示。显示标志使人能在 30 m 外的距离明显辨识其显示信息。方向指示器分别安装在检票机两端的前面板上，指示该通道允许 / 禁止通行。其信息采用国际通用的标志显示，如用绿色 45° 箭头指向通行通道表示"通行"，用红色横线表示"禁止通行"。"通行"及"禁止通行"信息是互斥的，两种信息标志不能同时显示。

图 8-18　乘客显示器外观

图 8-19　自动检票机

在自动检票机停止使用的状态下，两端的方向指示器均显示"禁止通行"标志，其显示状态见图 8-19 所示。在紧急状态下，在付费区所有的方向显示器显示"通行"标志，以指示乘客离开付费区。

3. 半自动售 / 补票机

半自动售票机（Booking Office Machine，BOM）是安装在售票亭和补票亭内，由轨道交通工作人员操作。半自动售票机主要用于发售各种类型的车票，兼有补票、充值以及对车票进行查验和票据打印的功能。

半自动售票机将现金和车票处理信息内容显示在显示器上，以便运营人员充分阅览，并且运营人员在处理车票和现金时，在乘客显示器上显示所需的车票和现金信息。

1）半自动售/补票机的结构

半自动售票机主要由综合控制器、乘客显示屏、操作显示器、读写器与天线、票据打印机、键盘、鼠标及电源模块等构成，如图 8-20 所示。

图 8-20　半自动售/补票机

2）半自动售/补票机功能

半自动售票机安装在非付费区与付费区之间，人工处理乘客购买单程票、储值票，单程票补票、验票，储值票充值等业务。半自动售票机的主要功能有售票、补票、验票、充值、更新、替换、退款、车票查询、注销等。

半自动售票机的工作模式主要分为售票模式、补票模式、售补票模式。

4. 自动验票机

自动验票机（Ticket Checking Machine，TCM），设置于车站非付费区，采用联网方式，用于乘客自助式查询车票内的历史交易信息。查询服务可以查询车票的有效性，查询车票的使用历史。信息包括票种、购票时间、进站时间、出站时间、进站地点、出站地点、剩余金额、有效期等。每笔交易信息逐条显示。

自动验票机还能显示乘客服务信息，包括 AFC 系统介绍、AFC 系统使用指南和其他公告信息等，该信息可作为系统参数由 SC 下载到设备中。自动验票机及其界面显示如图 8-21所示。

图 8-21　自动验票机及其界面显示

8.3.4 AFC 系统的安全与保障

1. AFC 系统的安全

轨道交通自动售检票系统安全主要应解决好以下五个问题：

（1）物理链路的安全，通过采用链路加密、专网技术和通信线路管制的手段，提高通信线路的安全防护能力。

（2）系统的安全，通过采用技术手段和防护设备提高系统对攻击者的抵御能力。

（3）信息的安全，通过采用加密手段，确保计算机系统中存储、处理、传输的信息不被非法访问、截收、更改、复制、破坏、删除。

（4）设备环境的安全，通过一定的技术手段，确保信息设备的电磁泄漏辐射符合保密标准，安放设备的房间安全可靠等。

（5）技术手段与管理相结合，通过健全的法律、规章制度和加强思想教育，杜绝管理上的漏洞和思想认识上的漏洞。

2. AFC 系统的保障

要确保自动售检票系统的正常运行，就必须建立一套完善的保障体系。系统保障就是通过建立必要的系统环境、技术体系、管理体系以及系统扩展更新制度等来保障系统的有效运行。

1）系统环境保障

系统环境保障是指为保障系统正常运行所必须具备的物理环境。通常意义上是指：电源环境、机房空调环境、网络环境、计算机主机与存储环境、应用环境，以及检验测试等。

2）技术保障

（1）系统连续运行保障：自动售检票系统的生命周期较长，而中央系统是其核心系统，必须确保中央系统安全、可靠和稳定地不间断运行。为了使中央计算机系统始终处于 7×24 h 的连续运行状态，中央系统采用了多种可靠性技术手段来建立整个系统的备份，保障发生故障后能够及时恢复。技术保障工作分为两个阶段：一是设计建设阶段实施的技术保障；二是在运行周期中的运行监护。

（2）性能管理：中央系统通过运营监护系统对系统的整体运行状况做出性能上的监控和管理，为管理人员对中央系统的设备、功能进行调整提供决策依据。中央系统的各项性能指标能够通过图形化界面直观、生动地展现在监控人员面前。中央系统还应设定相应的阈值，当其中的某项性能指标高于上限阈值或是低于下限阈值时，监控窗口能够立即做出警示，以提醒管理人员。

（3）应用管理：中央系统在日常运营中处于全自动状态，操作人员只需对系统中的一些参数信息进行调整、对运营数据的报表进行信息查询即可。

（4）资源管理：资源管理通过对整个中央系统中各种设备资源情况的监控，适时对资源的利用率、消耗趋势做出分析，直观、清晰地展示系统资源的使用情况，管理人员据其调整中央系统的资源分配，使中央系统性能达到最优化。

3）管理保障

要保证自动售检票系统的稳定、正常运行，就必须建立一支稳定、规范的日常维护保障队伍，并对其进行相应的培训。自动售检票系统的管理保障由运营管理、维护管理和培训管理组成。

任务 8.4   城市轨道交通电梯系统

8.4.1   电梯系统概述

1. 电梯系统设计原则

城市轨道交通系统设置的基本原则如下：

（1）站台至站厅间根据车站远期客流量设置上、下行自动扶梯；出入口与过街隧道根据人流量设置上、下行或上行自动扶梯。

（2）为了保证人流疏散和服务质量，自动扶梯的设置参数如表 8-1 所示。

表 8-1   自动扶梯的设置参数

提升高度H/m	上行	下行	备用
$H \leqslant 6$	自动扶梯	—	—
$6 < H \leqslant 12$	自动扶梯	△	—
$12 < H \leqslant 19$	自动扶梯	自动扶梯	△
$H > 19$	自动扶梯	自动扶梯	自动扶梯

注：△表示重要车站也可设置自动扶梯。

（3）车站内设置垂直电梯、楼梯升降机，以满足残疾人等特殊人群的需要，为他们提供出入城市轨道交通的一条无障碍通道。

（4）在长大换乘通道处加装自动步道，解决换乘距离长而导致的服务水平下降。

2. 电梯系统在轨道交通运营中的重要作用

（1）便于客流组织，使车站进、出平稳有序。

（2）改善乘客乘车环境，提高乘客舒适度和满意度。

（3）满足老弱病残群体出行需求，体现人性化服务。

（4）加快人员流动速度，提高运输效率。

（5）有利于在灾害条件下的客流疏散，避免人员慌乱。

8.4.2   自动扶梯

自动扶梯是由电动机驱动的，通过链式传动装置带动载客部件（循环运行梯级）在倾斜的固定环形轨道中做往复运行的、方便行人在建筑楼层间上下的交通工具。

自动扶梯的特点有输送能力大，能同时运送大量乘客；运送客流量均匀，能连续地运送乘客；可上、下逆转。

自动扶梯外观如图 8-22 所示。

1）金属结构架

自动扶梯的金属结构架具有安装和支承各个部件、承受各种载荷以及连接两个不同层楼

图 8-22   自动扶梯的外观

地面的作用。金属结构架一般有桁架式和板梁式两种，桁架式金属结构架通常采用普通型钢（角钢、槽钢及扁钢）焊接而成。

2）驱动装置

驱动装置的作用是将动力传递于梯级系统及扶手系统。一般由电动机、减速箱、制动器、传动链条及驱动主轴等组成。

3）梯级

梯级在自动扶梯中是一个关键的部件，它是直接承载输送乘客的特殊结构的四轮小车，梯级的踏板面在工作段必须保持水平。

4）牵引构件

牵引构件是传递牵引力的构件。自动扶梯的牵引构件有牵引链条与牵引齿条两种。一台自动扶梯一般有两根构成闭合环路的牵引链条（又称梯级链或踏板链）或牵引齿条。使用牵引链条的驱动装置装在上分支上水平直线段的末端，即端部驱动装置。使用牵引齿条的驱动装置装在倾斜直线段的上、下分支之中，即中间驱动装置。

5）张紧装置

张紧装置的作用如下：

（1）使牵引链条获得必要的初张力，以保证自动扶梯正常运行。

（2）补偿牵引链条在运转过程中的伸长。

（3）牵引链条及梯级（或踏板）由一个分支过渡到另一分支的改向功能。

（4）梯路导向部件（如转向壁等）均装在张紧装置上。

张紧装置可分为重锤式张紧装置和弹簧式张紧装置等。目前常见的是弹簧式张紧装置。张紧装置链轮轴的两端各装在滑块内，滑块可在固定的滑槽中水平滑动，并且张紧链轮同滑块一起移动，以调节牵引链条的张力。安全开关用来监控张紧装置的状态。

6）扶手装置

扶手装置是装在自动扶梯两侧的特种结构形式的带式输送机。扶手装置主要供站立在梯路中的乘客扶手之用，是重要的安全设备，在乘客出入自动扶梯的瞬间，扶手的作用显得更为重要。扶手装置由扶手驱动系统、扶手带、栏板等组成。

7）安全装置

自动扶梯的安全性非常重要，国家标准对所需的安全装置有明确的规定。安全装置的主要作用是保护乘客，使其免于经历潜在的各种危险（包括乘客疏忽大意造成的危险和由于机械电气故障而造成的危险等）；其次，安全装置对自动扶梯本身具有保护作用，能把事故对设备的破坏性降到最低；另外，安全装置也使事故对建筑物的破坏程度降到最小。

8）电气设备

自动扶梯的电气设备包括主电源箱、驱动电动机、电磁制动器、控制屏、操纵开关、照明电路、故障及状态指示器、安全开关、传感器、远程监控装置、报警装置等。

8.4.3　垂直电梯

垂直电梯是用于高层或多层建筑物中的固定式升降运输设备，它有一个轿厢，沿着垂直方向在各楼层间运行，是输送人员或货物的垂直提升设备的交通工具，如图8-23所示。

1. 垂直电梯的选型

轨道交通车站自身的建筑特点及对电梯的设置要求，很难实现在电梯井道顶部设置电梯曳引机房，使其独立突出于车站顶部，如图8-24所示。因此，在电梯选型上首先要考虑采用无机房或机房下置电梯。

垂直电梯的工作原理是电动机带动钢缆拉动轿厢在垂直固定的导轨上进行上下往复运行。曳引绳两端分别连着轿厢和对重，如图8-25所示。

图8-23 垂直电梯

2. 垂直电梯系统的组成

垂直电梯多属于液压梯，液压梯依靠液压传动，采用柱塞侧置方式，其油缸柱塞设置在轿厢侧面，借助曳引绳通过滑轮组与轿厢连接，利用电动泵驱动液体流动，由柱塞使轿厢升降。全过程通过电控液压集成技术可靠、准确地实现。

图8-24 城市轨道交通垂直电梯

8.4.4 楼梯升降机

楼梯升降机是一种较新颖的设备，属于电梯的一个分支。安装在车站站台到站厅和地面到站厅步行楼梯一侧，为残疾乘客上下楼梯提供，弥补了车站现有垂直电梯不能到达地面的不足。楼梯升降机能沿着楼梯连续做上升、水平和90°转角运行，运行倾角不大于35°，车站出入口的楼梯升降机是室外型，车站内楼梯升降机是室内型。楼梯升降机应能适应城市轨道交通系统每年工作365天、每天工作20 h的工作要求。

1. 座椅式楼梯升降机

座椅式楼梯升降机主要是为行动不便者提供上下楼梯的服务，一般由座椅、托架和导轨等组成，如图8-26所示。

座椅设有座位、扶手、靠背和搁脚板。为了方

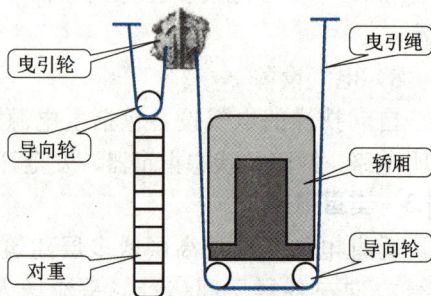

图8-25 垂直电梯的工作原理

便乘坐，座椅一般设计成能转动的。在不使用时，座椅和搁脚板能够折叠起来，以减少对空间的占用。托架除用以支承座椅外，将驱动装置也安装在其内，通过传动装置，使座椅沿着导轨面运动。座椅式楼梯升降机的导轨一般直接装在楼梯面上，座椅直接支承在导轨面上，结构和安装都比较简单。

图 8-26　座椅式楼梯升降机

2. 轮椅平台式楼梯升降机

轮椅平台式楼梯升降机主要为使用轮椅者提供上下楼梯的服务，其一般形式如图 8-27 所示。为了防止平台倾翻，设两根导轨。驱动装置分为内部驱动和外部驱动两种，内部驱动的驱动装置安装在轮椅平台内，而外部驱动的驱动装置安装在楼梯的上部。

图 8-27　轮椅平台式楼梯升降机

轮椅平台式楼梯升降机主要由工作平台、支承架、安全护栏组成，主体是钢结构。工作平台是升降机的工作部分，表面覆有防滑材料。平台在不使用时可以向上折叠，以减少占用空间。

支承架用以支承工作平台的质量，安装有操纵开关，还可附设可折叠的简易座位，使其同时具备座椅式楼梯升机的功能。

安全护栏安装在支承架上，由人工或自动收放，只有放下护栏，升降机才能启动运行。城市轨道交通系统一般都选用这种楼梯升降机。

8.4.5　自动步道

自动步道一般应用于换乘车站，其工作原理与自动扶梯相似。当换乘站换乘距离较大时，为改善换乘条件，可增设自动步道。自动步道的外观如图 8-28 所示。

图 8-28　自动步道的外观

任务 8.5　城市轨道交通屏蔽门系统

8.5.1　屏蔽门系统概述

屏蔽门系统（Platform Screen Door，PSD）是现代化城市轨道交通工程的必备设施，它安装于城市轨道交通车站站台边缘，将轨道与站台候车区隔离，设有与列车门相对应，可多级控制开启与关闭的滑动门，也称为站台屏蔽门，用以提高运营安全系数、改善乘客候车环境、节约运营成本的一套机电一体化的机电设备系统。

1. 城市轨道交通屏蔽门系统的作用

屏蔽门系统作为站台公共区域与轨道列车之间的可控通道，其作用是当列车进站时配合列车车门动作打开或关闭活动门，为乘客提供上下列车的通道。屏蔽门系统的使用，隔断了站台侧公共区域与轨道侧空间，避免了人员跌落轨道的安全隐患以及列车司机驾车进站时的心理恐慌问题；隔离了列车运行时所产生的噪声、活塞风以及粉尘，保证了站内乘客良好的候车环境，并避免了活塞风所造成的站内空调冷量的损失，节省了运营成本，同时还可减少设备容量及数量、减少土建工程量等投资建设成本。

2. 城市轨道交通屏蔽门系统的功能

1）保护乘客的安全

防止乘客跌落或跳下轨道而发生危险，让乘客安全、舒适地乘坐城市轨道交通出行，列车也可在较安全的环境下行驶，减少司机的不安全感。

2）改善站台候车环境

屏蔽门使站台乘客及员工与通过列车之间保持安全距离、降低列车进站或通过站台时所造成的风压、减少噪声、隔声效果较佳，让乘客有较为舒适的候车空间及环境。

3）增加车站空调及广播利用率

屏蔽门有效阻隔了站台候车侧与轨道侧，故站内的空调无法经站台外流至轨道侧，增加整个站内空调系统的利用率。并且由于屏蔽门有较好的隔声效果，有效地增强了站内的广播系统效果。

4）减缓火灾影响

站台侧或轨道侧发生火灾时，屏蔽门可隔绝火势及浓烟由轨道侵入站台或由站台延烧至轨道，且可延长其两侧相互影响时间，以增加乘客的疏散时间。

8.5.2 城市轨道交通屏蔽门系统的分类

1. 按功能划分

屏蔽门按其功能可分为全高屏蔽门和半高屏蔽门两大类。

1）全高屏蔽门

全高屏蔽门是一道自上而下的玻璃隔离墙和活动门，沿着车站站台边缘和两端头设置，能把站台候车区与列车进站停靠区完全隔离。全高屏蔽门又分为全封闭结构并具有密封性能的屏蔽门和全封闭结构并不具有密封性能的屏蔽门两种，如图 8-29 所示。这种屏蔽门系统的主要功能是增加安全性、节约能耗以及降低噪声等。全高密封结构屏蔽门系统使空调设备的冷负荷减少 35% 以上，环控机房的建筑面积比减少 50%。

(a)　　　　　　　　　　　　　　　　(b)

图 8-29　全高屏蔽门

（a）不封闭结构；（b）封闭结构

2）半高屏蔽门

半高屏蔽门是一道上不封顶的玻璃隔离墙和活动门或不锈钢门。与全高屏蔽门相比，安装位置基本相同，但结构简单，高度低，空气可以通过屏蔽门上部流通，造价也低。它主要是起一种隔离的作用，提高站台候车乘客的安全，同时它也还能起到一定的降噪作用。半高屏蔽门为非封闭结构屏蔽门，但高度要求不小于 1.2 m，该尺寸考虑了安全防护要求并参考了国外半高屏蔽门的高度尺寸，通常高度为 1.2～1.4 m，如图 8-30 所示。

图 8-30　半高屏蔽门

2. 按屏蔽门结构划分

按屏蔽门的具体结构可分为上部悬吊式和下部支承式。

3. 按控制方式划分

按控制方式可分为气动控制和电动控制。如新加坡地铁屏蔽门系统采用的是下部支承式、气动控制方式；香港机场线采用的是上部悬吊式、电动控制方式。

4. 按门体使用材料划分

按屏蔽门门体使用材料可分为铝合金屏蔽门、不锈钢屏蔽门和彩板屏蔽门等。

5. 按设置的规模划分

按设置的规模可分为全线设置型和部分设置型。前者为每个轨道交通车站均设置，如香港新机场线 / 东涌线；后者为部分地铁车站设置，如新加坡地铁 NEL 线。

8.5.3 城市轨道交通屏蔽门系统的组成

屏蔽门系统由门体系统、门机系统、电源系统、控制系统四部分组成，如图 8-31 所示。

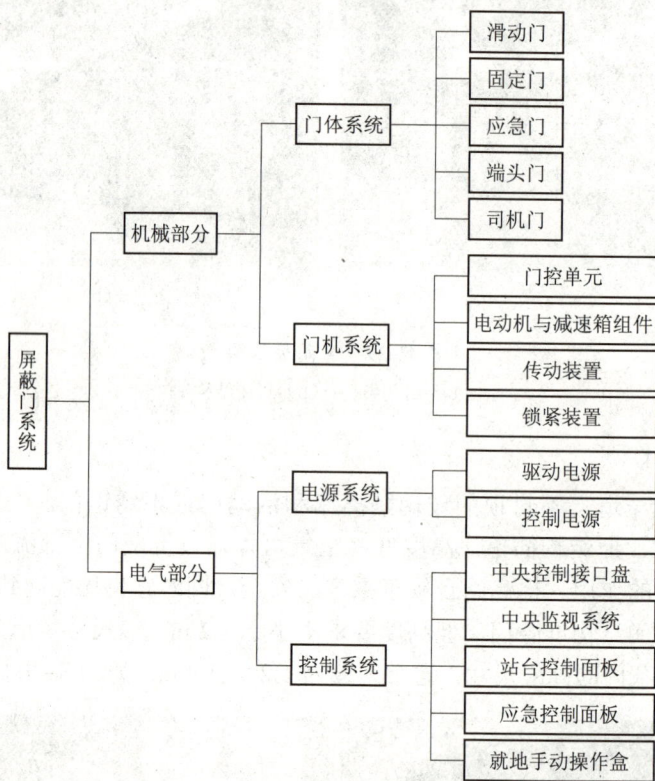

图 8-31 屏蔽门系统的组成

1. 门体系统

门体系统由滑动门、固定门、应急门、端头门和司机门组成。

2. 门机系统

门机系统的功能是控制门的开、关。门机系统主要由门控单元、电动机与减速箱组件、传动装置、锁紧装置等组成。

3. 电源系统

电源系统是由驱动电源和控制电源组成的。其中驱动电源为门机提供门头电源，设计时考虑当外电源中断供电时，蓄电池的容量满足交流断电后完成开、关屏蔽门至少 3 次的要求。控制电源设计为当外电中断供电时，能为控制设备提供 30 min 的电力需求。

4. 控制系统

控制系统主要由中央控制接口盘、中央监视系统、站台控制面板、应急控制面板和就地手动操作盒组成。屏蔽门控制系统原理框图如图 8-32 所示。

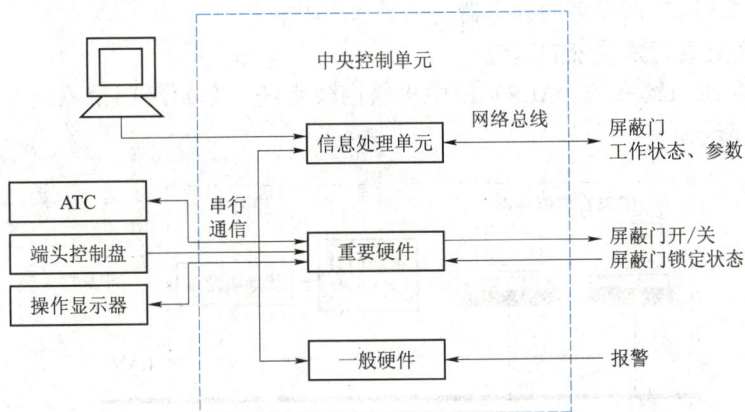

图 8-32 屏蔽门控制系统原理框图

❈ 任务 8.6 城市轨道交通门禁系统

8.6.1 城市轨道交通门禁系统概述

城市轨道交通具有车站多，分布广，管理人员少的特点。为确保地铁正常、安全运营、保证授权人员在受控情况下方便地进入设备管理区域，防止非授权人员进入限制区，城市轨道交通宜设置门禁系统，如图 8-33 所示。

通过门禁系统（ACS）可实现自动识别员工身份，自动根据系统设定开启门锁，自动记录交易，自动采集数据、自动统计、产生报表；并可通过系统设定实现人员权限、区域管理和时间控制等功能。为实现全线门禁系统的统一管理，城市轨道交通门禁系统按全线各站点的门禁设

图 8-33 城市轨道交通门禁系统

备联网，中央集中监控管理方式设计。整个门禁系统总体上采用分布式网络结构，二级控制管理模式。

针对地铁车站内设备用房较多、功能及重要程度不同等特点，应根据监控对象安全等级设置相应安全等级的门禁。安全等级的划分如下：

1. 一级

一级门禁监控点设双向读卡器，进门侧还应设密码键盘、指纹识别以及其他识别，并

与闭路电视监控系统相互配合，实现安全联控。

2. 二级

二级门禁监控点设双向读卡器，并与闭路电视监控系统相互配合，实现安全联动监控或二级设双向读卡器，还应设密码键盘装置或职位识别装置。

3. 三级

三级门禁监控点设单向读卡器，还应设密码键盘或指纹识别以及其他识别。

4. 四级

四级门禁系统监控点设单向读卡器。

8.6.2 城市轨道交通门禁系统的组成

城市轨道交通门禁系统（ACS）由中央级门禁系统、车站级门禁系统及就地级设备组成，如图8-34所示。

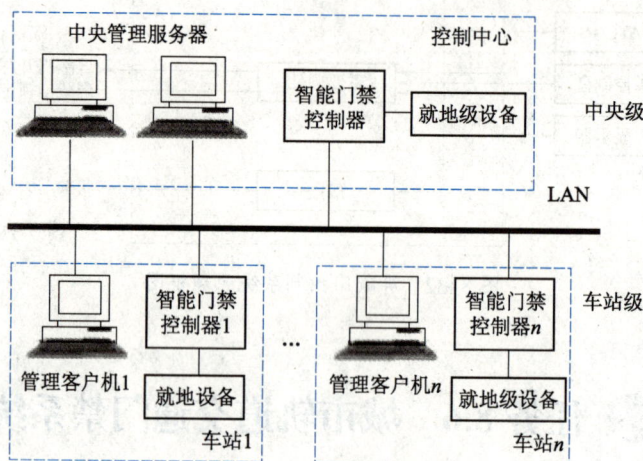

图 8-34 门禁系统的组成

1. 中央级门禁系统

中央级门禁系统设在控制中心，主要由门禁服务器、存储设备、门禁授权工作站、交换机、打印机、UPS 等组成。

2. 车站级门禁系统

车站级门禁系统由门禁交换机、门禁控制器、考勤机、接口模块、读卡器、蜂鸣器、机电一体化锁、门磁、破玻按钮及局域网等组成，如图8-35所示。

车站门禁系统的核心为网络控制器。网络控制器是车站门禁系统与就地级设备之间数据上传与下载的中介设备。网络控制器通过交换机连接到全线传输网，ACS 管理服务器通过传输网对该网络控制器进行统一管理。网络控制器通过环型或总线型的站级网络管理就地级设备。

3. 就地级设备

门禁系统就地级设备由就地控制器、读卡器、电子锁、出门按钮、紧急开门按钮等组成。就地控制器是就地级设备的核心，它由一台微处理器与相应的外围电路组成，门控部分主要以集中控制器为中心。采用1控2的方式既可以满足运营维护需求，又可以节省投资，适用于轨道交通系统。

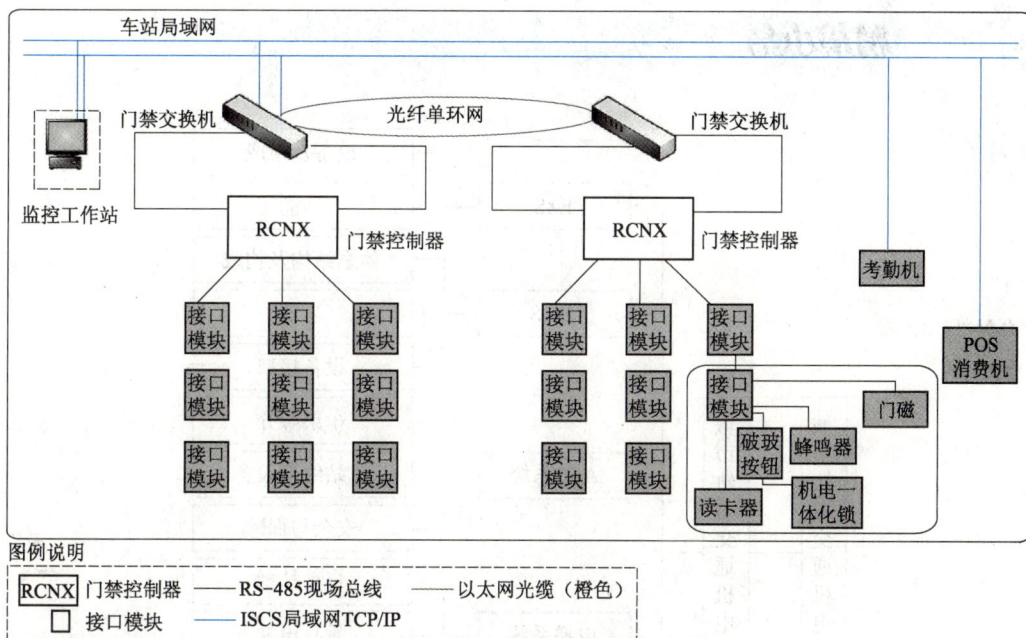

图 8-35 ACS 车站级设备

8.6.3 城市轨道交通门禁系统的功能

1. 中央级功能

中央级门禁系统的主要功能是门禁卡授权管理、设置员工票的安全级别、授权进入的区域及密码等；车站及限制区域设置、设置需授权进入区域的属性、安全级别、车站的属性和授权区域；门禁系统参数管理、设置门禁系统的设备控制及安全参数、对系统参数的下载进行管理；采集限制区域读卡器进入的数据，并对数据进行存储与处理；系统报表生成；具有与中央时钟同步的功能。

2. 车站级功能

车站级门禁系统的主要功能是监控主控制器、就地控制器和读卡器的运行状态；采集读卡器读取车票及相应动作的数据，并将数据上传到中央级门禁系统；接收中央计算机下达的系统参数，将相关参数下传至主控制器、就地控制器和读卡器；对于较高安全级别的区域，通过实时显示及打印的方式进行监控；在不具有权限的人员闯入时，车站计算机能收到就地控制器的报警信号；接收车站级综合监控系统 IBP 盘的指令，控制相关设备转入灾害模式；同步车站时钟；当供电电源中断，电源恢复供应后，所有设备应即时自动根据相应程序重新启动。

3. 就地级功能

就地级设备的主要功能是就地控制器读取员工票内的授权信息，在线模式下将信息上传到主控制器，接收主控制器的指令，离线模式下则根据所保存的安全参数进行分析。在主控制器的通信终端情况下，自动转为离线模式工作；就地控制器向主控制器上传有关控制动作、设备运行及门开闭状态等数据；就地控制器根据指令或权限规则向电子锁发出动作信号，由电子锁执行开门的开启和锁闭操作。

情境小结

```
                                              ┌─ 设备及组成
                              ┌─ FAS ─────────┤
                              │                └─ 功能
                              │                ┌─ 体系结构及构成
                              │                │
                              ├─ BAS ─────────┼─ 功能
                              │                │
                              │                └─ 设备接口
                              │                ┌─ 车票媒介
                              │                │
城市轨道交通机电技术 ─ 城市轨道交通机电设备 ┼─ AFC系统 ──────┼─ 车站终端设备
                              │                │
                              │                └─ 安全与保障
                              │                ┌─ 自动扶梯
                              │                │
                              ├─ 电梯系统 ─────┼─ 垂直电梯
                              │                │
                              │                └─ 楼梯升降机
                              │                ┌─ 功能
                              │                │
                              ├─ 屏蔽门系统 ───┼─ 分类
                              │                │
                              │                └─ 组成
                              │                ┌─ 组成
                              └─ 门禁系统 ─────┤
                                              └─ 功能
```

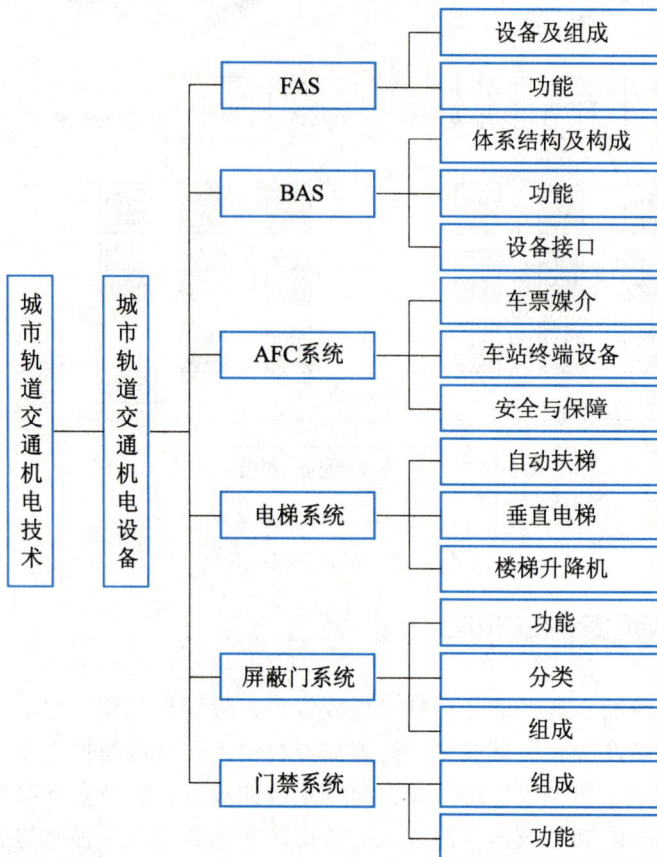

相关岗位分析

序号	就业岗位			职业资格证书
	首岗	主要工作	发展岗位群	
1	FAS检修工	城市轨道交通FAS系统相关设备的安装、调试、检修及维护等工作	1. 机电维修班组长 2. 运营公司维护与服务岗 3. 技术及生产管理岗位	1. 高压电网进网操作证 2. 电工特种作业操作证（低压电工作业证） 3. 维修电工证
2	BAS检修工	能安装、调试、检修、维护城市轨道交通BAS系统，使其安全质量得到保障		
3	AFC系统检修工	能够完成城市轨道交通AFC系统的设备安装、调试、检修及维护等工作，能够胜任票务系统的清算工作		

序号	就业岗位			职业资格证书
	首岗	主要工作	发展岗位群	
4	电梯系统检修工	能安装、调试、检修、维护城市轨道交通电梯系统，确保电梯能够安全运行，保障乘客出行安全	1. 机电维修班组长 2. 运营公司维护与服务岗 3. 技术及生产管理岗位	1. 高压电网进网操作证 2. 电工特种作业操作证（低压电工作业证） 3. 维修电工证
5	屏蔽门系统检修工	从事城市轨道交通屏蔽门系统相关设备的安装、调试、检修及维护等工作，确保乘客出行安全		
6	门禁系统检修工	城市轨道交通门禁系统相关设备的安装、调试、检修及维护等工作		

情境训练

情境训练1 认识城市轨道交通车站机电设备

授课地点：本地城市轨道交通线路某一车站机电设备。

授课形式：分组教学。

授课教师：校内专任教师、企业机电设备检修技术员。

1. 教学目标

（1）掌握城市轨道交通机电设备的组成。

（2）掌握城市轨道交通机电设备的功能。

（3）认识车站机电设备。

2. 教学设备

城市轨道交通车站所有机电设备。

3. 教学内容

序号	内容	形　式		
1	城市轨道交通车站	名称	位置	机电设备布置图
2	城市轨道交通车站机电设备	设备类型	位置/数量	作用
		FAS		
3		BAS		
4		AFC系统		
5		电梯系统	垂直电梯	
6			自动扶梯	
7		屏蔽门系统		
8		门禁系统		

情境训练 2　认识城市轨道交通车站 AFC 设备

授课地点：本地城市轨道交通车站。

授课形式：分组教学。

授课教师：校内专任教师、企业技术人员、车站值班员。

1. 教学目标

（1）掌握车站 AFC 系统设备的组成。

（2）掌握车站 AFC 系统的主要终端设备。

（3）了解车站 AFC 系统的功能。

2. 教学设备

城市轨道交通车站 AFC 系统设备。

3. 教学内容

序号	内容	形　　式		
1	城市轨道交通车站	名称	位置	AFC设备布置图
2	城市轨道交通 AFC系统终端设备	设备类型	位置/数量	作用
		自动售票机		
3		自动检票机		
4		半自动售/补票机		
5		自动验票机		
6	系统功能			

城市轨道交通软件
系统管理篇

学习情境 9

城市轨道交通运行管理

情境描述

城市轨道运行管理是轨道交通行车平稳运营、为市民提供优质服务的重要保证。城市轨道交通运营管理是指客运管理、行车管理、票务管理、安全管理及综合管理，通过上述任务的学习，全面掌握城市轨道交通运营管理的基本知识及基本内容。

教学导航

（1）理解城市轨道交通运行管理的特点、原则及要求。

（2）掌握城市轨道交通客运服务的基本内容。

（3）了解城市轨道交通全日行车计划的内容及编制过程。

（4）掌握城市轨道交通行车方案的基本内容。

（5）掌握城市轨道交通列车运行图的作用及分类。

（6）了解城市轨道交通票务管理工作模式。

（7）掌握城市轨道交通车票流程和票款流程。

（8）掌握城市轨道交通运营安全的影响因素。

（9）掌握城市轨道交通应急预案的启动流程。

（10）掌握城市轨道交通综合管理手段。

任务 9.1　城市轨道交通客运管理

9.1.1　城市轨道交通客运管理概述

1. 城市轨道交通客运管理的概念

城市轨道交通主要通过合理的客运管理来完成大运量的客运任务，是指在合理布置客运有关设备、设施的前提下，对客流采取有效的分流、引导和控制，保证客流运送安全有序的工作过程。

2. 城市轨道交通客运管理的特点

（1）客运组织服务的对象是市内交通乘客。

（2）全日客流分布在时间上有较为明显的高峰（一般为早晚高峰）和低谷之分。

（3）全年客流分布在时间上按季、月、周、节假日有较大起伏。

因此，客运组织管理工作要预先准备，经常演练，从容应对。

3. 城市轨道交通客运管理的宗旨

安全、准时、迅速、便利、优质服务。

4. 城市轨道交通客运管理的原则

城市轨道交通客运工作的特点决定了客运组织应以保证客流运送的安全，保证客流运送过程的畅顺，尽量减少乘客出行的时间，避免拥挤以及便于大客流发生时及时疏散为目的。为此，在进行客运组织时应特别考虑以下两方面：

（1）合理安排售检票设备、出入口、楼梯位置，行人流动线应简单、明确，尽量减少客流交叉、对流，保证乘客在换乘其他交通工具时连接顺利。

（2）完善诱导系统，应满足快速分流、减少客流聚集和拥挤现象；应满足换乘客流的方便性、安全性、舒适性等一些基本要求，如适宜的换乘步行距离、恶劣天气下的保护、为残障人士专门设计的无障碍通道、良好的照明、开阔的视野及突发事件应急预案等。

5. 客运组织工作的基本要求

客运组织工作的基本要求是站容整洁、导向标志完善清晰、优质服务、遵章守纪、按章办事、掌握客流规律和与其他部门紧密配合。

6. 城市轨道交通客运管理的模式

控制指挥中心（OCC）是城市轨道交通系统的核心，负责全线路的调度指挥工作。客运组织以及设施保障部门的运营组织生产工作必须以调度指挥机构的组织计划与组织命令为依据而进行。控制指挥中心的组织结构如图9-1所示。

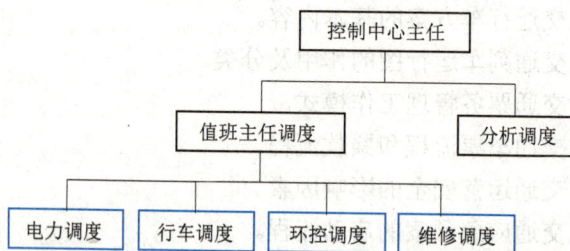

图 9-1　控制指挥中心的组织结构

9.1.2　客流组织管理

城市轨道交通的客流组织管理是以保证客流运送的安全、保持客流运送过程的畅通、尽量减少乘客出行的时间、避免拥挤以及便于大客流发生时及时疏散为目的，因此，要依据不同车站的形式来确定站台的客流组织管理方法。

1. 正常客流组织

1）进站客流的管理

按照进站客流的路线流程进行组织管理，如图9-2所示。

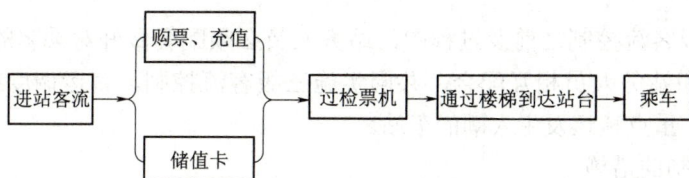

图 9-2　乘客进站流程

2）出站客流的管理

按照出站客流的路线流程进行组织管理，如图 9-3 所示。

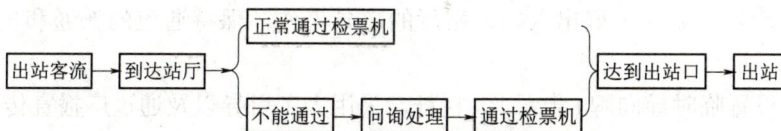

图 9-3　乘客出站流程

3）换乘站客流的管理

换乘站客运组织管理，如图 9-4 所示。

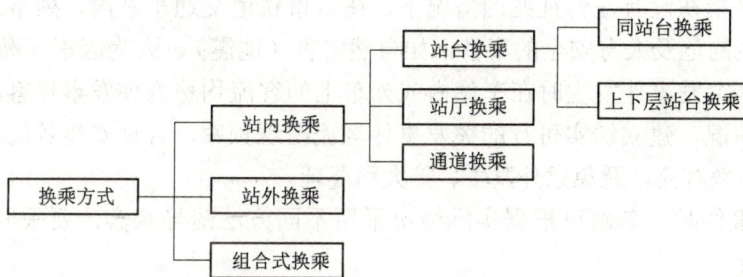

图 9-4　换乘站客运组织流程

2. 大客流的客运组织管理

大客流是指车站在某一时段集中到达的客流量，超过车站正常客运设施或客运组织措施所能承担的流量时的客流。根据大客流产生的原因可具体分为节假日大客流、大型活动大客流、恶劣天气大客流三类。大客流突发时，要在保证安全的前提下尽快地疏散客流，确保"安全、顺畅"。

1）大客流的控制

（1）控制的原则：客流控制的原则主要有三点，即一是坚持由下至上、由内至外的人潮控制原则，做好车站出入口、车站入闸机、站厅与站台的楼梯（电扶梯口）三处控制客流；二是坚持点控和线控结合的原则，各站根据客运能力控制进站客流，组织乘客上车；三是控制换乘站，先控制本站进站客流，再控制本线、邻线的换乘客流。

（2）客流控制的方法：第一级为控制站台客流，控制点在站厅与站台的楼梯口（或电扶梯口）；第二级为控制付费区客流，控制点在入闸机处；第三级为控制非付费区客流，控制点在车站出入口处。

（3）客流控制的决策与实施：车站值班站长负责车站第一、二级客流控制的决策和实施，组织护卫和车站公安协助完成。值班站长会同警务人员根据客流情况决策第三级客流控制。在实施三级客流控制之前及过程中，站务人员必须配套做好对乘客的宣传引导工作，警务人员、护卫和站务人员相互配合，共同实施三级客流控制。客运调度或值班主任负责全线的客流控制，重点疏运发生人潮的车站。

2）大客流控制的措施

（1）增加列车运能。根据大客流的方向，在大客流发生时，利用就近的折返线、存车线组织列车运行方案，增加列车运输能力，保证大客流的疏散。

（2）增加售、检票能力。售检票能力低是大客流疏散的主要障碍。在大客流疏散时，可事先准备足够的车票，增设售票点，增加临时售检票人员。

（3）临时疏导措施。做好出入口、站厅的疏导工作，保持通道的畅通和出入口、站厅客流的秩序。

同时还要设置临时导向牌(告示)、栏杆、采用人工引导以及通过广播宣传引导等。

（4）控制或关闭出入口，限制进站客流。有些大客流难以预测，为了保证大客流发生时疏散客流的安全，在采用控制措施不能奏效时，可采用限制、关闭出入口或对某部分出入口控制(如只出不进)。

3. 突发事件的客流组织管理

突发事件是指在没有任何征兆的情况下，在城市轨道交通车站内、列车上或其他设备设施内突然发生的危及人身安全的事件，如自然灾害（地震）、人为因素（爆炸）、设备故障（火灾）等。突发事件发生时在车站内或列车上的客流均称为突发事件客流。各车站应根据本站具体情况，建立切实可行的突发事件客流组织预案，合理安排各岗位和地点的具体工作，迅速疏散客流，避免意外发生、扩大和蔓延。

发生突发事件时，车站可根据实际情况采用不同方法疏导乘客，要采取疏散、清客、隔离的办法进行。

9.1.3 客运服务

1. 客运服务的原则、基本要求与标准

1）客运服务的原则

结合现场服务实际，轨道交通客运服务的原则是乘客为先，有理有节；形象规范，美观大方；微笑服务，热忱主动；坚持原则，灵活处理。

2）客运服务的基本要求

（1）为乘客提供安全、准时、便捷、舒适、文明和持续改进的服务。

（2）为乘客提供符合服务规范的服务设施、候车环境和乘车环境。

（3）为乘客提供规范、有效的乘车信息、安全信息和指导信息。

（4）向残障乘客等特殊人群提供相应的服务。

（5）为乘客提供的公益或商业服务应以方便乘客、提高服务质量为目标，以保证客运服务质量为宗旨。

3）客运服务的标准

客运服务标准主要包括仪容仪表标准、服务语言标准和服务形体标准三个方面。

（1）仪容仪表标准。

① 精神饱满、朝气蓬勃，保持乐观、积极、愉快的工作状态。

② 工作期间应按规定穿着统一的工作制服，佩戴领带、领结、肩章、工号牌等。

③ 着装时，应衣装整洁，不缺扣、不立领、不挽袖挽裤。

④ 标志佩戴要清洁平整。工号牌戴在与左胸前口袋上沿线对齐的位置；肩章佩戴于肩上；绶带佩挂于左肩上。

⑤ 女员工着装工作时，必须发不过肩，过肩长发应佩戴头花，将头发挽于花网内；男员工头发不盖过眉毛、耳朵、衣领，不准留长发、大背头、大鬓角和胡须。

⑥ 化妆、发型、首饰从简，不能佩戴夸张饰物，保持端庄整洁的仪容仪表。

（2）语言标准。

① 服务语言应为标准普通话。

② 问询处、播音员宜提供英语服务。

③ 服务用语规范、准确、吐字清晰、文明礼貌。

④ 服务文字应用中英文书写，民族自治地区还应增加当地的民族文字。

⑤ 应根据本地区的特点提出服务忌语，对服务人员进行防止忌语培训。

（3）形体标准。

① 坐姿：坐着时要正、挺胸，不得斜躺、抖腿、托腮及趴在桌面上。

② 站姿：在岗时，站姿挺拔、双手自然下垂或双手交握自然下垂放于身体前方，不得背手、抱拳、玩手指、玩钥匙、手插进口袋或手搭在物品上、倚靠墙柱等。

③ 行姿：身体正直，抬头，眼睛平视，面带微笑，肩部放松，手臂伸直放松。

④ 请姿：五指自然并拢，将手臂伸出做"请"的手势。

⑤ 让路及指引方向：让路时，呈站立姿势，垂直于乘客行走方向，目送乘客走过。指引方向时，应面向乘客，使用服务手势指引目的地，目光望向指尖位置，不能边走边答、边工作边回答或者边接手机边回答。

⑥ 服务手势：要做到正规、得体、适度、手掌向上，斜抬起30°角。

⑦ 迎客：面向乘客，立定，双脚自然并拢。双手交握，放于身前自然下垂。微笑、点头，并以"您好"开始，询问乘客的需求。

⑧ 送客：处理完事务后，以"再见"结束，并以单手斜抬起30°角，做送别的礼仪。

2. 客运服务内容

1）导乘服务

城市轨道交通车站各出入口的醒目位置应公布乘车常识和注意事项，设置各种服务导向标志。

列车上应向乘客提供列车运行方向、到站、换乘等清晰的广播或图文信息。当列车运营计划变更或列车运行不正常，应及时通知乘客，采取有效措施疏导乘客。

2）问询服务

为了方便乘客了解城市轨道交通，加强乘客与轨道交通运营企业之间的沟通，城市轨道交通运营单位应在互联网上开通官方网站，公布相关的行车信息、票务政策，开设乘客信箱；应设有乘客服务中心，开通咨询、投诉热线，安排专人接听电话，解答乘客问题，解决乘客投诉事件，在车站票务处、站厅等安排人员提供现场问询服务。

3）售检票服务

售票处（机）或其附近应有醒目、明确的车票种类、票价、售票方式、车票有效期等信息，方便乘客购票。目前，世界各国城市轨道交通提供售票服务的主要形式是人工发售为主、自动售票机为辅，而且后者已经成为城市轨道交通售票服务的主流形式。采用自动售检票系统替代人工服务，可以提供更为准确的售票服务，提高服务效率和水平。

4）组织乘降

站台应设有明显的候车安全线，提示乘客在列车未进站停稳、车门未完全打开之前，不要越过安全线，以防发生意外事故。目前，我国部分城市的轨道交通已经采用了屏蔽门技术，它为乘客提供一个舒适的候车环境，又保障乘客的候车安全。

5）出站验票

乘客到达目的站后，持票卡验票出站，车站应有各类导向标志，引导乘客从所需出入口出站。对所购票卡票款不足的乘客，车站应提供补票服务。如果使用自动售检票系统，车站还须提供票卡分析服务。

6）安全检查服务

车站工作人员应加强对站厅、站台乘客行李的巡视检查，或采用安检装置进行检查，发现携带"危险品"的乘客进站、乘车，应立即给予制止，必要时移交公安机关处理。

7）特殊服务

城市轨道交通属于公共交通系统，有其公益性的一面，应当承担社会公益责任。因此，在对老、幼、病、残、孕等特殊群体服务时，应该完善相关的服务，制定相关的政策及特定的服务措施，提高服务质量。

8）应急服务

（1）应急服务应以保障乘客人身安全为首要目标。

（2）应分别就运营事故、突发客流、重大活动、事故灾难、恶劣天气、乘客伤亡、政府管制等影响城市轨道交通系统正常运营的突发事件制订应急服务预案，并及时启动。

（3）当发生突发事件并影响城市轨道交通系统正常运营时，应及时告知乘客，并采取有效措施。

9.1.4 乘客投诉及处理

1. 投诉分类

投诉按责任划分，可分为有责投诉和无责投诉两类。工作人员应认真对待乘客的两类投诉，妥善进行处理，可指定部门受理，也可设立投诉热线处理乘客投诉。

2. 乘客投诉的分析

1）总则

（1）树立"乘客至上，服务为本"的指导思想。

（2）处理投诉的有关人员应具有一定的城市轨道交通运营管理的专业知识和经验，熟知有关的规章制度。

（3）应做到态度亲切，语言得体，依章解释，及时处理，按时回复。

2）处理投诉的要点

（1）态度真诚地接待乘客。

（2）对乘客表示同情和歉意。

（3）同意乘客合理的要求，采取措施。

（4）虚心接受乘客的批评指教。

（5）补偿乘客投诉损失。

（6）落实、监督、检查补偿乘客投诉的具体措施。

3. 乘客投诉的处理

1）设立热线

设立城市轨道交通投诉热线、监督热线及各运营企业的服务热线，负责受理乘客投诉的日常工作。

2）专人负责

各线路管理单位的职能部门作为投诉受理部门，应设专人负责。

3）投诉接待

各车站由站长或值班站长负责受理接待乘客投诉。

4）投诉处理的期限及有关规定

（1）对一般投诉原则上 3 天内处理完毕。

（2）较大、重大投诉原则上 5 天内处理完毕。

（3）所有投诉都要答复投诉人，严格执行"来信必复，来电必答"的工作原则。

✳ 任务 9.2　城市轨道交通行车管理

城市轨道交通行车管理是城市轨道交通生产组织最核心组成部分，是综合运用各种专业设备协调组织运输活动的技术业务，是安全、正点、优质、高效地完成乘客运输任务的保证。由于城市轨道交通的用户主要是乘客，所以运输计划的制订需要考虑乘客的需求特性及变化规律，城市轨道交通系统的列车运行计划一般包括全日行车计划、列车运行方案、车辆配备计划及日常运输调整计划、列车运行图等内容。

9.2.1　全日行车计划

全日行车计划是营业时间内各小时开行的列车数计划，它是编制列车运行图和确定车辆运用的基础依据。

1. 编制的要素

影响全日行车计划编制的要素有以下四点。

1）营业时间

营业时间是指城市轨道交通系统全日营业时间范围。时间的安排主要考虑了两个因素：一是考虑城市居民出行活动特点，满足城市生活的需要；二是满足城市轨道交通系统各项设备检修、施工的需要。世界上大多数城市的轨道交通营业时间为 18~20 h，也有的城市是 24 h 运营。

2）分时最大断面客流量

断面客流量是单位时间内沿同一方向通过轨道交通线路某断面的乘客数量。分时断面客流量则是各小时断面的客流量。分时断面客流量是决定全日行车计划的关键因素，数据的取得应以调查数据为基础，首先要计算出各站上、下车人数，然后计算出断面客流量，最后得出最大断面客流量。

3）列车定员数

列车定员数是列车编组辆数和车辆定员数的乘积。

列车编组辆数的确定以高峰每小时最大断面客流量作为基本依据。在客流量与列车运能一定的情况下，列车编组辆数取决于列车间隔和车辆选型。但在列车密度已经较大时，为满足增长的客流需求，增加列车编组辆数往往成为选用措施。此时，轨道交通保有的运用车数是增加列车编组辆数的限制因素之一，其他限制因素包括站台长度等。

车辆定员数取决于车辆的尺寸、车厢内座位布置方式和车门设置数。一般而言，在车辆限界范围内，车辆长宽尺寸越大载客越多，车厢内座位纵向布置比横向布置载客要多。

4）线路断面满载率

线路断面满载率即单位时间内、特定断面上的车辆载客能力利用率。 在实际工作中，线路断面满载率通常是指早高峰每小时、单向最大客流断面的车辆载客能力利用率，它与单向最大断面客流量、单位时间内开行的列车数、列车编组数及车辆定员数有关。

线路断面满载率既反映了列车在最大客流断面的满载程度，也反映了乘车的舒适程度。为提高车辆利用率、降低运输成本，在编制全日行车计划时，高峰每小时可适当超载。

2. 编制过程

根据分时最大断面客流量、列车定员数及线路满载率计算出营业时间内分时开行列车数和行车间隔时间后，还需考虑乘客便利性、服务质量等因素。检查是否存在某段时间内行车间隔时间过长的情况，如果行车间隔时间过长，会增加乘客的候车时间，降低服务水平，需调整开行间隔，最终确定全日行车计划。另外，高峰每小时行车间隔的确定应检验是否与列车折返能力相适应，以及实际行车组织的可行性。表9-1所示为某条线路根据客流计算所得的全日行车计划以及实际运行。

表9-1　全日行车计划及实际运行情况

运营时间	理论计算		实际运行	运营时间	理论计算		实际运行
	开行列车数	行车间隔	行车间隔		开行列车数	行车间隔	行车间隔
5:00～6:00	6	10 min	7～10 min	14:00～15:00	10	6 min	5 min
6:00～7:00	8	7 min30 s		15:00～16:00	12	5 min	
7:00～8:00	15	4 min	3 min45 s	16:00～17:00	14	4 min20 s	4 min
8:00～9:00	16	3 min45 s		17:00～18:00	15	4 min	
9:00～10:00	10	6 min	5 min	18:00～19:00	15	4 min	
10:00～11:00	10	6 min		19:00～20:00	10	6 min	6 min
11:00～12:00	12	5 min		21:00～22:00	10	6 min	
12:00～13:00	11	5 min25 s		23:00～24:00	6	10 min	10 min
13:00～14:00	10	6 min		24:00～25:00	6	10 min	

9.2.2　列车运行方案

列车运行方案包括列车交路方案、列车停站方案和列车编组方案三个部分。

1. 列车交路方案

在轨道交通线路的各个区段客流量不均匀的情况下，采用合理列车交路安排是行车计划的一个重要组成部分。列车交路方案规定了列车的运行区段、折返车站和按不同列车交路运行的列车对数。合理的列车交路能提高列车车辆的运用效率，避免运能浪费，降低运营成本，方便乘客乘坐。

1）列车交路的类型

列车交路的类型分为长交路、短交路和长短交路三种，分别如图 9-5 ～图 9-7 所示。

图 9-5　长交路

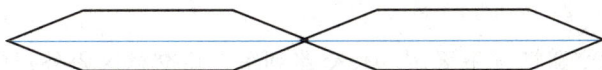

图 9-6　短交路

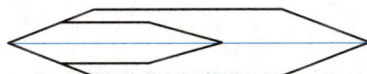

图 9-7　长短交路

（1）长交路（见图 9-5）：主要适用于各区段客流量比较均匀的情况，其行车组织简单。

（2）短交路（见图 9-6）：主要适用于各区段客流量相当不均匀的情况，其运营比较经济。

（3）长短交路（见图 9-7）：适用于各区段客流量不均匀，或在高峰期间各区段客流量比较均匀，而在低谷期间各区段客流量相差悬殊，它的特点是既能满足运输要求，又能提高运营效益。

2）列车交路方案的确定

列车交路方案的确定是建立在对线路各区段客流量进行统计分析的基础上，充分考虑行车组织与客运组织的条件，进行可行性研究后加以确定。

2. 列车编组方案

列车编组方案可分为大编组方案、小编组方案和大小编组方案三种。

1）大编组方案

大编组方案是指在运营时间内列车编组辆数固定且相对较多，如城市轨道交通列车采用 6 辆或 8 辆编组的情形。

2）小编组方案

小编组方案是指在运营时间内列车编组辆数固定且相对较少，如地铁列车采用 3 辆或 4 辆编组的情形。

3）大小编组方案

大小编组方案是指在运营时间内列车编组辆数不固定。大小编组有两种情形，一种是在客流非高峰时段编组辆数相对较少，在客流高峰时段编组辆数相对较多，如在客流非高峰和高峰时段，城市轨道交通列车分别采用 3/6 辆编组、4/6 辆编组或 4/8 组的情形；另一种是在全日运营时间内采用大小编组，如城市轨道交通列车采用 3/6 辆或 4/6 辆编组的情形。

决定列车编组方案的因素主要是高峰每小时最大断面客流与分时客流不均衡程度。另外，与车辆的选型（采用 A 型车还是采用 B、C 型车）、列车的间隔、对乘客的服务水平、运用的经济性和运营组织的复杂性等有关。

3. 列车停站方案

列车停站方案包括站站停车、区段停车、越站停车三种。

1) 站站停车

站站停车是指列车在全线所有车站均停车。与其他非站站停车相比，线路上开行列车种类简单，不存在列车越行，乘客无须换乘，也无须关注站台上的列车信息显示。目前，城市轨道交通大多数都采用这种方式。

2) 区段停车

区段停车在长短交路情况下采用，长交路列车在短交路区段外每站停车，但在短交路区段内不停车通过；而短交路列车则在短交路区段内每站停车，短交路列车的中间折返站同时又是乘客换乘站。

3) 越站停车

越站停车是在长交路情况下采用，线路上运行甲、乙两种停站方式的列车，A、B、C 为线路上三种类型的车站。

采用非站站停车方案通常有利于减少车辆运用与减低运营成本，但采用非站站停车方案也会出现一部分乘客节约了乘车时间，另一部分乘客又增加了候车时间或者换乘时间的情形，是否采用这种停站方式主要取决于站间客流的空间分布。

9.2.3 车辆配备计划

车辆配备计划是指在一定类型设备和行车组织方法条件下，为完成一定的运输任务而必须保有的车辆。车辆按运用的不同，分为运用车、检修车和备用车三类。

1. 运用车

运用车是为了完成日常客运任务而配备的技术状态良好的车辆，运用车数与高峰每小时开行列车数、列车周转时间、列车编组辆数有关。列车周转时间是指列车在线路上往返一次消耗的全部时间，它包括了列车在区间的运行时间，在各中间站的停车时间，以及在两端折返站的折返停留时间。

2. 检修车

检修车是指处于定期检修状态的车辆。车辆经过一段时间的运用后，各部件会产生变形或损坏，为保证车辆技术状态良好、确保列车运行安全和延长车辆使用寿命，需要定期对车辆进行检修。一般检修车的数量是运用车的 10% ～ 15%。

3. 备用车

在高峰时段，可增加部分区段的行车密度，并可为行车调度员应对突发事件的调整带来一定的便利性。一般备用车的数量是运用车的 10%。

9.2.4 日常运输计划调整

为实现按图行车，行车调度员要努力确保列车正点运行，行车调度员应在列车出场、列车折返方式、客流组织等方面进行组织，确保列车正点始发。由于途中运缓、设备故障等原因，会造成列车运行晚点。此时行车调度应根据列车运行点和兼顾行车安全的原则，对日常运输计划进行调整。

日常运输计划调整的主要方法有以下几种：

（1）始发站提前或推迟发出列车。

（2）根据车辆技术状态、线路允许速度，改变列车速度，恢复正点。

（3）组织车站快速升降作业，压缩停站时间。

（4）组织列车放站运行。

（5）改变列车运行交路，列车在具备条件时在中间站折返。

（6）停运部分列车。

9.2.5 列车运行图

列车运行图是利用坐标原理表示列车运行的一种图解形式，如图 9-8 所示。

1. 列车运行图的作用

1）列车运行图是列车运行组织工作的基础

列车运行是一个很复杂的系统工程，它要求与之相关的各个部门、各工种、各项作业之间相互协调配合，才能保证列车运行的安全和提高运输效率。因此，列车运行图既是组织列车运行工作的基础，也是各部门、各工种行车工作人员相互配合协调的主要依据。

2）列车运行图是运行组织工作的一个综合性计划

运营生产是一个统一的整体，涉及城市轨道交通运营的各业务部门都需要根据列车运行图所规定的要求来安排工作。如车站要根据运行图所规定的列车到达和出发时刻，来安排本车站的行车组织工作和客运组织工作；车辆维修部门每天运营前要整备好运营需求的列车数；车辆运转部门要根据列车运行图的要求确定列车的派出时刻和乘务员的作息计划；工务、通信、信号、供电、机电等部门也要根据列车运行图来安排施工计划和维修计划；行车调度员要根据列车运行图来指挥列车运行。因此，列车运行图是城市轨道交通运行组织的一个综合性计划。

2. 列车运行的图示

列车运行图的坐标表示，如图 9-9 所示。

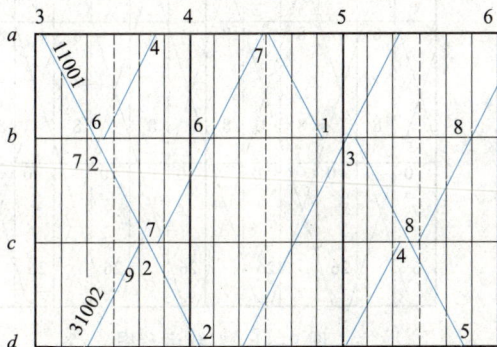

图 9-8　列车运行图示例

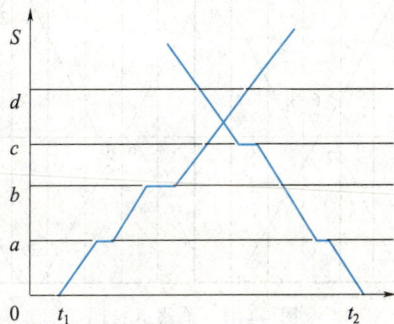

图 9-9　列车运行图的坐标表示

在我国大多数的城市轨道交通系统运行图中，采用图 9-9 的表示方法，图中的斜线是列车运行的轨迹，代表列车运行线。在列车运行图上，下行列车的运行线由左上方向右下方倾斜；上行列车的运行线由左下方向右上方倾斜。

1）横坐标

表示时间，用一定的比例进行时间划分，城市轨道交通列车运行图一般采用 1 分格或 2 分格，即每一等分表示 1 min 或 2 min。

2）纵坐标

表示距离分割，根据区间实际里程，采用规定的比例，以车站中心线所在位置进行距离定点。

3）垂直线

是一组平行的等分线，表示时间等分段。

4）水平线

是一组平行的不等分线，表示各个车站中心线所在的位置。

5）时刻

在列车运行图上，列车运行线与车站的交点即表示该列车到达、出发或通过的时刻。由于城市轨道交通列车停站时间较短，一般不标明到、发时间。

6）车次

对于不同种类的列车，列车运行图采用不同的列车运行线条和车次范围加以区别。一般按不同的列车类别规定代号与列车号。

3. 列车运行图的分类

1）按区间正线数目不同分

按区间正线数目的不同，列车运行图可分为单线运行图、双线运行图和单双线运行图。

（1）单线运行图（见图 9-10）：列车运行图上、下行列车都在同一正线上运行，上、下行方向列车交会必须在车站进行。

（2）双线运行图（见图 9-11）：列车运行图上、下行列车在各自的正线上运行，上、下行方向列车交会可在区间或车站进行。

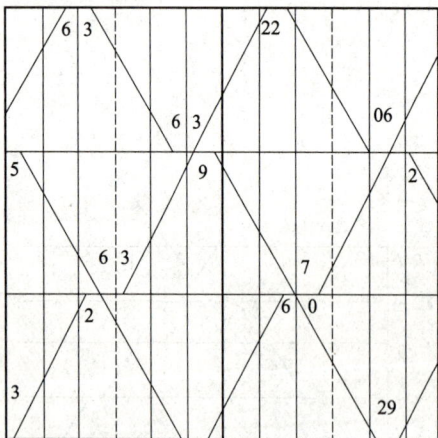

图 9-10　单线运行图

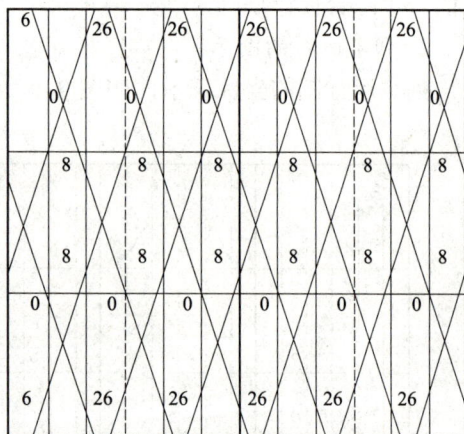

图 9-11　双线运行图

（3）单双线运行图（见图9-12）：单双线运行图兼有单线和双线运行图的特点，列车在单线区间和双线区间分别按单线运行图和双线运行图运行。

2）按列车运行速度不同分

按列车运行速度的不同，列车运行图可分为平行运行图和非平行运行图。

（1）平行运行图：列车运行图上，同方向列车的运行速度相同。

（2）非平行运行图：列车运行图上，同方向列车的运行速度或旅行速度不相同。

3）按上、下行方向列车数目不同分

按上、下行方向列车数目的不同，列车运行图可分为成对运行图和不成对运行图。

图 9-12 单双线运行图

（1）成对运行图：列车运行图中上、下行方向的列车数目相等。

（2）不成对运行图：列车运行图中上、下行方向的列车数目不相等。

4）按同方向列车运行方式不同分

按同方向列车运行方式的不同分，列车运行图可分为连发运行图和追踪运行图。

（1）连发运行图：列车运行图上，同方向列车的运行以站间区间为间隔，采用连发运行时，在连发的一组列车之间不铺画对向列车。

（2）追踪运行图：列车运行图上，同方向列车的运行以闭塞分区（轨道电路区段）或制动距离加上安全防护距离为间隔，即在一个区间内允许有一列以上同方向列车运行。必须是安装自动闭塞设备的线路才能采用追踪运行图。

4. 列车运行图的编制

1）编制原则

（1）在保证安全可靠的条件下，提高列车的旅行速度，缩短列车运行时间。列车旅行速度是城市轨道交通系统的主要优势，在保证安全的前提下，通过提高列车旅行速度，可提高系统的运行效率、竞争力和服务水平。

（2）尽量方便乘客。根据客流变化的规律，尽量考虑在满足运行技术要求的前提下选择较小的列车发车间隔，以减少乘客的候车时间。在安排低谷时段的列车运行时，最大的列车运行间隔不宜过大，以保持一定的服务水平。

（3）充分利用线路的能力和车辆的能力。

（4）在保证运量需求的条件下，尽量降低运营车数。可通过综合考虑高峰时段列车运行速度、折返作业时间、列车开行方式等要素，使上线列车数量达到最少，降低车辆保有量和运营成本。

2）编制步骤

（1）按照有关指示及规定的编制原则确定编图注意事项。

（2）按列车运行图的组成要素，搜集资料并计算、查定各要素的数值。

（3）根据客流资料及列车编组定额载客量分时段确定列车运行间隔时分。

（4）确定全日行车计划。

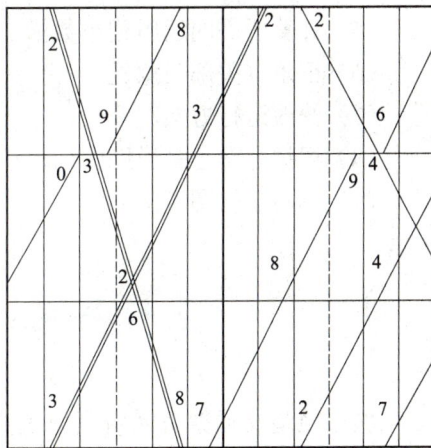

（5）计算所需的运用列车数量。

（6）征求有关部门意见。

（7）修改运行方案。

（8）根据方案绘制详细的列车运行图。

（9）编写运行图说明书。

❄ 任务 9.3　城市轨道交通票务管理

城市轨道交通票务系统是轨道交通票务收入和结算的基础，随着系统功能外延的不断扩展，票务管理也承担起对营运状况进行监控管理的职责。

9.3.1　票务管理系统概述

票务系统的业务管理通过借助自动售检票系统来实现，主要内容有票卡管理、规则管理、信息管理、财务管理、模式管理和运营监督等。

1. 票卡管理

对票卡的发行、使用、更新等全过程进行的有效管理。

2. 规则管理

为保证票务系统能够在多部门和多环节高效运行，要制定科学、严密的规则、流程，包括票价策略、结算规则、权限管理和操作流程等。

3. 信息管理

信息化是自动售检票系统的一个基本特征。为进行有效的管理和为决策提供可靠的信息，需对系统收集的基础数据进行深度挖掘、加工，开展统计分析并发布信息。

4. 账务管理

账务管理是对系统内的票务收入进行汇缴、清算、入账等过程的管理，包括账户设置、票款汇缴、收益清算、资金划拨和对凭证进行有效管理等。

5. 模式管理

模式管理就是针对不同的运营状况、条件所做出的相应操作行为的选择和实施，包括正常运营模式、降级运营模式以及相配套的运营管理。

6. 运营监督

运营监督就是通过系统设备以及所具有的完整、严密、及时的信息流对运营状况进行实时跟踪监督，以提高运营质量和服务水平，它包括信息传输状况监督、客流状况监督、调配监督、收款监督及收益监督等。

9.3.2　票务管理工作

1. 票务管理工作的模式

城市轨道交通的票务管理工作模式可分为人工售检票模式和自动售检票模式两种。

1）人工售检票模式

人工售检票模式是指城市轨道交通在开展票务工作时，完全依靠人工进行售票、进站检票、出站验票，所使用的车票是纸票，所有的统计分析数据完全依靠人工填写。

2）自动售检票模式

自动售检票模式是指城市轨道交通采用了自动售检票系统来开展票务工作，由设备进行售票、进出站检验票工作，而人工售票只是一种应急辅助手段。该系统中流通的车票是磁卡车票或 IC 卡车票，所有的统计分析数据基本由系统自动生成。

2. 票务管理工作的内容

城市轨道交通的票务管理工作的内容主要包括车票在制票中心的制作和车票在车站的运作两大部分。其具体工作有车票的采购、车票的制作、车票的配送、车票在车站的保管、车票的交接、车票的出售、使用车票进 / 出站、车票的回收、车票的注销、车票的销毁、票款的收集 / 保管 / 解行、票务收益的稽核、查票等。

9.3.3 票务管理政策

1. 票制

票制，是票价制式的简称，有三种形式：单一票制、计程票制和计程计时票制。

2. 票价

票价是指乘客每次乘车时需要支付的乘车费用。

3. 车票的有效期

车票的有效期是指乘客购买车票后，在车票所含余值充足的条件下，可以用于乘客乘车的有效期限。如单程票的有效期一般为 1 天，而储值票的有效期则可能是一段较长的时间，如 300 天或 500 天等。

4. 车票的使用规则

车票的使用规则是指乘客持有效车票乘车时必须遵守的票务原则，如一张车票只能提供给一个乘客使用或可以提供给多个乘客使用。

5. 优惠政策

优惠政策是指城市轨道交通在乘车费用上对不同乘客给予的让利举措，有些是从市场营销的角度出发制定的，如给乘客的乘车费用积分优惠；有些是从社会效益的角度出发制定的，如给予学生、老人乘车折扣优惠；有些是依据政府的福利要求制定的，如广州地铁给予 65 周岁及以上老人免费乘坐地铁的优惠等。

6. 问题票处理原则

问题票处理原则是指当乘客所持的车票不能正常进出站时，如何处理这张车票所应遵循的原则。

7. 退票原则

退票原则是指乘客在购买车票后，因特殊原因需进行退票时的限制条件。

9.3.4 车票流程和票款流程

1. 车票流程

（1）纸票的运作流程如图 9-13 所示。

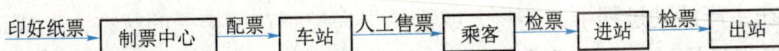

印好纸票 → 制票中心 配票→ 车站 人工售票→ 乘客 检票→ 进站 检票→ 出站

图 9-13 纸票的运作流程

（2）磁卡票的运作流程如图 9-14 所示。

（3）IC 卡车票的运作流程如图 9-15 所示。

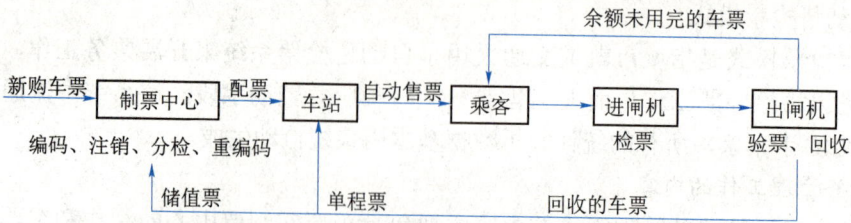

图 9-14　磁卡票的运作流程

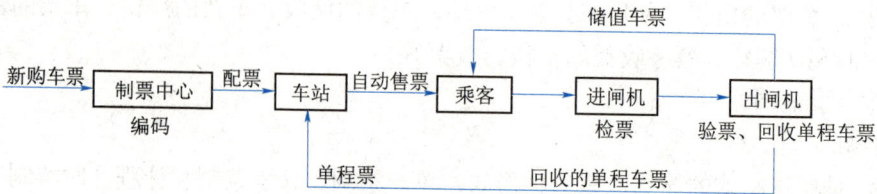

图 9-15　IC 卡车票的运作流程

2. 票款流程

票款基本上都是由现场将票款存入指定的银行账户，并将通过人工或机器生成的现金收益报表送交财务部门，由财务部门定期与银行核对所存票款的金额。

车站现金票款的流程如图 9-16 所示。

图 9-16　车站现金票款的流程

✳ 任务 9.4　城市轨道交通安全管理

城市轨道交通的安全性虽然远远高于其他交通方式，但在日常安全运输工作中却一刻也不可放松警惕。在实现运营服务过程中，如果某一环节出现问题，就可能危及整个系统的运行安全。运行安全不仅关系到整个系统的正常运作，而且关系到广大乘客的生命及国家财产安全。因此，运行安全是城市轨道交通的生命线、效益线。"安全第一，预防为主"是城市轨道交通运营永恒的主题。

9.4.1　运营安全管理概述

1. 安全、事故、危险和隐患的概念

1）安全的概念

安全是指在生产活动过程中，能将人或物的损失控制在可接受的状态，也就是说，安全意味着人或物遭受损失的可能性是可以接受的，若这种可能性超过了可接受的水平，就是不安全。

2）事故的概念

事故是指在生产活动中，由于人们受到主客观条件（科学知识和技术力量，或是个人认识）的局限，突然发生的违背人们意愿的事件。

3）危险的概念

危险是指在生产活动过程中，人或物遭受损失的可能性超出了可以接受范围的一种状态。

4）隐患的概念

隐患是指在生产活动中，由于人们受到科学知识和技术力量的限制，或者由于认识上的局限，而客观存在的可能对系统造成损失的不安全行为或不安全状态。

2. 安全的特征

（1）安全是相对的，绝对的安全是不存在的，因此应该居安思危，时刻提防危险发生。既然没有绝对的安全，系统安全所追求的目标也就不是"事故为零"那样理想的情况，而是达到相对"最佳的安全程度"。

（2）安全不是瞬间的结果，而是对系统在某一时刻、某一阶段过程状态的描述。换言之，安全是一个动态过程，它是关于时间的连续函数。往往采用概率法来估算系统处于安全状态的可能性，或者利用模糊数学来说明在非概率情形下的不精确性。

（3）不同的环境、场合下，可接受损失的水平是不同的，因此衡量系统是否安全的标准也是不同的。不出事故并不等于安全，反之，出了事故并不一定就是不安全，关键在于事故的损失是否处于可接受水平，系统的危险性是否超过允许限度。

（4）安全具有依附性。安全是依附于生产、生活整个过程存在的，只要存在生产、生活活动，就会出现安全问题。安全是生产、生活正常进行的前提和保障。生产过程中的安全指不发生工伤事故、职业病、设备和财产损失。

（5）安全工作具有系统性和长期性。安全设计技术的各个方面，不仅受人员、设备、环境因素影响，还受政治、经济、科技、教育等影响。而一旦发生事故，不仅能造成系统内部的损害，也可造成系统外部环境的破坏。因此，人对安全的认识在时间上往往是滞后的，很难预先完全认识到系统存在或面临的各种危险，即使认识到了，有时候也会受到当时技术条件等的限制无法予以控制。随着技术进步和社会发展，旧的安全问题解决了，新的安全问题又会产生。因此，安全工作是一个长期的过程，必须始终如一，常抓不懈。

（6）危险源是事故发生的原因。系统安全是指降低系统整体的危险性，而不是彻底地消除几种选定的危险源。

3. 运营安全的基本方针

"安全第一，预防为主"是城市轨道交通运营安全管理的基本方针。"安全第一"就是要求把安全运营作为城市轨道交通的首要任务，体现了以人为本的重要思想；"预防为主"就是在事故前做好安全防范工作，把事故消灭在萌芽状态，做到防患于未然"安全第一，预防为主"是相辅相成、相互促进的关系，只有重视运营安全，才会去做预防工作；只有做好预防工作，才能实现安全运营。

4. 运营安全的内容和分类

运营安全是城市轨道特有的安全范畴，有别于一般企业中的劳动生产安全。运营安全是指在运送乘客的过程中，涉及行车、乘客安全的各项生产安全。

1）行车安全及行车事故

（1）行车安全的范畴：行车安全，在这里是指轨道列车的运行安全，包括人的行为或城市轨道系统的各种设备危及轨道列车、施工机车在正线上的正常运行的事件，车站或车辆段内所有与行车、调车作业有关的涉及人和设备安全的各类事件以及列车运行过程中危及乘客的安全事件等。

（2）行车事故及分类：凡在行车工作中，因违反规章制度、违反劳动纪律或因技术设备不良及其他原因造成人员伤亡、设备损坏，影响正常行车或危及行车安全的，均构成行车事故。按照危及行车安全的事故性质、损坏程度及对行车造成的影响，可分为重大事故、大事故、险性事故、一般事故等四大类。

2）设备安全及设备事故

设备安全是指在生产活动过程中，保障设备的状态良好、安全运用。

设备事故是指运营总部所属设备因非正常损坏造成停机或使设备质量、技术性能降低、影响正常使用，直接经济损失超过规定限额的行为或事件。

设备事故分为一般事故、重大事故和特大事故。其划分标准具体如下：

一般事故，直接经济损失在 1 ~ 20；重大事故，直接经济损失在 20（不含 20 万元）~ 100 万元；特大事故，直接经济损失在 100 万元（不含 100 万元）以上。

3）客运安全

（1）客运安全的范畴：凡在车站的站厅（含出入口）、站台上，客车车厢内发生的危及乘客人身安全的事件，均属于客运安全事件。

（2）易导致乘客伤害的部位：列车的车门、站台屏蔽门、站台边缘与列车停车后的缝隙、自动扶梯、客车进出车站等是易造成旅客伤害的部位。

4）自然灾害

自然灾害如水害、风害、雷击和地震等。在地铁范围内发生火灾、水灾、台风袭击、雷击及地震等灾害危及大批乘客的安全时，应按命令统一指挥组织抢救，疏导乘客进入安全区域。

9.4.2 运营安全的影响因素

城市轨道交通系统是一个在时间、空间上分布很广的开放的动态系统，轨道运营安全影响因素错综复杂，涉及面很广。从系统论的观点出发，与运营安全有关的因素可以划分为人、机器、环境以及管理四类。从这四个构成生产系统的最基本元素出发，从事故的最根本原因着手，以管理作为控制、协调手段，协调人、机器、环境之间的相互关系，并通过反馈作用将系统状态的信息反馈给管理系统，从而改进安全管理方法，最终得到更为安全的系统。城市轨道交通系统运营安全影响因素及其关系如图9-17所示。

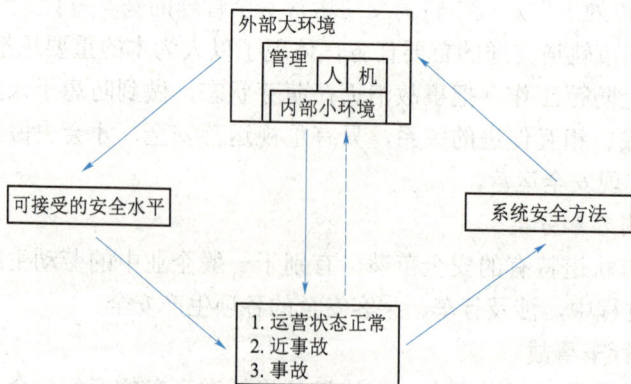

图 9-17 运营安全影响因素及其关系

9.4.3　运输事故

　　世界轨道交通的发展史已经有 150 多年了，我国轨道交通的发展史还不到 50 年。在这 150 多年中，世界各国都发生过不同程度的运输事故。据统计，在 1962—1971 年 10 年间，日本的地铁灾害及严重事故达 43 件。2003 年 2 月 18 日，韩国大邱市地铁发生人为纵火事件，导致 198 人死亡，147 人受伤。2014 年 5 月 2 日，韩国首尔地铁两班列车发生追尾，造成 249 名乘客受伤。2011 年 7 月 5 日上午，北京地铁 4 号线动物园站 A 口扶梯发生溜梯故障，造成一名 13 岁男童死亡，3 人重伤，轻伤 27 人。2011 年 9 月 27 日，上海地铁 10 号线两列列车追尾，造成 284 人受伤，其中 20 人重伤。造成地铁安全事故的原因，不仅涉及人、车辆、轨道等系统因素，还受到社会环境和列车运行相关设备等因素的影响。可见，加强城市轨道交通的运营安全具有十分重要的意义。

　　1. 事故的分类

　　城市轨道交通事故按其内容分为行车事故、设备事故、工伤事故、火灾事故。凡在地铁运营工作中，造成人员伤亡、设备损坏、中断行车、危及运营安全及经济损失等情况的，均构成行车事故；城市轨道交通企业因设备损坏而造成的损失属于设备事故；职工在城市轨道交通运营工作中发生的人身伤害属于工伤事故；火灾事故是对城市轨道交通造成影响最为严重、危害最大的一类事故。

　　城市轨道交通事故按事故的程度和性质可分为以下几种事故：

　　1）重大事故

　　在运营工作中，造成下列后果之一时认定为重大事故：

　　（1）人员死亡 3 人或死亡、重伤共 5 人及以上。

　　（2）中断正线（上、下行正线之一）行车 180 min 及以上。

　　（3）直接经济损失 100 万元及以上。

　　2）大事故

　　在运营工作中，造成下列后果之一时认定为大事故：

　　（1）人员死亡 1 人或重伤 2 人及以上。

　　（2）中断正线（上、下行正线之一）行车 120 min 及以上。

　　（3）直接经济损失 20 万元及以上。

　　3）险性事故

　　凡是事故性质严重，但未造成损害后果或损害后果不够大事故以上事故的，比如正线列车冲突、脱轨、分离；未经许可，向占用区间发出列车或向占用站线接入列车；客车错开车门、运行途中开门或车未停稳开门。

　　4）一般事故

　　凡是损害后果不够重大、大事故及险性事故的事故为一般事故，比如非正线列车冲突、脱轨、挤岔，因错误开放或未及时开放信号致使列车停车；中断正线行车 30 min 及以上；列车运行中，车辆部件脱落或货物装载不良刮坏技术设备；设施、设备、器材、物品等超出设备限界等。

　　城市轨道交通事故按事故责任可分为责任事故和非责任事故。

　　2. 事故的处理程序

　　安全是相对的，事故是不可避免的，事故发生后需要做大量的调查和处理工作，总结经验教训，采取防范措施，防止类似事件的发生。下面以行车事故为例介绍事故发生后的处理程序。

1）事故报告

事故发生后，事故的发现人应立即拨打 119、112、110 救援电话，并通知事故的责任人。事故责任人应按规定程序报告，事故发生在区间时，由列车驾驶员报告行车调度员，如果不可行，则报告最近车站的车站值班员，由其转报行车调度员，事故发生在车站或段管线内时，由车站值班员或车辆段运转员报告行车调度员。行车调度员接到事故报告后，应立即向值班调度主任、公司值班室以及有关基层段的值班室报告。值班调度主任应立即向公司经理、主管副经理和安全主管部门负责人，以及有关基层段段长和公安分局局长报告。事故报告要坚持"快速有效、真实可靠、直报续报、逐级负责"的原则。事故报告的事项包括：

（1）发生时间（月、日、时、分）；

（2）发生地点（区间、公里、米、某站、上行或下行正线）；

（3）列车车次、车组号、关系人员姓名、职务、事故概况及原因；

（4）人员伤亡及车辆、线路等设备损坏情况；

（5）是否妨碍邻线，是否需要救援等。

2）事故应急处理

在接到行车事故报告后，控制中心应立即采取应急处置措施，最大限度地减少人员伤亡，降低事故损失和防止事故升级，尽快开通线路，恢复运行。

3）事故调查、分析与处理

事故调查就是掌握事故发生经过与基本事实的过程；事故分析就是在事故调查的基础上进行的，重点分析事故原因和分清事故责任；事故处理，除对事故责任单位、责任人做出处理决定外，还应提出防止同类事故再次发生的技术组织措施。

9.4.4 应急预案

应急预案是针对具体设备、设施、场所和环境，在安全评价的基础上，为降低事故造成的人身、财产与环境损失，就事故发生后的应急救援机构和人员，应急救援的设备、设施、条件和环境，行动的步骤和纲领，控制事故发展的方法和程序等，预先做出科学而有效的计划和安排。

1. 应急管理的要求

按《城市轨道交通运营管理办法》（建设部第 140 号令 2005 年 6 月 28 日）规定：城市人民政府城市轨道交通主管部门应当会同有关部门制定处理突发事件的应急预案；城市轨道交通运营单位应当根据实际运营情况制定地震、火灾、浸水、停电、反恐、防爆等分专题的应急预案，建立应急救援组织，配备救援器材设备，并定期组织演练。

（1）当发生地震、火灾，或者其他突发事件时，城市轨道交通运营单位和工作人员应立即报警和疏散人员，并采取相应的紧急救援措施。

（2）城市轨道交通车辆地面行驶中遇到沙尘、冰雹、雨、雪、雾、结冰等影响运营安全时，城市轨道交通运营单位应当启动应急预案，并按照操作规程进行安全处置。

（3）遇到城市轨道交通客流量急增危及安全运营的紧急情况时，城市轨道交通运营单位应当采取限制客流量的临时措施，确保运营安全。

（4）遇到自然灾害、恶劣天气条件或者发生突发事件等严重影响城市轨道交通安全的情形，并且无法采取措施保证安全运营时，运营单位可以停止线路或者部分路段运营，但是应当提前向社会公告，并报告城市人民政府城市轨道交通主管部门。

（5）城市轨道交通运营中如发生安全事故，轨道交通运营单位应当依据应急预案进行处置。

（6）城市轨道交通运营中发生人员伤亡事故，应当按照"先抢救受伤者，及时排除故障，恢复正常运行，后处理事故"的原则处理；并按照国家有关规定及时向有关部门报告；城市人民政府城市轨道交通主管部门，城市轨道交通运营单位应当配合公安部门及时对现场进行勘察、检验，依法进行现场处理。

2. 应急预案的启动流程

应急预案的启动流程如图 9-18 所示。

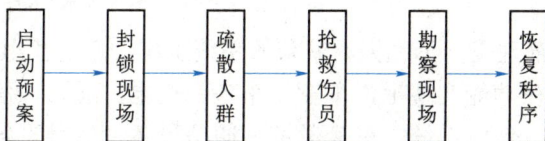

启动预案 → 封锁现场 → 疏散人群 → 抢救伤员 → 勘察现场 → 恢复秩序

图 9-18　应急预案的启动流程

1）启动预案

城市轨道交通事故发生后，指挥中心迅速了解掌握事故发生的时间、地点、人数、起因等情况，进一步判明性质，在报告轨道交通公安部门的同时，迅速启动有关预案，公安部门应及时调动交巡警、消防、宣传、通信及事发地公安派出所等警种和部门快速赶往现场，开展先期处置，必要时通知 110 联动单位到场开展应急救援，各部门迅速启动各自的预案开展工作。

2）封锁现场

在现场情况进一步判明的基础上，指挥中心通过指挥调度系统，继续调集相应处置力量赴指定位置集结待命。前期到达现场参与处置的力量，根据指挥分工，进行处置工作。

3）疏散人群

案发地公安派出所和刑警、交巡警到达现场后，视情况采取相应措施。有人员伤亡的，组织进行抢救；发生危险化学品车辆倾覆、外溢事故的，及时疏导和组织受到威胁的群众安全撤离，并及时将情况报告总指挥部。

4）抢救伤员

根据现场情况，组织到达现场警力和 110 联动单位，紧张有序地营救被困、遇险的伤亡人员。同时协调卫生、急救部门在现场附近设立紧急救护站和救护车集结处，迅速确立若干家医院为抢救点，保证抢救渠道畅通。交巡警部门负责全面保障抢救车辆、人员出入现场的交通顺畅，开设紧急救助通道。文保部门迅速与医院协调，开辟专用抢救通道和救治病房，并及时统计伤亡人数，上报总指挥部交巡警大队，与医院方面配合，尽快查明伤亡者身份。

5）勘察现场

交巡警部门组织力量对现场进行全面、细致的勘验检查，对现场进行勘察、拍照和录像，提取和固定痕迹物证，扣押肇事者或有关证件、暂扣肇事车辆，寻找目击证人，查明事故原因。

6）恢复秩序

在抢救伤员、排除险情、勘察现场等各项工作结束后，立即安排施救单位迅速撤离现场，清扫道路，待施救单位撤出现场后，再撤除警戒区域，撤除时，必须从事故车辆处由远及近、由内到外一次撤除安全设施。尽最大努力，尽快恢复交通，各项处置工作结束后，各参战单位及时总结处置工作情况，并由轨道公安分局办公室负责汇总，上报区委、区政府和市公安局。

❄ 任务 9.5　城市轨道交通综合管理

城市轨道交通综合管理是一个庞大、繁杂的系统工程。在运营组织上，实行集中调度、统一指挥、按图行车；在功能实现上，车辆、车务、机电、通信、信号、工务等部门紧密配合，确保隧道、线路、供电系统、车辆设备、通信设备、信号设备、机电设备及消防系统状态良好，运行正常；在安全方面，主要依靠合理的行车组织规则和可靠的设备运行来保证行车间隔和正确的行车路径。因此，城市轨道交通综合管理要以安全第一、优质服务为指导思想，建立精简、高效的管理机构，按照有轨交通的客观规律和城市公共交通的特点组织列车运行和客运服务，发挥城市轨道交通的优越性，满足现代城市居民安全、快捷、舒适、准点的出行要求。因此，城市轨道交通综合管理是实现安全、准时、迅速、便利、优质服务的保证。在轨道交通综合管理中，人是起决定因素的，运行管理的根本任务就在于依靠科学技术和科学管理，有效地保护和调动人的主观能动性和积极性，预防事故发生，确保运行安全。在综合管理上要采取行之有效的经济手段、行政手段、思想教育和法律手段，齐抓共管，综合治理。

1. 经济手段

经济手段是通过经济杠杆作用，即利益分配和实行奖惩来调节的。经济上的奖励和处罚不是目的，主要是让人们从中明辨是非、调整自我，使优良的风范得到鼓励和发扬，抑制不良风气的形成，促使消极的因素转化为积极因素，使运营生产管理处于良性循环状态。

2. 行政手段

行政手段是通过一定的行政隶属关系，从上而下地对运营活动中个人、群体和管理行为表示肯定或否定，以协调人们之间的关系。主要依靠行政领导机关的职能和权力，采取行政命令、指示、规定、决定来规范人的行为，指导和干预运营管理。

3. 思想教育

思想教育主要是从认识上和思想上进行加强和巩固，使人们严格遵守规范和规章，减少违章违纪造成的事故。

4. 法律手段

法律手段是法制社会中普遍用来调整社会关系的一种刚性手段。通过法定的行为准则来判定是非并强制执行裁决，以使社会关系趋于平衡，保证社会安定。

情境小结

```
                    城市轨道交通系统运行管理
        ┌──────────┬──────────┼──────────┬──────────┐
     客运管理    行车管理    票务管理    安全管理    综合管理
```

客运管理	行车管理	票务管理	安全管理	综合管理
客运组织管理概述 客流组织管理 客运服务 乘客投诉及处理	全日行车计划 列车运行方案 车辆配备计划 日常运输计划调整 列车运行图	票务管理系统概述 票务管理工作 票务政策 自动售检票系统 车票流程和票款流程	运营安全管理概述 运营安全的影响因素 运输事故 应急预案	经济手段 行政手段 思想教育 法律手段

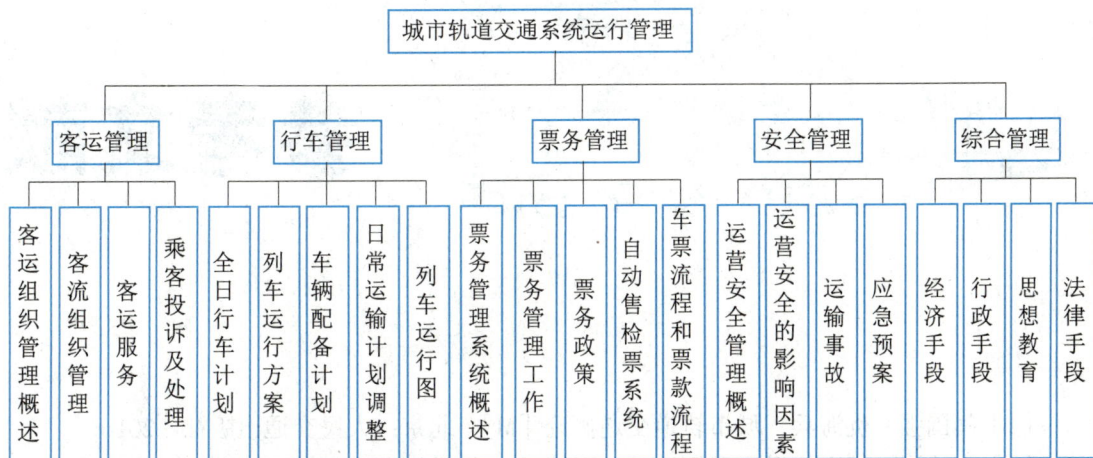

相关岗位分析

序号	就业岗位		发展岗位群	职业资格证书
	首岗	主要工作		
1	行车值班员	1. 接收行车调度指令完成行车工作 2. 使用 PIS、广播系统 3. 临时负责综控室内所有设备的监控 4. 完成上级安排的其他工作	1. 行值站长 2. 行车调度 3. 车场调度	1. 客运值班员中级地铁站务员 2. 车站值班员中级地铁站务员
2	服务调度	1. 受理转报各类站务服务设备设施报修 2. 接听并记录信访投诉 3. 配合行车调度完成客运服务工作 4. 负责中央环控设备的监控 5. 协调处理各类站务服务问题 6. 完成上级交办的其他工作		
3	综控室值班员	1. 站内监控及巡视工作 2. FAS、BAS 等设备的工况管理、操作及故障报修 3. 各设备间的安全检查及报修 4. 行车值班员繁忙时操作广播系统、PIS 系统 5. 应急情况下启动 AFC 紧急处理装置 6. 完成上级安排的其他工作		
4	行值站务员	1. 接收行调指令完成行车工作 2. 进行站内信号道岔设备的操作 3. 维持站台候车秩序 4. 提醒乘客安全乘车 5. 进行站台瞭望，避免车辆夹人、夹物 6. 完成上级安排的其他工作		

参考文献

［1］闫国强，仇海兵．城市轨道交通概论［M］．北京：人民交通出版社，2010．

［2］李建国．城市轨道交通概论［M］．北京：机械工业出版社，2009．

［3］李志成，李宇辉．城市轨道交通行车组织［M］．北京：中国科学技术大学出版社，2014．

［4］何静．城市轨道交通运营管理［M］．北京：中国铁道出版社，2007．

［5］刘伯鸿，李国宁．城市轨道交通信号［M］．成都：西南交通大学出版社，2011．

［6］张宝国．城市轨道交通运营组织［M］．上海：上海科学技术出版社，2006．

［7］曾青中，韩增盛．城市轨道交通车辆［M］．成都：西南交通大学出版社，2006．

［8］郑瞳炽，张明锐．城市轨道交通牵引供电系统［M］．北京：中国铁道出版社，2000．

［9］贾毓杰．城市轨道交通通信与信号［M］．北京：机械工业出版社，2013．